結婚の意味　わかりあえない2人のために

THE MEANING OF MARRIAGE

Facing the Complexities of Commitment
with the Wisdom of God

TIMOTHY KELLER
with KATHY KELLER

ティモシー・ケラー／共著　キャシー・ケラー
訳　廣橋麻子

いのちのことば社

四十年にわたる友情に
私たちの旅路は違えども、決して離れることはなかった
友として
夫婦として
最初の愛から

アデル&ダグ・カルホーン
ジェーン&ウェイン・フレイジャー
ルイーズ&デーヴィッド・ミッドウッド
ゲイル&ギャリー・ソマーズ
シンディー&ジム・ウィドマー

目次

装丁　久能真理

プロローグ

すべての結婚のよき結び手であられる神が、
二人の心を一つに……結びたもうように！

（シェイクスピア『ヘンリー五世』〔1〕）

既婚者のために

まず読者の皆さんにこの本について想像していただきたいのは、「三本の根に支えられた木」というイメージです。一本目の根は、妻キャシーとの三十七年に及ぶ私自身の結婚生活です。(1)本書は二人の共作で、特に第6章「互いに喜び合う」は、彼女が執筆しました。第1章では、現代社会がイメージする完ぺきな相性、「運命の人」とは一体何なのか、について扱います。かくいう私は、キャシーと知り合い付き合いだした頃、これほど相性の合う人はいないと思ったほどでした。バックネル大学で同級だった彼女の姉スーザンがよくキャシーのことを話してくれたのが、そもそもの始まりです。スーザンは、キャシーにも私のことをよく話したそうで、少女時代

C・S・ルイスの「ナルニア国物語」を愛読し[2]、キリスト教信仰に導かれていたキャシーから、スーザンを通して、私はナルニアシリーズを薦められました。すっかり魅了された私は、それ以外にもルイスの著作を読みあさり、後に研究したほどです。一九七二年、ボストン北海岸のゴードン・コンウェル神学校に入学した私とキャシーは、すぐにルイスが言うところの「秘密の糸」、つまり人を、友情、あるいはそれ以上の関係に結びつけるものを、互いに感じ始めました。

あなたも気づいたことがあるでしょう。あなたの好きな本はいずれも秘密の糸で綴じられています。それらの本をなつかしく思わせている共通の性質が何か、言葉に表すことができないとしても、あなた自身はよく知っています。……あなたの生涯を通じて続く友情は、あなたと同じくそうしたものの分かる人……あなたがもって生まれたようにも思われる憧れ……をあなたと同じくもっている人間と出会った瞬間、生まれるのではありませんか。[3]

私たちの友情はやがて恋愛に発展、無事に婚約し、傷つきやすい新婚時代から様々な試練を経て、その関係は練られ強くなっていきました。我が家の歴史を振り返ると、そういう安定した関係への道のりは本書で紹介する「豚に真珠スピーチ事件」、「偉大なる汚れたオムツ替え事件」「結婚祝いの皿割り事件」などを含めた、あまりほめられないような事件の連続でした。どれもまさに結婚の喜びへ向かう、山あり谷ありの道のりの通過点だったのです。現代の多くの若いカップルもそうでしょうが、私たちも、結婚生活が想像以上に大変なものなのだと気づかされました。結婚式の新郎新婦退場のときに歌われた讃美歌「How firm a Foundation（確かな土台）」の歌詞の一部が、いかにそれからの私たちの結婚生活を表していたか、今にして思えば、そのときの私たちは全くと言っていいほどわかっていませんでした。

燃える試練を通る時さえ　あなたの前にある小道
わたしの恵みがあなたを養い　すべてを満たす
わたしはあなたとともにいる　あなたの悩みを祝福に
その深い悩みさえ　聖とするため(4)

ですから、本書の第一の目的は、結婚生活という日常がどれだけ大変かということに気づかされた既婚者のため、圧倒されるような「燃える試練」を何とか乗り切って成長していくためにはどうしたらいいか、具体的な方法を求めている彼らを助けることです。現代社会は、結婚生活という日常を「新婚時代は終わった」というイメージで描きます。そんなイメージを文字どおり経験し、現実に引き戻されたような人々にぜひ読んでいただきたいと思います。

独身者のため

二本目の根は、独身者が何百万人といる都市（そして、何千人といる教会）で長年牧師として働いてきた私自身の経験です。マンハッタンにあるリディーマー長老教会は珍しく、長く主に独身者で構成されてきたかなり大規模な教会です。数年前、礼拝出席者が四千人ほどになったとき、ある有名な教会コンサルタントに「これくらいのサイズで三千人の独身者がいる教会はどれくらいありますか」と聞いたところ、こういう答えが返ってきました。「そのような教会はほかにありませんね、大変珍しいですよ」

一九八〇年代の後半、ニューヨークの中心街で宣教に従事していた私たち夫婦は、欧米文化に影響を受けた結婚観からくる深刻な矛盾にいつも悩まされていました。ちょうどその頃、現代の社会全体に蔓延しつつあった結婚観は、「結婚は、そもそも所有物をめぐるもので現代の見方は変わりつつある、個人のアイデンティティを破壊し女性を抑圧し続けてきた、感情を押し殺し心理学的な現実にそぐわない、『紙切れ一枚』が恋愛関係を複雑にする」、などというものでした。しかし、こうした考え方の背後には、結婚関係や家庭生活で個人的に経験した否定的な感情と葛藤が潜んでいるのです。

ニューヨークシティーでの宣教初期、一九九一年の秋に、私は九週間連続で結婚をテーマに説教をしました。現在に至るまでこれは、教会が今まで提供してきた音源の中で最も聞かれている説教シリーズです。そのシリーズを始めるにあたり、当時ほとんど独身者で構成されていた聴衆に、なぜ結婚について数週間かけて説教する必要があるかについて、私はこう説明しました。現代の独身者は、結婚とは何か、どんなものになり得るかについて、残酷なくらい現実的で、しかしなお、希望と輝きに満ちた、具体的なビジョンを必要としているからだ、と。本書は、既婚者に対してと同様、独身者にも助けになると思います。

また執筆準備のため結婚についてのキリスト教書を読みあさりましたが、多くは、結婚した夫婦が具体的な問題を乗り越えるために役立つよう書かれたものでした。そういう面をもちながらも、本書は、既婚者にも独身者にも、聖書による結婚とは何なのか、そのビジョンを示すことを第一の目的としています。そのビジョンにより、既婚者には結婚関係を壊すような間違った見方の修正、独身者には結婚の条件を必要以上に高望みする、あるいはすべて放棄して自虐的になるという両極端へ向かうことの歯止めが与えられるでしょう。また聖書を土台としたそういう結婚観は、独身の読者に、将来の伴侶についてより具体的なイメージを持たせてくれるでしょう。

聖書について

そして三本目が一番重要です。本書は、私の個人的な結婚生活や牧会の経験に根差してはいますが、それ以上に、新旧約聖書の教えを土台としています。四十年ほど前、神学生だったキャシーと私は、聖書が教える性《セックス》や性差《ジェンダー》、結婚について学び、続く十五年は、それを私たち自身の結婚生活で実際に経験しました。それから二十二年以上にわたり、知識と経験の両方に学んできたことから、都市に住む青年たちを導き、励まし、また彼らに耳を傾け、性や結婚に関する問題に助言してきました。本書で皆さんが読むのは、こうした三本の根がからみあい成長し結ばれた実のようなものです。

とはいえ、すべての土台は、聖書にこそあります。

聖書に見られる人間の組織には、三つのそれぞれ独立した機関、つまり、家庭、教会、国家があります。学校は国家の繁栄に不可欠であるにもかかわらず、どのように運営されるべきか、聖書には何一つ教えられていません。企業や美術館や病院についても同様です。実際、人間が運営する様々な大組織、大事業などは、聖書が視野に入れたり規定したりしていないものです。ですから、私たちは、聖書が与える人生の一般的な原則に従って、そうした事業を考え、経営する自由が与えられています。

しかし、結婚は違います。長老派の『礼拝式文 *Book of Common Worship*』が言うように、神は「結婚を人間の繁栄と幸福のために制定された」のです。結婚は、先史時代の青銅時代後期、所有権を定める方法として発達した制度ではありません。創世記の天地創造記事のまさにクライマックスで、神が一人の女性と一人の男性を引き合わせ、夫婦として一つにしたのです。聖書はアダムとエバの結婚で始まり、黙示録におけるキリストと教会の結婚で終わります。結婚の発案者はまさに神です。確かに結婚は人間社会の制度の一つであり、それぞれの具体的な表現方法によって特定の文化の性格を色濃く反映しますが、人間の結婚の概念とルーツは、神のとった行動に見出されるのです。だからこそ神が結婚をどうデザインしたかについて、聖書を調べるのは非常に重要なのです。

そういうわけで長老教会の結婚式では、結婚が「神によって制定され、神の戒めによって規定され、私たちの主イエス・キリストによって祝福されている」と言うのです。神が制定するものは、神が規定します。神が結婚の発案者なら、夫婦となる人たちは、結婚のための神の目的を理解し、それに従うよう、あらゆる努力をするべきでしょう。というのも私たちは人生の様々な場面で同じようなことをしているからです。例えば、車を購入するとします。機械いじりが趣味程度の人は普通、取扱い説明書を読んで、業者による適切な扱い方やメンテナンスを忠実に守るでしょう。マニュアルを全く無視した扱いをすれば大惨事を招きかねないからです。
同じように、神、あるいは聖書を認めてはいないものの、幸せな結婚生活を送っている多くの人々は、本人たちが気づいているかどうかはともかく、神の意図を忠実に守っていることになるのです。でも、できれば、私たち自身がそうした意図を自覚しているほうがいいと思いませんか。そして聖書にはその意図を発見できる鍵があるのです。

もし今、あなたが手に取っているこの本に興味はあるけれど、聖書が権威ある神の啓示だという大前提には賛同できないとしましょう。聖書をある程度評価できるとしても、性や愛、そして結婚という問題については聖書を信用しない、と言う人もいるでしょう。古代の知恵というものは、現代の価値観とは相容れない、聖書はこういう問題について「時代遅れ」だという判断です。それでもあえて言いますが、今あなたがどんな状態であれ、本書を読むことをお勧めします。キャシーも私も結婚について何年も教えてきた経験があり、牧師として司式した結婚式で数えきれないほど結婚関係についての話をしてきました。そういう中でわかってきたのは、私たちの聖書観やキリスト教信仰を共有しない人たちにとっても、結婚について聖書が語るビジョンがいかに鋭いか、ということと、それぞれの状況に驚くほど当てはまり、ショックを受ける人が少なからずいる、ということです。式の後、「私には信仰なんて全然無いですが、先生のお話は、結婚についてて私が今まで聞いてきた中でも一番ためになる実際的なお話でした」と話しかけられることがよくあるのです。

健全な結婚観をもつのは難しいものです。誰しも自分自身の経験という、必然的に歪んだレンズを通して見ているからです。例えば、とても仲の良い両親のもと安定した家庭に育ち、結婚なんて簡単そうだと思ってきた人が実際に結婚すると、実はその長く続く関係を構築するためにどれほどの努力や工夫が必要だったのかを知って愕然とするかもしれません。あるいは、過去や現在、周囲や自分の不幸な結婚や離婚の経験から、必要以上に慎重で悲観的な結婚観を抱くようになった人もいるかもしれません。問題が起こるはずだと思い込みすぎて、実際に起きるとすぐに「やっぱり思ったとおりだ」と諦めてしまうのです。つまり結婚関係について今まで見聞きしてきた経験は、良きにつけ悪しきにつけ、自分自身の結婚にとって適切な心の準備にはならないのです。

だとしたら、結婚についての総合的な理解を得るには、何をどう調べればいいでしょうか。心理カウンセラーなどが書く「ハウツー本」も、良いものがたくさんあって役には立つでしょう。けれども、何年か経つうちにそれらも時代遅れになってしまいます。しかし聖書には、時代を超え、様々な文化の中で多くの人に試されてきた知恵があるのです。結婚について学ぶ教材としても、かなり評価できると思っていいのではないでしょうか。

本書の内容

本書に引用されるエペソ人への手紙5章は、使徒パウロによって書かれた結婚についての優れた文章で、それ自体が内容の濃い、豊かな知恵の数々なのですが、もう一つ重要な点があります。それは、結婚について最も重要な聖書箇所の一つである、創世記2章と連動して解説している点です。

第1章では、パウロのこの考察を現代文化の文脈に当てはめて、結婚について聖書が教える最も基本的な二つの点、つまり、結婚は神によって制定されたこと、そして、イエス・キリストにおいて私たちを救う神の愛、福音を反映するように構成されていること、について言及します。この二点があるから、福音は結婚を理解する助けになり、結婚は福音を理解する助けになるのです。

第2章では、どの夫婦もその人生に聖霊の働きを必要とする、というパウロの主張を説明します。聖霊の働きはキリストの救いのわざを私たちの心にありありと映し出し、結婚生活における最大の障害物である罪深い自己中心性に対する超自然的な助けを与えてくれます。私たちはもともと互いに仕え合う者であって、そのためにも、聖霊に満たされる必要があるのです。

第3章では、いわば結婚のすべてである、愛という核心に迫ります。そもそも愛とは一体何でしょうか。ここでは実感する愛と実践する愛との関係、また、恋愛感情と契約的な献身との関係について説明します。

第4章は、結婚は何のためにするのか、という疑問に取り組みます。結婚は、心が通じ合った二人が友情を育み、神がもともと計画した人格にそれぞれなるための旅路を共に歩み、互いに助け合っていくためのものです。全く新しい、深い幸福が、互いに聖くされていく旅路の先にあることを見ていきます。

第5章は、その旅路において、互いに助け合えるようになるための三つの基本的なスキルを紹介します。

第6章では、夫婦が互いに異性として受け入れ合い、学び、成長し合う場所が結婚である、とするキリスト教の教えを検証します。

第7章は独身者のための章です。シングル・ライフを送る上で、また、結婚について賢く祈り求めることについて、本書をどのように参考にし、また用いることができるかを説明します。

最後の第8章は性を取り上げ、なぜ聖書がセックスを夫婦間のみに限定しているのか、また、その聖書の見解を採用するなら、独身、既婚どちらにおいても、どのような行動となって表れるかについて考えます。[5]

総じて、本書ではキリスト教的な結婚理解を検証しますが、前述したように、聖書に忠実な解釈を土台とします。つまり、結婚を、「一人の男性と一人の女性との一夫一婦制の関係であり、生涯続くもの」、と定義します。聖書によれば、神は、結婚を、キリストを通して私たちを救う自身の愛を反映させるため、私たちが人としてさらに成熟するため、生まれる子どもたちが健全に育まれる安定した共同体をつくるため、そして、以上すべてが互いに欠けを補い合う異性同士が生涯にわたって一つとされる強い絆によって達成されるために、考案しました。ですから、この聖書の結婚観は、同性同士では実現できません。それは聖書記者たち全員が一致した意見であり、また本書を通して（たとえ、私たちが直接的に同性愛のテーマに取り組んではいないとしても）私たちが前提としている立場でもあります。

結婚についての聖書の教えは、特定の文化や時代の考え方を単に映し出したものとは異なります。聖書は、例えば、幸福への唯一の道は個人の自由だ、という現代文化の定説に異を唱えます。同時に、それは伝統的な文化が、いかに独身者を中途半端な人間と見なしてきたかについても批判します。創世記は、その当時の文化に受け入れられていた習慣であったにもかかわらず、一夫多妻制を徹底的に批判して、家族関係の中でそれが引き起こす悲惨さや被害、また、それが原因となる（特に女性の）痛みを、まざまざと描写しています。新約聖書記者たちは、長期間の独身生活を合法的な生き方として高く評価し、異教世界を驚かせました。[6] 言い換えれば、聖書の執筆者たちは、単にその時代に新しい道徳規範や習慣を生み出しただけでなく、絶えず、彼らが生きた文化の価値観に異を唱えていたのです。ですから私たちは聖書の結婚観を、時代に逆行しているとか、文化的時代錯誤だとか、短絡的に判断することはできません。反対に、聖書には、結婚についての具体的で現実的な洞察と、息を飲むほどの約束が集約されています。そして、それは明確に主張された理論としてだけでなく、燦然と輝く物語や心打たれる詩を通しても表されています。[7] 個人的な体験、あるいは、個々の文化の限定的な価値観、恐れや理想によってではなく、かわりに聖書というレンズを通して結婚を見るということは、結婚生活について賢い判断をしていくことにつながるのです。

エペソ人への手紙5章18～33節

18 また、ぶどう酒に酔ってはいけません。そこには放蕩があるからです。むしろ、御霊に
満たされなさい。19 詩と賛美と霊の歌をもって互いに語り合い、主に向かって心から賛美し、
歌いなさい。20 いつでも、すべてのことについて、私たちの主イエス・キリストの名によっ
て、父である神に感謝しなさい。

21 キリストを恐れて、互いに従い合いなさい。22 妻たちよ。主に従うように、自分の夫に
従いなさい。23 キリストが教会のかしらであり、ご自分がそのからだの救い主であるように、
夫は妻のかしらなのです。24 教会がキリストに従うように、妻もすべてにおいて夫に従いな
さい。

25 夫たちよ。キリストが教会を愛し、教会のためにご自分を献げられたように、あなたが
たも妻を愛しなさい。26 キリストがそうされたのは、みことばにより、水の洗いをもって、
教会をきよめて聖なるものとするためであり、27 ご自分で、しみや、しわや、そのようなも
のが何一つない、聖なるもの、傷のないものとなった栄光の教会を、ご自分の前に立たせる
ためです。28 同様に夫たちも、自分の妻を自分のからだのように愛さなければなりません。

自分の妻を愛する人は自分自身を愛しているのです。29 いまだかつて自分の身を憎んだ人は
いません。むしろ、それを養い育てます。キリストも教会に対してそのようになさるのです。
30 私たちはキリストのからだの部分だからです。31「それゆえ、男は父と母を離れ、その妻
と結ばれ、ふたりは一体となるのである。」32 この奥義は偉大です。私は、キリストと教会
を指して言っているのです。33 それはそれとして、あなたがたもそれぞれ、自分の妻を自分
と同じように愛しなさい。妻もまた、自分の夫を敬いなさい。

第*1*章　結婚の秘密

「それゆえ、人は父と母を離れ、その妻と結ばれ、ふたりは一体となる。」この奥義《ミステリー》は偉大です。
（エペソ５・31〜32）

私は正直なところ、結婚にまつわる感傷的《センチメンタル》な話にいささか食傷気味です。結婚式、教会、教会学校などで耳にするこういう話題のほとんどが、まるでグリーティングカードのメッセージのように表面的で、様々な側面をあわせもつはずの結婚が、ひたすら感傷的なものとしてしか表現されないからです。輝かしい瞬間もあれば、難しい時期もあり、燃え上がる喜びと力の源でありながら、血と汗と涙の結晶でもあり、屈辱的な敗北や、勝利しても疲労困憊するようなもの、それが結婚です。式を終えて数週間もすれば、「そして二人は幸せに暮らしました」などというおとぎ話のような結婚生活は、私が知る限り一つもありません。使徒パウロが結婚について記した有名なエペソ人への手紙５章について、多くの夫婦が前述の32節（「この奥義は偉大です」）にしか共感できないとしても、不思議ではありません。お互いを理解しようとがんばった長い一日の終わりに、ようやくベッドに倒れ込み、ため息交じりに、ふと「（自分たちがなぜ結婚したのか）まったくもって大いなる謎《ミステリー》だ！」とつぶやきたくなることもあるでしょう。そういうとき、自分の結婚生活は、まるで最後のピースが見つからないパズルや、出口の見えない迷路のように思えるかもしれません。

たしかに大変ではありますが、その上で、なお、私は人間関係の中で結婚ほど豊かで大切な関係は無い、とも思っています。聖書に見られる神自身が執り行った最初の結婚式では（創世記2・22〜25）、新郎が新婦を見たとき、いきなり詩文で「これこそ」と叫ぶのです。[1] まさに結婚が、神との関係に次いで最も深い関係だ、という宣言です。だからこそ、神を知るように自分の結婚相手を知ることや、愛を深めていくのは、確かに大変ではあるけれど、やり甲斐のあるすばらしい経験だとも言えるのです。

最も痛みを伴う、しかし同時に、最もすばらしい経験、と聖書が結婚を解釈するなら、現代に生きる私たちは、まさにその結婚観に注目し、見直すべき時に生きている、と言えないでしょうか。

結婚の衰退

というのも、ここ四十年以上、米国において言えば、「最新の結婚指標」、つまり結婚に、健全性と満足度を示す数値の調査結果は、減少する一方だからです。(2) 離婚率は、一九六〇年代のほぼ二倍です。(3) 一九七〇年代には、出生児の八九パーセントが結婚した夫婦の子でしたが、現在は六〇パーセントに過ぎません。(4) 最もわかりやすい例は、一九六〇年に既婚成人が七二パーセントだったのに対し、二〇〇八年にはたった五〇パーセントだということです。(5)

こうした数字から見られるのは、特に現代文化における若者の、結婚への警戒心と悲観主義です。つまり、誰でも幸せな結婚ができるとは限らないし、またたとえ結婚できたとしても、その先に待ち受けているのは、セックスレスな仮面夫婦ではないか、という考えです。コメディアン、クリス・ロックの「独身で寂しいのと、結婚して退屈なのと、どっちがいい？」という言葉どおりです。若者の多くは、大体その二つの選択肢しかないのが現実だと思い込んでいるので、結婚と行きずりのセックスとの中間、つまり、セックスパートナーとの同棲に落ち着くのです。

こういう傾向は、ここ三十年で急増しています。現在、全人口の半数以上が同棲を経験していますが、一九六〇年には皆無でした。(6) 二十五歳から三十九歳までの独身女性の四分の一がパートナーと暮らし、三十代後半にもなると、実にその六〇パーセントが同棲を経験します。(7)

同棲がこのように一般的になった背景には、いくつかの考えが存在します。一つは、結婚の大半は不幸だ、という考えです。結局のところ結婚した夫婦の約五〇パーセントは離婚し、残りの五〇パーセントのほとんどが惨めな結婚生活に耐えているに過ぎない、という思い込みです。ですから結婚前の同棲は、幸せな結婚のためにも必要だ、結婚を急ぐ前に互いに本当に飽きない相手なのか、完ぺきな「相性」なのかを見定める一つの手段だ、というのです。「私の周りで、〔まず〕同棲にトライしないで結婚を急いだ人はみんな離婚してしまった」というコメントが、全米結婚プロジェクトのギャラップ調査で見られたほどです。[8]

しかしこうした考えや思い込みには、その一つ一つの前提が、ほとんど根本的には間違っているという問題点があります。

結婚の驚くべき長所

というのも、以上のような認識とは逆に、「結婚前に同棲した場合、その後離婚しやすいという事実を示す膨大な証拠がある」からです。[9] 同棲は、両親の離婚というつらい経験をした人たちにしてみれば無理もない反応かもしれませんが、実際この対症療法とも言える同棲は、病状をより悪化させることになりかねません。[10]

一般的な思い込みは他にもあります。例えば、確かに結婚した夫婦の約四五パーセントは離婚しますが、それは一八歳未満か、あるいは高校中退で結婚したり、結婚前に出産したりした夫婦であるケースが圧倒的に多いのです。「ある程度の教育と収入があり、健全な家庭に育ち、宗教心に篤く、二十五歳以上で、結婚前の出産が無いなら、離婚する可能性は実に低い」とも言われています。[11]

また、結婚前に経済的な安定、マイホームの購入などを考え、同棲を支持する若者が多くいるのも事実です。[12] 彼らは「結婚には経済的負担が大きい」という前提をもっています。しかし、「結婚における意外な経済上の利益」と言われるものが、様々な調査上指摘されています。[13] 一九九二年に行われた定年退職についての調査で、既婚者は定年時の財産が、一度も結婚しなかった人や離婚して再婚しなかった人と比べて、七五パーセント増だったことを示しています。それ以上に意外なのは、既婚男性は、同程度の教育や職歴のある独身男性よりも、一〇パーセントから四〇パーセント以上収入があったという事実です。

なぜでしょうか。既婚者の精神的、身体的健康状態が比較的恵まれている、ということが一つの理由として挙げられるでしょう。失敗や病気、その他の困難に直面したときに、結婚関係が支えとなる、つまりショックに対する強い「緩衝材」になり、安心や平常心をより早く取り戻せるのです。ただし、所得の増加については、研究者が「結婚の社会的規範」と呼ぶものからくる、とも考えられています。様々な研究が示すように、友人や他の家族よりも、配偶者同士のほうが、互いに責任感をもつことや自己訓練を促すことができるというのです。例えば、独身者は誰にも相談せず、あるいは深く考えずに自分の収入を自由に使うことができます。しかし、夫婦だと共に倹約や投資をし、また何かが欲しくてもしばらく我慢する、などの行動がみられるようになります。そのような人格的成長を促す機会がほかにあるでしょうか。(14)

とはいえ、前述したように、若い人たちが結婚を躊躇する主な理由は、大多数の夫婦が不幸な結婚生活を送っているという認識です。ヤフーフォーラムで二十四歳の男性が、自分は絶対に結婚しないと宣言したケースはその典型的な例です。数ヵ月間その決意を熱く語った彼は、既婚の友人たちからは苦笑され、そしてちょっとうらやましそうに「おまえは賢い」とも言われました。だから、既婚者の少なくとも七〇パーセントは不幸な結婚生活を送っているに違いない、と彼は結びました。するとある若い女性が、そのフォーラムに彼を支持するコメントを書き込みました。既婚の友人たちに対する彼女の意見も同じだったからです。彼女は「十組の夫婦のうち、……七組は地獄のように惨めだ」と書いた上で、こう付け加えました。「私も来年結婚するつもり。フィアンセを愛しているから。だけど、事情が変われば、ためらわずに離婚するわ」(15)

最近、『ニューヨークタイムズ・マガジン』が、ダナ・アダム・シャピロ監督の新作映画「モノガミー」〔一夫一婦制〕についての記事を掲載しました。(16) 二〇〇八年に、既婚の三十代の友人夫婦の多くが別れると知ったシャピロ監督は、これを映画にしようと思いたち、なぜ彼らが離婚に至ったのか、結婚が破綻した人たちへの徹底したインタビューを五十集めてまとめることにしました。ところが彼は、幸せな結婚生活を長く送っているような夫婦には一組もインタビューしなかったのです。その理由を聞かれた彼は、トルストイの言葉を引用しました。「幸せな結婚はどれも似ている。ひたすら退屈なだけ」[17]。『タイムズ』のレポーターは次のように結びました。「だとしたら当然だろう。この映画が人間関係について終末を予感させる、というのが言い過ぎだとしても、非常に後味の悪い映画だということは」。映画は、互いに深く愛し合っているのに、なぜか「うまくいかない」二人を浮き彫りにしていきます。別のインタビューで、シャピロ監督は、現代のカップルが、相手の個性や自由を押し殺すことなしに互いに愛し合うことは、全く不可能とは言わないまでも、極めて困難だと語っています。まだ未婚の彼もいつかは結婚したいとは望んでいるので、この映画も結婚に反対しているわけではないが、一夫一婦制についての「どうしようもない難しさ」には気づかされたとあります。シャピロ監督のこの考えには、若年層（特に米国の都市部にいる）の典型的な見方が反映されていると言えるでしょう。

ニューヨーク、マンハッタンに住む数千の独身者を抱える教会の牧師として、結婚に対して同じように否定的な考えを持つ人たちと数えきれないほど話し合ってきましたが、そもそも彼らは「幸せな結婚」というものを期待していません。ところが、自分たちの結婚を「とても幸せだ」と考える既婚者は、どの統計でも全体の約六一、二パーセントと高く、この数字は最近の十年間でもほとんど減少していないのです。何より著しいのは、たとえ不幸な結婚関係であったとしても、離婚を選択しない場合、その三分の二は五年以内に幸せになる、という長期的調査に基づく事実です。[18] この事実をもとに、シカゴ大学の社会学者リンダ・J・ウェイトはこう言いました。「離婚のメリットは、高く評価されすぎてきた」[19]

つまりここ二十年間の調査で明らかになったのは、結婚関係にとどまる人は、独身者や離婚経験者、またパートナーとの同棲者よりも、はるかにその人生に高い満足度を見せているということです。[20] ほとんどの人が結婚に満足しており、また、今はそうでないとしても離婚しないという選択をする場合、そのほとんどがいずれ満足するというのです。また、結婚した夫婦のもとで育った子どもは、そうでない場合と比べ、より積極的で、様々な成果を見せていることも明らかになってきています。[21] つまり夫婦でいること、その両親のもとで成長することは、私たちの幸福にとって測り知れない力を持つということが示されています。

結婚の歴史

結婚のメリット、長所は、かつて一般的に理解されていましたが、今はそういう時代ではなくなりました。ヴァージニア大学の国立結婚プロジェクトによる最近の報告書では「個人にとって、他の選択肢よりも結婚が有益だと思っているのは、〔高校最終学年の〕女子の三分の一以下、および男子の三分の一強である……。この否定的な姿勢は、〈結婚は、独身や同棲より、個人的にも社会的にも実際の利益がある〉という明白な実験結果に相反している」[22]と報告されています。こういった若者の大半の見方は、上の世代に同意あるいは支持されず、世界の主な宗教とも異なるばかりか、最近の社会科学の研究結果にも合致しないものだ、というのです。

では、この悲観主義はどこから生まれ、なぜこんなにも現実離れしてしまったのでしょうか。逆説的ですが、恐らくこの悲観論は、結婚に対する全く新しい非現実的な理想主義から、また、現代文化の結婚理解が著しく変化してきたことから生まれたのではないでしょうか。法学者ジョン・ウィッテ・ジュニアによると、以前の「結婚の理想――相互の愛、生殖、および保護のために造り上げられた永続的な契約的結合――は、徐々に、配偶者それぞれの満足感のために造り上げられた『一時的なセックスの契約』という、新たな結婚の現実に道を譲っていった」のです。[23]

ウィッテは、西洋文明には結婚の「形式と機能」について、競合するいくつかの見方があったことを指摘しています。[24]その一つが、カトリックとプロテスタントの見方です。各論での違いはあるものの、両者とも結婚の目的は、一人の夫と一人の妻との間での生涯にわたる献身と愛という枠組みを築くことだと教えてきました。それは厳粛な契約で、夫婦それぞれが個人的な欲求や関心を後回しにして、神の愛のしるしを表し（カトリックの強調点）、あるいは、公益のために仕える（プロテスタントの強調点）のです。プロテスタントは、結婚がクリスチャンだけでなく、人類全体の利益のため神によって与えられていると理解します。結婚は、男と女を拘束力のあるパートナーシップに導き、それが人格形成につながります。特に、生涯にわたる一夫一婦制は、成長した子どもたちが社会で活躍できるよう、社会的安定性を生み出す唯一の方法と考えられていました。社会が結婚制度にこういった特権を与えてきたのは、子どもたちがこれ以外のどのような環境でも健全に成長できなかったからでした。(25)

しかしウィッテは、十八世紀と十九世紀の啓蒙主義以降、新しい結婚観が現れるようになったと言います。それまでの文化は、割り当てられた社会的な役割に喜んで従い、忠実に果たすことによって、その義務に意味を見出すよう教えました。しかし啓蒙主義がそれを一変させました。人生の意味とは、自分にとって最も満足できるものを選べる、という個人の自由が実現してはじめて見出されるものだとされました。自己否定を通して、個人の自由をあきらめることを通して、夫婦や家族に対する義務を自分に課すことによって人生の意味を見出すかわりに、感情やセックスにおける自分の満足と自己実現を見出すものとして、結婚が再定義されたのです。

この新しいアプローチを支持する人たちは、結婚の本質を、聖なる神のしるし、公共の利益を生み出す社会的契約だと考えるどころか、むしろ、結婚は二人の間の契約で、相互の個人的な成長と満足が目的だと考えました。そういう前提で結婚した人たちは、自分たちのために結婚したのであり、神や社会に対する責任を果たすためではありません。だとすると、二人は、とにかく自分たちの利益になる方法で結婚することが許されるべきで、教会や伝統、さらに共同体に対するどんな義務も課せられてはならないのです。要するに、啓蒙主義は、結婚を公共の分野から引き離して民営化し、その目的は個人を満足させることだと再定義したのです。結婚はもはや、神の性質を反映させるとか、人格を成熟させるとか、子どもを健全に育てるなどの、「広く益となる」ことではなくなったのです。ゆっくりと、しかし確実に、この新しい結婚観は、欧米文化の主流になっていきました。

しかしこの変化は非常に意識的なものでもありました。『ニューヨークタイムズ』のコラムニスト、タラ・パーカー＝ポープによる最近の記事、「『ミーイズム』の結婚こそ幸せな結婚」にはこうあります。

最高の結婚とは、個人が満足できる結婚だ、という考え方は一見非常識だろう。結局結婚とは、何よりも本質的に関係を第一にするものではないか、と。しかし本当にそうだろうか。何世紀もの間、結婚は経済的・社会的制度として機能し、その結婚関係をただ維持することが、個人の感情的・知的必要を満たすことより優先されてきた。しかし、現代において関係を第一にするとは、自分の人生をさらに充実させ、個人が価値ある人生の目的を達成するために役立つパートナーを求めるということなのだ。(26)

以上に見られるように、パーカー＝ポープは単刀直入にこの革命的変化を指摘しています。つまり、かつて公共の利益のための公的制度だった結婚が、今や当人たちが満足するための私的な取り決めになり、かつて「私たちの問題」だった結婚が、今では「私だけの問題」になったということです。

しかし、皮肉なことにこの「ミーイズム結婚観」は、今までになかったような期待で、結婚に、また結婚を考える人たちに重い負担を与えはじめました。それは、結婚に対する現実離れした期待と、何とも言えない恐れという絶望に、私たちを閉じ込めてしまうほどの重さなのです。

完ぺきな相性、「運命の人」探し

国立結婚プロジェクトによって二〇〇二年から行われたバーバラ・デフォー・ホワイトヘッドとデヴィッド・ポプノーによる「なぜ男はコミットしたがらないのか」という興味深い研究は、結婚に対する現代の期待を明らかにしています。[27] 男性は一般的に「結婚恐怖症」で、結婚を避けたがることで女性から非難されがちですが、実際に同報告書によると「男性の態度についての私たちの研究は、この一般的な見方を支持する証拠になる」とあります。また、男性が結婚しようとしない、少なくともまだする気がないとする理由も、いくつか挙げられています。最も興味深いのは、いかに男性が完ぺきな「相性」、自分にぴったりの相手を見つけるまで結婚したくないか、という点です。そういう「運命の人」とはどんな人でしょうか。

私は、未来の妻キャシーと出会った頃、本や小説、いろいろなテーマ、人生についての考え方、また何を喜ぶかなどについて、私たち二人の間に、驚くほど多くの共通点を感じました。すっかり意気投合し、すばらしい深い友情が生まれる予感がしました。しかし、これはどうやら現代考えられている相性のいい「運命の人」とは違うようです。ホワイトヘッドとポプノーによれば、「運命の人」には主に二つの特徴があります。

第一は、身体的な外見の魅力とセックスの相性です。離婚したばかりの人たちへのシャピロ監督のインタビューで最もわかりやすかったテーマの一つは、すばらしいセックスをすることがどれほど大切か、ということでした。「彼がセクシーだったから」夫と結婚したと言うある女性にとって、結婚してから体重管理や外見を気にしなくなってしまった夫は予想外でした。新婚時代は終わってしまったのに、そんな彼女が彼を知る方法はセックスしかありませんでした。本当にいい、いい、いい、したいと思うまでしない、というルールをつくった彼女にそんなタイミングがくることはほとんどありませんでした。「一週間に一回か、それ以下のサイクルに落ち着いちゃったわ。いつも同じで、本当に心や感情が満たされることもなかった。最高のセックスに大切な、求め合う感じも高まる感情もなかった。――相手に自分だけを見てほしいとか誘惑したいという気持ちも全然わきあがらなかった」[28]。彼女にとって、セックスの魅力と相性は、気が合う相手を見つける上でなくてはならない条件だったのです。

しかし国立結婚プロジェクトの調査によると、セックスの相性は男性にとっての第一の条件ではありませんでした。男性たちは、「相性」とは何よりも「自分をありのままに受け入れ、無理に変えようとはしない」人だと答えています。[29]「自分を変えようとする女性への憤慨を吐露した男性は少なくない。……結婚の相性とは、『自分の生活に溶け込んでくれる』女性を見つけることだと表現した男性たちもいた。『本当に相性がいいなら、自分を変える必要などあるわけない』とある男性はコメントしている」[30]

真の男らしさとは

となると、もはや過去との訣別ともいえる時代ではないでしょうか。かつて男性は、自分が大きく変わらなければならないという覚悟をもって結婚に臨みました。伝統的な結婚観には、男性を一人前の「市民」にするという要素があったのです。独立心旺盛な男性と比較し、コミュニケーション、サポート、チームワークを必要とする人間関係については女性のほうが得意だと考えられていました。ですから昔から結婚の主な目的は、男性を文字どおり「生まれ変わらせ」ることで、結婚は彼らに、新しい、より相互依存的で多様な人間関係を身に着けさせるための「学校」だと考えられていたのです。

しかし前述の研究調査対象の男性たちの示した態度は、かつて結婚が修正するはずだった、まさにそれでした。同年代の女性たちが晩婚と高齢出産という現実の中でプレッシャーにさらされている事実を認識しているか質問された彼らは、自分たちの優柔不断が、女性たちの結婚、出産という人生の目的を達成する上で大きな障害だと十分にわかっていながらも、彼女たちに同情的ではなかったのです。「それは彼女たちの問題だ」と言った男性もいたほどです。[31] 調査対象の男性の多くが、女性との交際で自分の自由が失われることについては一歩も譲りませんでした。調査の結論はこうです。「同棲は、男性が交際相手とのセックスを含める安定した家庭生活を享受しながら、個人としてより独立した生活を維持し、より好ましいパートナーを探し続けることさえ許容する」[32]

『ニューヨークタイムズ』のオピニオン記事で、ニューヨーク州立大学ストーニーブルック校歴史学教授サラ・リプトンは、結婚していても性的関係を配偶者のみに限定しないと考える著名な既婚政治家のリストを挙げています。アーノルド・シュワルツェネッガー（元米カリフォルニア州知事）、ドミニク・ストロス＝カーン（仏政治家）、マーク・サンフォード（元米サウスカロライナ州知事）、ジョン・エンサイン（元米上院議員）、ジョン・エドワーズ（元米上院議員）、エリオット・スピッツァー（元米ニューヨーク州知事）、ニュート・ギングリッチ（元米下院議員）、ビル・クリントン（元米大統領）、そして、アンソニー・ウィーナー（元米下院議員）です。どのケースでも、彼らは伝統的な結婚の目的――人間の本能的な情欲に従わず、自分の欲望を自制し克服し、他者に仕えること――を拒否したのです。

月並みに言えば、結婚は男の性質に合わないだけかもしれません。特に、男らしい男性ほど結婚がうまくいかない、と言われます。「女性に言い寄り口説き落とす、道ならぬ危険な不倫などは、いわゆる『男の中の男』の衝動、野望、自信にかなっている」、とも言われます。しかしリプトンは、歴史的に見て、結婚は男性が本当の意味で男らしくなっていく場だったと主張します。「西洋史の大半において、男性の、最初で最大の価値ある人格は自制心だった。……度を超した食事や飲酒、睡眠やセックスにふける、つまり、『自らを律する』ことができない男が自分の家庭、まして国家などを治める資格などない、と見なされた」

リプトン教授はこう結びます。「近年、私たちの投票で選出された政治家たちがもつ、向こう見ずで自堕落な性的嗜好が明らかになり、それを目のあたりにした私たちは、かつて男性の評価は、セックスの武勇伝より性的自制力にあった、という事実を思い出す必要があるだろう」[33]

しかし、結婚観がこれだけ変化した責任をすべて男性に負わせるのは妥当ではありません。現代では女性も同様に、感情的にも性的にも満足させてくれる、また「自分らしく」いられるような結婚相手を求めているからです。一緒にいると楽しく、知的な刺激と性的な魅力もあり、共通の趣味をもち、何よりも自分の個人的な目的と今のライフスタイルに協力してくれそうな配偶者を求めているのです。

あなたに多くの変化を求めない人を理想の結婚相手だと言うなら、それはほぼ完ぺきにできた人間、つまり人格的な問題などほとんどない、「手のかからない」相手です。あなたに大きな変化を要求しないのは、その人自身が完ぺきに幸せで、健全で、面白くて、人生に満足している、まさに「理想上」の相手だからです。結婚相手に誰もがこんな理想を追い求めてばかりいる社会は、歴史上かつてあった試しがありません。

悲観的な理想主義の皮肉

結婚に対するこの新たな理想主義が、逆に新たな悲観主義を生み出した、というのは一見矛盾しているようですが、まさにそれこそが、現実に起きていることなのです。相性の合う理想的な「運命の人」を見つけるという考えは、過去、数世代にわたって実はほとんど存在しなかったのです。しかし現代では、自分をそのままで受け入れ、自分の欲求を満たしてくれるような人を探すようになり、これが、探す者も探される者をもともに失望させるような、非現実的な期待の寄せ集めをつくり上げていくのです。満足できるセックスパートナーを探す、など、それ自体問題ではないでしょうか。国立結婚プロジェクトによる別の報告はこう述べています。

ポルノ的マスメディア文化は（また）自分たちが将来出会いたい「運命の人」について、現実離れした期待を持つ一因となっている。MTV（音楽専門チャンネル）やインターネット、ヴィクトリアズシークレット（女性の下着ブランド）のテレビ特集でランウェイを歩く女性たちのセクシーなイメージに影響され、男性たちは、今の彼女との結婚を先延ばしにして、いつかああいう「運命の人」を見つけられると期待しているのかもしれない。

しかし前述したように、男性が理想のセックスパートナーを夢見ることだけが、結婚観の変化の原因ではありません。女性もまた現代の消費文化に影響されてきたからです。現代では男女ともに結婚は、人格と共同体を築いていく道というより、個人的な人生のゴールに辿り着くための道としてとらえがちです。「自分の感情、セックス、スピリチャルな欲求を満たしてくれる」相手を探している人たちが多いのですから。(35) そういう極端な理想主義は、逆に、本当にそんな理想の結婚相手が見つかるのだろうか、という悲観的な見方をもたらします。だからこそ多くの人が結婚を躊躇し、あるいは結婚直前まで行きながら、「でも百点とは言えない」相手だというだけで、あきらめてしまうのです。

かつての結婚観が古めかしくて威圧的なのに対し、新しい「ミーイズム結婚」観こそが自由を与えるかのように思われたのに、その新しい見方こそ結婚率を激減させ、結婚そのものに息が詰まるほどの絶望を与えているのです。「ミーイズム結婚」を成功させるには、完ぺきに社会に適応し、幸せで、感情的にも満たされ、過去の傷などを克服した、ほとんど完ぺきな個人が二人必要なのです。ここで問題になるのは、「そんな人はほとんど存在しない」、という現実です。自己実現のための結婚、という新しい概念によって、私たちは、結婚に過剰な期待をよせながらも、常に何か物足りないという立場に身を置くことになりました。

ジョン・ティアニーのユーモラスな記事「あれもこれも全部ダメ」は、そういう現代文化がもたらした信じられない状況をあえて笑いに変えながら、独身の友人たちが彼や彼女と別れた理由を紹介しています。

「彼女『ゲーテ』を正しく発音できないんだ」
「彼の本棚に『愛と心理療法』っていう本見つけたの。ちょっと引いたわ」
「彼女、あと三キロ痩せてくれたらなぁ」

「もちろん彼はパートナーだけど、勤め先は二流。それに、こんな短い黒の靴下を履いているし」

「まぁ、最初はよかったよ。美人でスタイル抜群、笑顔もかわいい。何もかも完ぺきだった。ところが彼女がくるっと振り向いたとき、気がついたんだよ」。彼は不気味な間を置いて頭を振った。「肘がガサガサ(36)」

こういった途方もなく非現実的な結婚相手求人広告の数々（そんな「望ましい」パートナーなど現実にはまず存在しないのに）を見比べたティアニーは、現代の若い世代が、「欠陥発見器」とも呼べるものに悩まされているのではと考えました。それは「心の中でモーター音を立て、どんなに可能性のある相手にも致命的な欠陥をたちまち発見する小さな機械」のようなものですが、一体何のために使われるのでしょう。「身の丈以上の相手を手に入れようと、自分と似た者はみな拒んで遠ざけてしまおうとする」人々が開発したシステムだ、ということは考えられます。しかしティアニーは、この装置はむしろ独身でいることで安全を得ようとする人たちに好都合の装置だと言います。「彼らは内心どうしてその欠陥発見装置が必要なのか分かっているのです。……特にバレンタインデーには認めたくないでしょうが、彼らの本当の結婚相手求人広告は『求む、放っておいてくれる人』なのです」

これには、まず、結婚相手に過剰な期待を寄せる人たちがいるという現実があります。彼らは二人の欠けだらけの人間が結び合い、固い絆と愛と慰めとの場所――クリストファー・ラッシュが言い表したように「思いやりを欠いた世界にある避難所」[37]――をつくりだすのが結婚だということを理解していません。これでは、「ファッションモデルをしていた経歴を持つ小説家で宇宙飛行士」のような女性[38]、あるいはそれに匹敵する男性を要求するようになってしまいます。自己否定ならぬ自己実現のための結婚は、あなたの必要を満たしつつ、同時にあなたには何も注文しないような、ほとんど（あるいは、全く）手のかからない相手を要求するようになるのです。繰り返しますが、現代では結婚相手に求めることがあまりにも多すぎるのです。

しかし一方で、結婚にそれほど期待しない、むしろひどく恐れている人たちもいます。ティアニーは、少なくともニューヨークにいる友人たちの多くが、この範疇に入るはずだと考えています。本人たちも認めたくはないでしょうが、完ぺきな結婚相手を夢見る人よりも、結婚に何も期待しない人のほうが多数いるのです。何にも増して、現代文化は個人的な自由や自主性また充足を最高の価値とし、賢い人たちは、どんな愛の関係もみな、この三者を失うことだと実は知っているのです。「私をこのままで受け入れてくれる人が欲しい」と口では言っても、心の奥底では、自分自身が完ぺきではなく、変えられる必要が山のようにあること、自分自身を深く知るようになればなるほど、その欠点を改めたくなることも理解しているのです。そして、どんな結婚相手もまたそういう必要や欠点を、しかも深刻なレベルで抱えていることも予想できます。そういうものすべてにかかわるのは痛みを伴うだろう、いや実際そうなので、そんなめんどうなことは引き受けたくないのです。しかし世間にも自分に対しても、「めんどうだから結婚したくない」とは、認めたくはありません。それであの「欠陥発見器」をフル活用するのです。うまくいけば、結婚からある程度の距離を保てます。

しかし、自分の自由を失いたくないという理由だけで結婚を避けるとしたら、それこそ自分自身に最悪のダメージを与えることにもなるのです。C・S・ルイスの表現は真に迫っています。

何かを愛するとき、あなたは切ない思いをします。胸がはりさけるかと思うほど苦しいこともあるでしょう。心を傷つけられないでいたいと思うなら、誰にも心を与えてはなりません。動物を愛することすら、禁物です。傷心を避けたいならよい趣味やちょっとした贅沢で心をやさしくつつみ、ややこしいかかわりあいをすべて遠ざけ、それを自己という小箱、自己という柩《ひつぎ》のうちに納めて鍵をかけることです。しかしその安全な、暗い、全く動きのない、空気も通わない小箱のなかで、あなたの心は硬化するでしょう。傷つけられるどころか、けっして傷つかない、何ものに対しても無感覚な、救いがたいものになってしまうでしょう。悲劇を、少なくとも悲劇をわが身に招く危険をいっさい避けようとするなら、人間の魂は滅

びるほかないのです。(39)

というわけで現代社会が、「一夫一婦制」に見られる可能性に必要以上に悲観的になるのは、結婚相手に求める理想があまりに高すぎるからで、こうしたことはすべて、結婚そのものの目的の理解が不十分なことから来ていると言えるのです。

「完ぺきな結婚相手」なんていない

そういう問題に対しての解決法は、聖書が結婚についてどう説明しているか調べることです。というのも、私たち自身が現代社会につくりあげた袋小路が何か、またそこから回復する方法がそこに示されているからです。

まず聖書には、相性の合う相手を探すことがどうしてこんなにも難しいのかが説明されています。私は牧師として、結婚を考えているとか、結婚を何とか継続している、あるいは結婚関係の危機に直面している、という、何千もの夫婦と会ってきましたが、皆一様にこう言います。「愛するって、そんなに大変なことでしょうか。もっと自然に湧き上がるものだと思っていました」。それに対して私はいつもこんなふうに答えます。「どうしてそう思うんですか？　プロ野球選手になりたい人が『速球を打つのが、こんなに大変なわけない』と言いますか。最高傑作の小説を書きたいと思っている人が『実在しそうな登場人物たちや読者を引きつける文体をつくりだすのがこんなに大変だとは思わなかった』と言いますか」。すると大方の反論はこうです。「だけど、野球や文学とは話が違います。これは愛の問題ですよ。愛は、もし相性がよければ、無理なく自然に現れるはずです。もし本当に、お互いが運命の人同士であればね」

しかし私たちクリスチャンは、完ぺきな相性の二人などそもそもいない、という見方をとります。デューク大学倫理学教授のスタンレー・ハワーワスがこの点をまとめた文章は有名です。

結婚にとって破壊的なのは、自己実現の倫理だ。それは、結婚も家族も、主に自己実現のための制度であり、私たちが「完全」で幸福になるために必要だ、と想定する。そこでは、自分にはふさわしい結婚相手がいるはずで、目を皿のようにして探せば当然見つけられると思い込まれている。この道徳的思い込みは、結婚の決定的な一面を見落としている。私たちは必ず間違った相手と結婚するものだ、という事実を十分理解していないのである。

私たちは、自分が誰と結婚するか、決して分からない。それなのに自分には分かると思っているだけなのだ。また、最初は正しい相手と結婚したと思っても、どのみち相手は変わるのだ。結婚したこと〔それだけでも圧倒されるようだが〕だけでも、私たちがそれ以前とはもう同じ人間ではない、ということなのだ。肝心なのは、自分が結婚した相手が、実はほとんど見知らぬ相手であって、今後どのように愛し、気遣っていくかを学んでいくことだ。(40)

このようにハワーワスは、完ぺきな相性の「運命の人」を探すことはそもそも不可能なのだ、と言っているのです。結婚相手との距離は、他のどんな人間関係にも比べられないほど密接です。ですから結婚した瞬間、あなたと相手は、様々な形で深く変化し始めるし、あなたはこの変化がどんなものか、前もって知ることはできません。つまり将来自分の伴侶がどんな人になるのか、あなたには全くわからないのです。

ハワーワスの表現にむっとした人が少なからずいるでしょうが、無理もありません。彼の狙いはこの時代の風潮に正面から対決することだったし、だからこそ、わざわざ一般化しているのです。もちろん、年上過ぎるとか年下過ぎるとか、共通言語がないとか、結婚相手の対象に入れない正当な理由もあるでしょう。お互いの隔たりを埋めるという結婚生活の上で、負担を最低限にする必要があるからです。つまり、このハワーワスの法則には、グレーゾーンがあるのです。実際結婚すべきではないゾーンにいる人たちもいますが、それ以外は、完ぺきに相性が一致することなどない、グレーゾーンにいる人たちです。長年すばらしい結婚生活を送り続けた人たちは皆、ハワーワスが言わんとしていることがわかるでしょう。自分がまさかこんな人と結婚したとは思わなかったと驚きながらも、そもそも見知らぬ他者だった相手をどうやって愛したらいいのか、何年もかけて学ばなければならないのです。あなたも相手も、自分にとって不本意な変化を受け入れなければならないのですが、やがてはその道のりが、思いやりと喜びに満ち、強い絆で結ばれた結婚関係へと育っていくのです。しかし、それはあなたが完ぺきな相性の「運命の人」と結婚したから、ではないのです。そんな相手はそもそも存在しません。

本書の献辞に名を連ねた人たちは、キャシーと私の共通の、かれこれ四十年の付き合いになる友人たちです。彼らを通して、私たちは自身の結婚についても深く学ばされました。神学校時代に親しくなったこの五組の夫婦はまず妻たちが親しくなり、そこからだんだんと夫同士も親しくなりました。それから今にいたるまで、手紙、電話、Eメールのやりとりをし、互いに訪問し合い、休暇を過ごし、涙も喜びも共にしてきました。それぞれの結婚や生活での隠し事はほとんどありません。一緒に過ごした中で最高に楽しかった夜（そう、ビーチでのことでした）は、お互いのプロポーズや新婚時代のことについて話し大笑いした時です。一体なぜそれぞれの相手を選んだのか、周囲は理解に苦しむでしょう。

まずシンディとジム。上品なシンディはギリシャ正教会出身、物静かで、瞑想を好む典型的なギリシャ人でした。ジムは荒っぽくてけんかっ早い、ユーモアのあるバプテスト派でした。

ゲイルとギャリー。七歳の年の差と深刻な神学的立場の相違に加え、学生たちのための二週間のハードな野外ツアーをリードするギャラリーに対し、キャンプといえばホテルに宿泊するものと思っていたのがゲイルでした。

ルイーズとデイヴィッド。美術史と英文学を専攻し、真面目な改革派信仰をもつルイーズに対して、デイヴィッドは、アッセンブリーズ・オブ・ゴッドの信徒牧師で、寮で早朝からその歌声を響かせ皆を起こす名人でした。

ウェインとジェイン。ジェインに言わせると、ウェインは、実直なピッツバーグ人らしさの内に無限の可能性を秘めていて、対する彼女は南部の気取り屋でした。

ダグとアデル。世界中を巡る旅人、経験豊かな宣教師だったアデルに対し、ダグは、インターバーシティ（大学生伝道組織）の若きスタッフでした。彼女はちょうど別の男性（その人の名もダグ）とひどい別れ方をしたばかりでした。結婚式の前夜、アデルはキャシーと私のベッドのはしに座って、自分がしようとしている結婚は間違っているのではないかと、さめざめと泣いたものです。今それを振り返った彼女はこう言います。「私たちの結婚は疑いと迷いのどん底から始まったみたいなものだったけれど、今は天国の門が近づいているのがわかるわ」

そして肝心の私たちです。キャシーは歯に衣着せない長老派、（デイヴィッド・ウィルカーソンの『十字架と飛び出しナイフ』を読んで以来）都市伝道に携わりたいと固く決意していました。私はと言えば、自分の田舎の小さな教派の監督に、今は長老派の神学校に行っているが、長老派にはならないと約束したばかりでした。

まさに到底相性の合わない私たちでした。けれども、今私たちはそれぞれ、幸せで、人生を謳歌し、成人した子どもたちが結婚し孫が生まれるのを見守り、手術や親の死、あらゆる人生の危機においても助け合ってきました。

ハワーワスは、そもそも完ぺきな相性の結婚相手などいない理由として、まず結婚は私たちを根本から変える、という点を挙げています。しかし、もう一つの理由があります。夫婦となる二人は誰もが例外なく罪によって霊的に壊れてしまった存在です。それは、人生のすべての領域で基本的に自己中心である――「自己のうちへと曲げられた」人生を生きている――ことを意味します。[41] 作家のドニ・ド・ルージュモンはこう言います。「そもそも神経過敏、身勝手で未成熟な人たちが恋に落ちたからといって、どうしていきなり天使になれるだろう」[42]。円満な結婚のためには、スポーツ競技や芸術の技術以上に血の滲むような努力が必要なのです。もって生まれた才能だけで、プロ野球選手並みのプレーや、忍耐と膨大な作業を伴う優れた文学の執筆などできるわけありません。私たちの人間性の中にそもそもある自己中心性という、どうしようもない歪みを抱えてなお、「愛があるなら他者と円満に生活できるはずだ」、などとどうして言えるでしょう。実際、スポーツや芸術の分野で成功を収めながらも、結婚は惨めな結果に終わった人は大勢いるのです。以上のように、この壊れた世界のどんなものよりもすばらしいはずの結婚に、それほどの痛みと困難が伴う理由は、聖書に示される人間の罪にあるのです。

終末的ロマンス

現代人は結婚に伴う痛みを必要以上に大げさに表現しますが、それは自分自身の、無限とも言えるありえない期待で、結婚を押しつぶしてしまうからにほかなりません。ピューリッツァー賞作家アーネスト・ベッカーは、現代文化は「終末的ロマンス」への欲望を生み出したと言います。かつて結婚や家族は、愛や助け合いや安心をもたらしてくれる源とされていました。そして人生における意味、未来への希望、道徳的羅針盤、そして自分のアイデンティティーについては、神に、また死後の世界に期待したのです。しかし現代文化は、そんなものに誰も確信をもてない、そもそも、そんなものが存在するかどうかについても確信がもてない、と主張します。だからこそ、その空白を埋めなければならない何かが必要で、それが多くの場合恋愛だと、ベッカーは言います。つまり、かつて神への信仰から得ていたものを今や、セックスと恋愛から得ようとする傾向があると言うのです。

恋愛の相手は彼の生を満たすべき神聖な理想となる。いまやすべての精神的道徳的欲求は一人の個人に集中するようになる。……一言で言えば、恋愛の対象は神となる。……神が監督する偉大な宗教共同体という世界観が滅びたとき、人間は手を伸ばして「汝」を求めたのである。[43] われわれが恋愛の相手を神の地位にまで高めるとき、そもそもいったい、何を望んでいるのだろうか。われわれが望むのは贖いであり、それ以外の何ものでもない。[44]

私が今まで扱った難しい人間関係や失恋に関する相談の中でも、ジェフとスーのケースは典型的でした。[45] 背が高くハンサムなジェフは、スーがずっと憧れてきたような相手でした。スーは内気で人前では黙ってしまうほうだったので、会話上手な彼が人前でその場の中心になる姿がとても好ましく思えました。決断力があり、いつも将来を考える傾向の彼女に対して、ジェフには「今この時を楽しむ」傾向がありました。二人の違いは、お互いを完全に補い合うかのようでした。スーは内心、こんなハンサムな人が自分を好きになってくれることが信じられないくらいでしたが、一方でジェフは多くの女性たちからその野心の無さを気づかれていただけに、こんなにも彼に夢中になってくれる女性を見つけて幸せでした。しかし、結婚して一年たつと、ジェフの会話はスーにとって、自己陶酔的で他者の話が聞けないものにしか聞こえなくなっていました。また上昇志向がないジェフに、かなりがっかりさせられました。かたや、スーの物静かさは、ジェフにとっては何を考えているのか分からないだけで、静かにはにかむその態度は、裏に何か支配的な性質を隠しているのでは、とさえ思えるようになっていました。二人の関係は急激に冷め、ほどなく離婚することになりました。

幻滅とか、「甘い日々《ハネムーン》の終わり」というのは、何世紀もの間当たり前だとされてきました。それは当然あるべき通過点で、避けては通れないものでさえあります。しかし、現代人が経験しているこの幻滅感の深さは今までに無いほどで、結婚が離婚に終わる速度と比例しているかのようです。まるで、この当然の経過がことさらに強調され、要注意のレッテルが貼られたかのようです。しかし、唯一の運命の人を見つけさえしたら自分の欠点や間違いはすべて満たされるだろう、などという考えはしょせん幻です。そういう考え方が恋人を神のようにあがめさせる一方で、実際そんな期待にこたえることができる人間など一人もいないのです。

では、今まで少なからず提案されてきたように、古くさい文化遺物としての結婚制度をいっそ廃止したらどうでしょうか。現代人は自由で、自律した個人です。今までにも、家族形態や宗教組織、国家まで、人間社会の基本となる制度が、ことごとく圧政の手段となってきました。結婚という制度の役割が終わったのでしょうか。一九七〇年代以降、制度としての結婚はいずれ無くなるだろうと予測されてきました。最近になって話題になったのは、ピュー研究所（ワシントンD・Cにある、世論調査専門のシンクタンク）の調査結果、四〇パーセント近くのアメリカ人が、結婚は時代遅れだと考えているとわかったことです。(46) 映画「モノガミー」の出演女優があるインタビューでこう言っています。「ある意味、この国は結婚に失敗したんじゃないでしょうか。それなのに、実際、神聖ではあるけれど失敗してしまったこの制度を後生大事に守ろうとしている。これからの時代、何か新しいかたちがあるはずです」(47)

深い二律背反

しかし、こういった、結婚制度が廃れつつあるという世評にかかわらず、評論家たちはそれにさほど確信はなく、この問題について葛藤を覚えているようです。その典型が、ローラ・キプニスの『愛に反して 一つの論争』[2]とパメラ・ハーグの『結婚の内輪話』[3]の二冊です。どちらの著者も、伝統的な結婚がいまや風前の灯火、心から満足できる長年の結婚生活などほぼ不可能だという持論を裏付けることに相当な時間を費やしつつ、最終的には、結婚外のセックスや出会いに開かれているという条件付きながら、結婚制度は維持されなければいけないとしぶしぶ認めるのです。

これに対し、エリサ・ストラウスは『スレート』誌（オンラインマガジン）掲載の書評で、著者ハーグについて「一夫一婦制をとらない人たちが、一夫一婦制をとる人たちよりも幸せだという証拠を一切提供していない」と反論します。(48)確かにハーグが挙げる、「反逆的な夫婦たち」――不倫やチャットルームで交際した経験のある既婚者たち――はそういう行為で満足できるわけではなく、さらにそれが実際の結婚関係にダメージさえ与えることを思い知りました。ストラウスはこう結びます。「究極的には、結婚制度へのハーグの忠誠心はどこかおかしい。……彼女は結婚をほとんど解体しているのだから」[49]。結婚に批判的な現代の文化人が、この制度に感じている深い二律背反を、見事に言い表しています。

というわけで、今の時代、社会が結婚制度なしに成立する、などと真剣かつ説得力ある議論がなされることはまずないでしょう。一夫一婦制を批判する人たちでさえ、少なくとも現実的には、それなしには生活できないと認めているのです[50]。その理由の一つは、本章で言及してきた実験調査の結果の数々です[51]。結婚――まさに伝統的そのもの、厳格に一夫一婦制の結婚――がすべての成人に、いやそれ以上に子どもたちや社会に広く利益をもたらす、という事実を示す証拠は尽きません。

また結婚制度存続のため、科学的な調査に頼る必要はありません。どこにでも見られる制度であること自体、その存在を雄弁に語っているからです。私たちが知るかぎり、結婚が人の生活の中心でなかった文化や時代などありません[52]。現代文化において既婚者数が減少しているのに、結婚願望のある人の割合は一向に減少していないのです。そこには潜在的な結婚願望があるからではないでしょうか。つまり、エバを見たアダムの「これこそ」の叫びに見られるような、結婚には言葉に表せないような宝が隠されているのではないか、というあきらめきれない願望です。結婚そのものに問題はありません。創世記1、2章によれば、私たちは結婚のためにつくられたし、結婚は私たちのためにつくられたからです。しかし、創世記3章に見られるように、人間の人生のあらゆる領域に加えて、結婚も、罪により壊れてしまったのです。

私たちの結婚観があまりにロマンチックで理想的だとしたら、それは人生に対する罪の影響を過小評価していると言えるでしょう。逆に結婚に過度に悲観的で冷めた態度なら、結婚の起源が神にあることを十分理解していないのです。そして現代文化にみられるように、私たちがその理想的、悲観的見方を両方もつと、その歪んだ見方によって二重に苦しめられてしまうのです。しかしそれは、結婚制度にではなく、私たち自身のうちに問題があるからなのです。

偉大なる秘密

本章冒頭で示したように、パウロは結婚が「偉大な奥義《ミステリー》」だと言いました。今まで私たちは、それが私たちにとって本当にそうかどうかについて見てきました。結果、結婚とは、私たちにとって重要なので廃止できるようなものではないが、同時に私たちはその存在に圧倒される、ということがわかったのではないでしょうか。パウロが用いたギリシャ語「ミュステーリオン」は語彙の幅があり、「秘密」という意味でも用いられています。聖書では、これは内部の人間だけに知られた秘密の情報のようなものではなく、神がその聖霊によって啓示している驚くべき意外な真理を表しています。[53]他の箇所でも、パウロは、福音における神の救いの目的に関係する啓示を示すため、この言葉を使っています。しかしパウロは、エペソ５章で、この豊かな言葉を驚くべきことに結婚に適用するのです。31節で、最初の結婚について語る創世記の記事の最終節が引用されています。「人は父と母を離れ、その妻と結ばれ、ふたりは一体となる」。それからこれが、文字どおりに言えば「メガ・ミュステーリオン」――並外れて偉大ですばらしく、神の聖霊の助けによって初めて理解しうるほどの深い真理だ、と言うのです。

結局、結婚の奥義（秘密）とはいったい何なのでしょうか。パウロはすぐ「私は、キリストと教会とをさして言っているのです」と、先の25節に付け加えます。「夫たちよ。キリストが教会を愛し、教会のためにご自身をささげられたように、あなたがたも、自分の妻を愛しなさい」。つまり、「秘密」とは、結婚それ自体ではないのです。夫が妻のためにすべきこととは、そもそもイエスが私たちと一つになるためにしてくれたことなのだ、というメッセージなのです。

つまり、イエスが私たちのために、彼自身を与えたということです。神の子イエスは、父なる神と対等な立場にもかかわらず、自身の栄光を手放し、私たちと同じ人間になりました（ピリピ２・５以下）。しかしそれだけではなく、すすんで十字架にかかり、私たちの罪の代価を支払ったのです。それは、私たちがイエスとつながり（ローマ6・5）、彼に似るものとなるためでした（Ⅱペテロ1・4）。イエスは自身の栄光と力を手放して、しもべとなりました。自分の利益を捨て、逆に私たちの必要と利益に目を向けました（ローマ15・1～3）。イエスの私たちに対する犠牲的な奉仕は、私たちとイエスとの間に深い一致をもたらしました。そして、これこそ、結婚を理解するためだけでなく、結婚生活を生きるための唯一の鍵だ、とパウロは言っているのです。だからこそ、パウロは、創世記2章に記されている結婚の原点を、イエスと教会に結びつけることができたのです。ある聖書注解者はこう言っています。「神が最初に結婚を定めたとき、すでにキリストと教会とを念頭に置いていたことが、パウロにはわかっていた。これは、結婚における神の偉大な目的の一つである。つまり結婚が、キリストとその贖われた民との関係を永遠に描き出すという目的である」(54)

結婚を、そもそも抑圧的でそれゆえ時代遅れだとする反論に対して、力強い答えがここにあります。ピリピ2章でパウロは、神の御子が、父なる神と同等であることをふりかざすのでなく、かえって進んで父のしもべとなろうとしたことにその偉大さが現されたのだ、と教えるのです。キリストは十字架へと向かい、父は子を死者の中からよみがえらせました。

ここから神がどんな方かわかるだろう。……父と子と聖霊は、お互いに自分の目的のために相手を操作しようとはしない。……一致が多様性に、あるいは、多様性が一致に征服されることはない。三位は一体であり、ひとりは三位なのだ。(55)

もっと言えば、エペソ5章でパウロは、地上においてさえ、自身の力を私たちに押しつけることはせず、いっさいを犠牲にして、私たちを自身に結び合わせてくれたイエスを示しています。これが私たちを、哲学的レベルを超えた人格的で実践的なものへと導くのです。神が結婚を定めたとき、同時にイエスの救いの福音を念頭に置いていたとすると、結婚は、キリストの「自分を与える愛」の模範に近づくほど、その本領を発揮することになります。パウロは、結婚が抑圧的だとか不自由だとかいう反論に対する答えだけでなく、結婚が要求するものが圧倒的だという感覚を教えています。だとすると、実際の結婚生活でやらなければならないことの大きさに圧倒され、どこから手を着けたらいいのか分からなくなるほどです。しかし、まずパウロは、神がイエスを通してあなたにしたのと同じように、伴侶に接するよう勧めます。それ以外のことはそこから始まっていくのです。

つまり奥義（秘密）とは、イエスの福音と結婚が密接につながり、互いを説明し合っている、ということでしょう。神が結婚を構想したとき、同時にイエスの救いの計画も整えられていたからです。

間違った選択にノーと言う

私たちは、伝統的結婚観、現代的結婚観のどちらもが迫る二者択一的発想にノーと言うべきでしょう。結婚の目的とは、家族の利益のために自分の利益を否定することでしょうか。それとも、自己実現のために自分の利益を押し通すことでしょうか。キリスト教では、自己実現と自己犠牲のどちらかを選ばせるのではなく、むしろ、相互の自己犠牲によって、相互の自己実現を目指します。イエスは、自分自身の利益を手放し、私たちを救い、私たちを神のものとするために死んだのです。だとしたら、次は私たちが自分を手放し、自分の自己中心性に死ぬ番ではないでしょうか。それは、まず私たちが悔い改め福音を信じるときに起こり、それから、イエスの生き方に従っていく日常生活の中で実現されていきます。すでに自ら進んで私たちのために地獄にまで行き戻ってきた方ですから、イエスに従っていく生き方は驚くほど安全なのです。誰かを愛し従うとは自分を失うことだという不安が取り除かれるのです。

では実際に結婚がうまくいくために私たちはどんなことをしたらいいのでしょうか。前述したように結婚の奥義（秘密）と福音を知り、実際の結婚生活に、どんな力と方法が与えられるか探っていく必要があります。結婚という日常の中で、福音の美しさ深さがより明らかにされ、ますますその福音に頼らされるようになっていきます。また、福音をより深く知っていくという年輪を重ねるにつれ、二人が更に深く一致させられていくのです。

ここにこそ本書のメッセージがあります。つまり、結婚を通して、「福音の奥義が明らかになる」ということです。(56) 結婚は、福音によって、あなたの心の内側から、あなたの人生が土台からつくり変えられるための、一つの手段なのです。

大きな痛みを伴いつつも、なお素晴らしいと言えるのは、結婚が福音を反映するからです。つまり、その福音とは、私たちは自分が思ってきた以上に罪深く欠けだらけであること、同時に、これまで自分が信じてきた以上に、イエス・キリストにあって愛され、受け入れられている存在だということ、です。これこそ、私たちの壊れた現実を根本的に変える唯一の関係性ではないでしょうか。真理の伴わない感傷的な愛は、私たちを助け肯定してはくれるものの、結果自分の欠点に目をそむけたままにしてしまいます。逆に愛が伴わない真理は厳しさだけで、大切な情報が実際には耳を覆いたくなる方法でしか示されません。けれども、キリストにおける神の救いの愛は、私たちが何者であるかについての徹底的な真理を突きつけると同時に、それでも私たちにかかわり続けるという徹底的で無条件の献身から成り立っています。こういう深い愛の関係性が、私たちに、自分自身についての真理を理解し、悔い改められるような強さを与えるのです。この確信と悔い改めが、私たちを突き動かし、神の憐れみと恵みとに引き寄せ、そこに憩うことさえ可能にするのです。

ですから、特に結婚生活において難しい時期は、神によって自分自身が変えられていくこの愛をますます実感させられることでしょう。同時に結婚生活の幸せな時期にもまた、神の愛によってますます自分が変えられることを日常的に体験できます。福音によって本来、私たちは神の愛で心から満足できるはずですし、だからこそ、たとえ結婚した相手があなたに十分な愛を示せなくなったとしても、その状況に立ち向かうことができます。私たちはあらゆるしがらみから解放され、たとえ結婚相手の罪や欠点を赤裸々に見せられたとしても、正直に話し合い、なおかつ、相手を全人格的に愛し受け入れられるようになるのです。そしていつか同じように福音の力によって誠実で献身的な愛を相手が経験すると、神の愛によって変えられていき、相手もあなたにその愛を表せるようになるのです。

これこそが結婚生活の偉大な奥義（秘密）です。まさにこの福音が、結婚という旅路を支える力と方法を与えてくれるのです。しかし、その方法とはどんなもので、その力はどのように働くのか、取り上げるべき事はまだまだあります。ですからエペソ5章に戻り、この偉大な秘密についてさらに掘り下げてみていきましょう。

第*2*章　結婚を育てる力

キリストを恐れ尊んで、互いに従いなさい。（エペソ５・21）

御霊に満たされなさい

パウロがエペソ人への手紙で結婚について説明しているのはよく知られていますが、それは21節から始まります。「キリストを恐れ尊んで、互いに従いなさい」(1)。一見、前半後半それぞれ独立した文章として考えられがちですが、それではパウロが言おうとしている大切なポイントは伝わりません。原文（ギリシャ語）では、パウロがそれまでにいくつか挙げてきた「御霊に満たされた」人の特徴の最後に挙げられているのが、この21節です。つまり、この節で「御霊に満たされている」とは、プライドや自意識が無く、だから謙虚になり他者に仕える姿勢が生まれている、ということです。この21節の、「御霊に満たされた」ことによって生まれる従順な姿勢を見てはじめて、パウロは妻と夫との義務へと視点を移していくのです。

近代社会、特に欧米文化を背景とする読者は、すぐに「服従」という言葉に注目し、もっと言えば目の敵にさえするかもしれません。というのも、その言葉が「性差《ジェンダー》」という、現代に生きる私たちにとって大きな議論を呼ぶ問題に触れてしまうからです。しかし、そのような議論から始めてしまうと、パウロの主張の前提を本当に理解することはできません。パウロの前提は、結婚において当事者双方が神の聖霊に満たされている、ということだからです。つまり聖霊の力によって、それぞれが他者に仕えることを学んでから、結婚というチャレンジに向き合う力をもてるということです。

聖霊の働きは、新約聖書中ヨハネの福音書に、最初に詳しく説明されています。この教えをとても大切にしていたのか、イエスは自分の死の前日にかなり時間を割いて説明しました。「聖霊に満たされる」と聞くと、私たちは穏やかな心、内からわきでる力強さなどを連想しがちです。確かにそれもあるでしょうが、聖霊について、何よりもまずイエスが語ったのは、「わたしがあなたがたに話したすべてのことを思い起こさせ」る「真理の御霊」なる方、として、でした（ヨハネ14・17、26）。聖霊は「わたしの栄光を現します。わたしの栄光を受けて、あなたがたに知らせるからです」（ヨハネ16・14）と言うのです。これはいったいどういう意味でしょうか。

「知らせる」、と訳されたギリシャ語には、「一瞬心をさされるような重大な知らせ」、という意味があります。聖霊の役割とは、イエスの人格と働きに見られる栄光が、人にとっていかに重要で美しいか、私たちの思いと心に正しく理解されるような形で明らかにすることです。[2] それでパウロは、エペソ人への手紙の最初で、あえてこう祈ったのです。「あなたがたの目がはっきり見えるようになって」（1・18）、また、「愛……の広さ、長さ、高さ、深さがどれほどであるかを理解する力を持つようになり、人知をはるかに越えたキリストの愛を知ることができますように」（3・17～19）。まさに聖霊の働きで、私たちはイエスについての真理をはっきりと理解し、それが心の奥深くまで迫り、深い慰めと力を与えられて、人として全く新しくされるほどなのです。

ですから、「聖霊に満たされる」とは、あるときは静かな、またあるときは激しい喜びに満ちた人生を歩むことだと言えます。神の栄光とイエスの救いのための働きを示す真理は、頭で理解し信じるだけでなく、心の奥深くに奏でられる歌や（エペソ5・19）、たましいで実感し味わう楽しみを生み出します。「あなたの心で歌い、主に向かう音楽を奏でなさい。すべてのことについて、私たちの主イエス・キリストの名によって父なる神に感謝をささげて……」（19～20節、NIV）とあるように、です。そして、この歌の対象は、自分にとって好都合な人生の状況（という変わりうるもの）というよりは、イエスの真理と恵み（という不変のもの）なので、困難な時にあっても歌声が途切れることは無いのです。

「聖霊に満たされた」生活を説明した直後、パウロは結婚へと話題を向け、結婚と聖霊に満たされた生活との強い結びつきを示します。この結びつきから二つのことがわかります。

第一に、ここで見られる結婚とは、常に依存的な二人、つまり自分の価値や人生の目的がよくわからず、自身の存在意義や意味を相手の存在の中に見出そうとしているような、そういう二人のものではありません。何でも吸い込むぽっかり空いた二つの穴を一つにしたら、不気味な吸引音を放つ巨大なブラックホールが現れるでしょう。だからパウロは、まず二人がそれぞれ、人生における大きな疑問、つまり、なぜ自分たちが神によってつくられたのか、自分たちはキリストにあって何者であるかということについて、すでに取り組み、解決していることを前提としています。もちろん、いつも神に従い、喜びの人生を生きられる人などいません。信じれば自動的にそう生きられるわけでも、浮き沈みが無いわけでもないのです。もしそうだとしたら、パウロが18節で、「御霊に満たされ続けなさい」と文字どおり命令形の熱心な勧めで始める必要など、そもそも無かったのです。私も含めて、クリスチャンは、よく霊的なガス欠状態で走っているようなことがありますが、給油所がどこにあるか、そしてそれ以上に大事なのは、給油所はあるのだ、ということを、知っていなければなりません。ありとあらゆる他の方法を試してようやく、クリスチャンはイエス・キリストの働きを通して与えられる神の愛を確信しつつ、心を尽くして神を礼拝することこそが、私たちのたましいを「走り続けさせる」ために必要なのだ、と学んだのです。それはまさに、心のエンジンに点火するようなものなのです。この仕組みがわかって初めて、よい結婚相手としての原動力が得られるのです。神だけが満たせる空虚を、相手に満たしてもらおうとするのは、しょせん無理な要求なのです。

互いに従いなさい

というわけで、「聖霊に満たされる」という経験をしてようやく、一般的な結婚の問題に向き合うことができるようになります。つまり、相手に具体的に仕えるという義務を果たす上で必要なすべてが整えられたことになります。22節から24節で、パウロはあえて、妻が自分の夫に服従すべきだと言っています。しかしすぐその後、夫たちに自分の妻を、キリストが教会を愛し「教会のためにご自身をささげられたように」(25節)愛しなさいと、どちらかと言えば、女性たちに与えたものより強い、私欲の放棄を勧めています。後述しますが、これらはそれぞれ違った形で示される勧めで、同一のレベルにおかれる義務ではありません。それでいて、どちらも、到底達し得ないような方法で自分を相手に捧げるよう招いています。私たちは、夫であろうと妻であろうと、自分のためではなく、他者のために生きるのです。それこそ、結婚し夫婦になる上で、最も難しく、しかし最も重要な唯一の目的なのです。

パウロは、クリスチャンの生活についての一般的な原則を、結婚に適用しています。その原則とは、福音を本当に理解した者なら、誰であれ他者とのかかわり方において根本的な変化を経験する、ということです。ピリピ2章2、3節で、パウロは単純に、クリスチャンは「へりくだって、互いに人を自分よりもすぐれた者と思いなさい」と言っています。これを他人すべてが自分よりもあらゆる点で優れていると盲目的に信じるよう努力しろ、ととらえるのはナンセンスです。むしろ、他者の関心事を自分のそれ以上に大切なものとして考え、とらえるべきだというのです。別の箇所でパウロは、私たちは「自分を喜ばせるべきではありません」と言い、むしろ、「私たちはひとりひとり、隣人を喜ばせ、その徳を高め、その人の益となるようにすべきです。キリストでさえ、ご自身を喜ばせることはなさらなかったのです」と言っています（ローマ15・1〜3）。パウロはさらに踏み込んで、クリスチャンはお互いのしもべ——原文では奴隷——となるべきだ、とまで言っています（ガラテヤ5・13）。キリスト自身がへりくだり、しもべとなり、自分のいのちをささげて私たちの必要を満たしたのです。だから今、私たちは、互いに対してしもべのようなものなのだ、ということです。

こういうイメージは、ある意味過激で、現代人にとっては不快でさえあります。しもべ、と言う言葉もピンと来ないでしょう。パウロがこのたとえを用いた当時でさえ、奴隷が主人たちに仕えていたような関係を互いにもつべきだと言っていたのではありません。彼の論点は、「しもべは他者の必要を自分の必要よりも優先する」、というイメージにあります。これがクリスチャンにとって他者とともに生きるべき生き方だと言うのです。そして、このように互いに仕えるなら、夫婦はこういう態度を互いにどれほど意識的かつ熱心に抱くべきでしょうか。夫の役割をどのように定義するにせよ、この原則を無視することはできません。パウロは、夫は妻の「かしら」であると書いていますが、どんな意味であれ、夫は妻の、キリストにある兄弟であり、ガラテヤ人への手紙5章13節によれば奴隷でもある、という事実は無視できません。夫と妻は互いに仕えなければならず、お互いのために「自分自身を明け渡さなければ」なりません。これは人間関係における上下関係を破壊するというより、根本的に変革するということです。(3)

友人や同僚との関係で、相手の関心事を自分のそれより優先し、自分よりも相手を喜ばせるというのはなかなか難しい生き方です。同じように夫婦間でしようとするなら、なおさらです。しかし、他のどんな関係よりも密接に実践できるのも確かでしょう。二人で一日一緒に過ごすとして、どちらの楽しみを優先し、どちらが譲るかという問題が、文字どおり分刻みで実践されるのです。そうなると、どうなるでしょうか。喜んで相手を優先しようとする、優先するが冷たく苦々しい思いでする、わがままに自分のやりかたを主張する、の三つが考えられるでしょう。互いに一番目の方法でやりとりできてこそ、結婚関係は成熟に向かうのですが、もちろんそんなに簡単にはいきません。

私にも結婚生活で忘れられない事件があります。あるとき、セミナーに出席するために家族でニューイングランドを訪れていました。私たち夫婦は、息子三人を連れ、友人たちと過ごしていたのですが、私は、少しの間一人で近くの神学校の書店に行きたいと思っていました。どんな新刊が出ているか見てみたいし、できれば何冊か購入しようと思っていたのです。しかし、それでは家族と一緒に過ごす時間を犠牲にしてしまうこと、妻に子どもたちの世話を押しつけてしまうことも分かっていました。だからこそ、そんなことを切り出すのは気が引けました。それで、私は、キャシーが私の気持ちを察して、彼女のほうから私を送り出してくれないかとひそかに期待したのです。ところが彼女はそんなことに全く気づかず、察しの悪いキャシーの「落ち度」に、私はだんだんいらいらしてきました。私があの本屋にどれほど行きたがっているかくらい分かっているだろうに。普段忙しく働いているのだから、ちょっと自由にさせてくれるくらい、どうってことないだろうに。「午後はあなたの自由にしたら?」の一言が、何で出てこないかなあ。どれほど本屋に行きたいかという私の思いを、彼女はわかっていながら断固として拒否しているのだと、私は思い始めました。

ところが、子どもたちの世話をするキャシーを助け、自己憐憫を感じながら、不機嫌な長い一日を過ごしたあげく、私はようやく彼女に、結局本屋に行けなくてどれだけがっかりしているかを話したのです。当然ですが、気分を害した彼女はこう言いました。「確かにあなたが行って、私だけ残されたら大変になるわよ。でもね、そういうことなら、私も喜んで行かせてあげたかったわ。あなたに何かをしてあげられる機会なんて今までなかったし、あなたはいつも何かと私を手伝ってくれているもの。私にはあなたを手伝わせてはくれないの？」

　私は、自分を助けてほしいとは思っていなかった、という事実にはっとさせられました。何かを頼んだり、ただで与えられたりする立場に立ちたくなかった自分がいたのです。キャシーはがっかりした様子で、夫を助ける機会を与えてくれなかったと私を責めました。二人とも怒って黙ったままの帰りの車内で、私は何がどうなったのかを理解しようとしていました。

　そして少しずつわかってきたことは、確かに私は妻を手伝いたいと思ってはいたけれど、それはそうすることですべてが自分の支配下にあるように思えたから、でした。自分では夫として、いつもこうあるべきだという高い基準をもっているつもりですが、そんな基準だけを土台とした「奉仕」は、もはや「奉仕」ではなく「操作」でしかありません。自分は人を助けるが、相手に助ける機会を与えない、それは裏を返せば、本当には相手を助けることにはなっていない、ということです。なぜなら、その行為の根底にあるのが、私のプライドだったからです。

　まさにここで聖霊の助けが必要なのです。パウロはどの箇所でも、自発的な「しもべの心」と、福音そのものとを結びつけています。では、その福音とはそもそも何かというと、迷い、傷つき、罪深い私という存在のために、イエスが死ななければならなかったこと。同時に、イエスが喜んで命を捧げるほど、私は深く愛されていて、価値があること。今、私は父なる神に完全に受け入れられ、喜ばれていること。それは私がふさわしい人間だからではなく、全く一方的な神の無償の恵みによること、などです。私がキャシーに助けてもらおうとしなかったのは、結局、私が恵みという土台に立って生きることを拒否していた、ということが原因でした。私はすべてを自分の力で獲得したかった。誰にも恩を着せられたくなかった。そのくせ誰かに必要以上のプレゼントを与えるのは、そうすることで自分がかなり懐の深い人格者だという満足感を得られるからでした。他の誰かから自分がよくしてもらうなど、考えられませんでした。私は、信仰を通してキリストにあって神の恵みによってのみ生きる、という福音の基本を頭で理解しただけで、心はまだそのように機能できていなかったのです。

福音は、信仰者をへりくだらせ、同時に、引き上げます。福音が伝えられると、私たちは自分が実に自己中心的な罪人だとわかります。自分が他人とは違う善人だ、などと思い上がっていた幻想を打ち砕かれます。同時に、それまで想像もしなかった、もっと大きな愛と安心で満たされもします。絶え間ない奉仕や善行によって自分の価値を獲得しようとする必要はもはやないのです。同時に、そうして得られた安心や賞賛、報酬をいつ奪われるのだろうか、と心配する必要も、奉仕や善行を記録しておく必要すらありません。福音によって、私たちは、自由に与える、また受け取れる存在になったのですから。

だとしたら、なぜ私はキャシーとの関係に、この福音を適用できなかったのでしょうか。前述したように、私は頭では福音を理解し信じていると思っていましたが、心はまだそのように機能するほどではなかったからです。ですから、他者に仕える力を得るには、聖霊の助けというものがどうしても必要なのです。真理を伝える聖霊が、福音を私たちの心にたたき込み、まさにこの福音によってのみ私たちが一新される必要があるのです。

自己中心性という課題

結婚生活で相手に仕えるという姿勢が育まれる上で大きな壁になるのは、第1章で扱った、罪ある人間の心に存在するどうしようもない自己中心性です。自己中心性は結婚を根底から揺るがしてしまう、いわば戦場での敵です。結婚の中心を脅かす病巣であり、どうしても取り扱われなければならないものです。よく知られているパウロの愛についての説明――Iコリント13章――で、彼はこう言っています。

愛は寛容であり、愛は親切です。また人をねたみません。愛は自慢せず、高慢になりません。礼儀に反することをせず、自分の利益を求めず、怒らず、人のした悪を思わず……（3～4節）

パウロが繰り返し教えているのは、愛は「自己実現」の対極にあるものだ、ということです。「自己実現」とは文字どおり、自分自身の幸せを他者の幸せよりも優先し実現しようとすることです。自己中心性は、パウロが挙げる特徴を見ても明らかです。短気、怒り、優しさや親切さの欠けた話し方、他者が自分より恵まれていることに対する病的なほどの妬み、自分がされた過去の不正や傷を根に持ち続けること、などです。ダナ・アダム・シャピロが離婚したカップルにしたインタビューによると、彼らの破局の主な原因が、そういった自己中心性にあったことがわかります。インタビューでは、それぞれがその主張を自己中心的に語り（自己中心とはそういうものですが）、それに対して相手はますます腹を立てて、忍耐できず、苦々しさを感じ、冷たくなるのです。つまり、相手の自己中心性に自分の自己中心性で応じているのです。自己中心性はその性質上、自分自身を客観視させません。過敏で苛立ち怒っている相手の影響を受けて、自分も同様の反応をしてしまうからです。(4) どうにもならない苦しい関係にすり減らされながら、結局いつもの自己憐憫や怒り、絶望という負のスパイラルに落ち込んで行くのです。

しかし福音が、聖霊の働きの介入によって人の心に明確に伝わると、それまでにない幸せを実感するようになります。あまりの幸福感で、感謝し、へりくだり、心が満たされ、たとえ期待したような満足を得られない人間関係でも、その相手に対して寛容になれるほどの解放感を感じます。聖霊の力無しに、あるいは心の空虚さを神の栄光と愛によって満たされ続けない限り、喜んで他者の関心を優先させることなどできません。私はこれを「愛の経済学」と呼んでいるのですが、例えば、人にあげても困らないくらいのお金が銀行にあるなら、気前がよくなるのは当然です。愛されているという実感や自分の存在価値を、結婚相手からのみ引き出そうとするなら、相手に失望させられた途端、傷つくだけでなく、自分の存在意義そのものが揺るがされてしまいます。逆に聖霊に満たされる、とはどういうことなのか、多少なりとも経験しているとしたら、ゆるがない愛という預金が自分の口座に十分蓄えられているので、たとえ一時、目の前の相手から愛情や優しさを感じられないとしても、その相手に寛容になれるのです。

心が喜びに満たされ自然に歌いたくなるような結婚生活は、聖霊に満たされ、自己中心性から解放され、相手の必要を優先させることから始まります。心から福音というものを理解し実感できるようになると、自己中心性は自然と影を潜めるようになるからです。自己中心性を自分の力で変えることは不可能ですから、相手を優先するへりくだった姿勢は、人の力ではない超自然的な力の介入が必要ということになります。(5)

結婚生活で経験できる本当の幸せとは、自己犠牲的な奉仕の延長線上にあります。しかも、その奉仕ができるようになるためには、聖霊の助けが必要です。つまり、あなたが結婚生活で本当に幸せだ、と感じるためには、まず自分の幸せよりも相手の幸せを先に考え、またそうし続けることから始まるのです。そしてそれはただ、「自分のためにイエス・キリストが何をしたかを理解し、それに応答することによって」のみ可能なのです。

でも「相手の幸せを自分よりも優先した結果、自分には実際どんな得があるのか」と思う人もいるでしょう。前述したように、その答えは、本当の幸せを経験できるという得、です。本当の幸せとは、相手を利用するのではなく、相手に与えて得られる幸せです。自分にとって損な話でしょうか。喜びを与えることから得られる喜びです。あなたにとって犠牲を伴う方法ではありますが、確かに相手を愛するという行為です。現代は「私のための結婚」観が主流なので、こういった相手の利益を自分よりも優先することは抑圧的に思えるかもしれません。現実世界を見る現代の視点が、キリスト教のそれとは違っているからです。

キリスト教的世界観は、第一に、神が三位一体である——ひとりの神のうちに三つの位格がある——と主張しているところからきます。ヨハネ17章やその他の箇所から、はじめから永遠に、それぞれの位格——御父、御子、聖霊——が他の二つの位格の栄光を現し、あがめ、愛してきたことが分かります。ということは、神の存在そのものの中に「他者指向性」というものがあるのです。イエス・キリストが十字架に向かったのも、ただその性質に沿ったものでした。C・S・ルイスが書いたように、イエスが私たちの犠牲になったとき、彼は永遠の昔から「わが家で栄光と喜びにおいてなしとげたことを、ご自身の領土の辺境の荒涼たる風土の中においてさえなさった」のです。(6)

それから、聖書は、人間というものが、神のかたちに似せてつくられたと言っています。ということは、何よりも私たちは、自分自身ではなく、神を礼拝しその栄光を現すために創造された、ということです。私たちは、神と他者に仕えるためにつくられました。逆説的ですが、そんな私たちが神に従うよりも自分の幸せを優先させるなら、私たちは自分自身の本来のあり方の逆を行くことになります。その行き着く先は、究極の不幸です。イエスは、この原則をこう言い換えています。「いのちを救おうと思う者はそれを失い、わたしのためにいのちを失う者は、それを見いだすのです」（マタイ16・25、強調は筆者）。つまり「あなたがわたしを求める以上に自分の幸せを求めるなら、どちらも得られないが、自分の幸せを求める以上にわたしに仕えたいと思うなら、あなたはどちらも得られる」ということです。

パウロはこの原則を結婚にも当てはめています。自分が幸せになることよりも、相手にどうやったら仕えられるか考えなさい、そうすれば全く新しい、より深い幸せを手に入れられるだろうと。このすばらしい、しかし、思いがけない現実を発見してきた夫婦は数多くいます。信じられないという方のために、視点を変えてみましょう。結婚とは「神が定めた」制度なのだ、という視点です。結婚は、自分を与える愛という性質をもつ神が定め、特にその中に、イエス・キリストの人格とその働きとして、その神の性質を反映させているのだと。

ですから、結婚生活で何らかの問題に直面したら、まず見つめなければならないのは、多かれ少なかれ、自分の自己中心性、つまり相手に仕えたり与えたりしたくないという、自分の欲望です。パウロが使っている「従う」という言葉は、元々軍隊用語で、ギリシャ人の間では兵士が幹部に従うことを意味していました。軍隊に入隊すると、どんなスケジュールで生活するのか、休日がいつ取れるのか、いつ食事に行けるのか、何を食べられるのかさえ、自分では決められなくなります。全体の一部、大集団の一員となるには、自分一人で勝手に行動することはゆるされません。独立した自分だけの権利を手放さなければなりません。パウロは、人間には自分の権利をあきらめ、全体の利益を自分よりも優先させる能力は、生まれつき備わってはいない、むしろ不自然であり、それこそが結婚の土台だ、というのです。

不愉快に思える言い分でしょうが、それこそが人間関係だと言えないでしょうか。また、人間関係のみならず、すべてについてそう考えることはできないでしょうか。何かが本当に自分のものになる前に、まずそれを手放すことができるかどうかなのです。達成感というものは、実は持続的な無私の奉仕の延長線上にあり、すぐ手の届くところには無いのです。これは人生における普遍的な原則の一つではないでしょうか。

社会生活においても、自分が他人にどんな印象を与えるか気にしないようになってはじめて、好印象を与えることができます。文学や芸術においても、独創性を発揮しようとやきもきする者ほど独創的なものをつくりだすことはできません。一方、真実を単純に告げようと（それがそれまで、どれだけ繰り返し語られてきたかどうかに頓着なく）志す者は多くの場合、知らず知らず独創性を発揮しているのです。この原理は人生の全般にわたって働いています。自己を捨てるなら、あなたは真の自己を見出すでしょう。自分の生命を失う者はそれを手に入れるでしょう。……あなたが捨ててしまわないものは何であれ、本当の意味であなたのものとはなりません。(7)

私たちが抱える心の傷

さて、自分の自己中心性に自分では全く気づかない理由は、いくつかあります。一つは、「傷ついた心」です。つまり、結婚する前に、親や恋人、あるいは以前の配偶者に傷つけられた経験です。ここで扱いたいのは、肉体的、性的な幼児虐待ではなく、もっと一般的な、冷ややかで無関心な態度や、感情的に傷つける言葉で罵る親から受けた経験などです。また、以前の男女交際や結婚で受けた、ひどい扱いや裏切りという場合です。こういう経験をすると、異性を信頼することは自体が非常に難しくなりますが、同時に自分の判断や性格について深い疑いが生じます。「傷ついた心」は、自己不信と罪悪感、憤慨と幻滅などが複雑に絡み合ったものなのです。

こうしたものを背景に抱えたまま結婚すると、当然、何か争いが起きた場合、二人の前に、過去の記憶が立ちはだかります。それは、結婚関係を深めていくのに欠かせない、悔い改め、赦し、また自分が犠牲を払うといったあわれみや恵みに満ちた健全で日常的な言動をためらわせるのです。「傷ついた心」が、周囲を見えなくさせてしまうからです。

他者がそういう状態にあるということは端から見ていてわかりやすいものです。傷ついた人がひとたび自分の話をしだすと、堰を切ったように止まらないことがあります。あまりにも自分の痛みや問題に心が奪われていて、他者から自分がどう見えるのかがわからず、自分の周囲の必要を察することもできないほどです。傷ついている人はほかにもいるのに、その人が出すサインに気づきにくく、たとえ気づいたとしても、自分自身への関心から離れることができません。誰かに共感して「助けてあげる」ことで、自分は「いいことをした」と自己満足することが先行しがちなのです。よく、何かにとりつかれたように、あるいは支配的に、他者とかかわろうとする人がいますが、実際には、そうすることで自分の必要を満たそうとしているのです。その上、そういう自己中心性に、本人は全く気がつきません。私たちはいつも、自分自身の傷に溺れ没頭していることに、自分では最後の最後まで気がつきません。傷ついた経験や過去は、私たちの自己中心性をさらに手に負えないものに変えていきます。そんな自己中心的な言動を指摘されると、傷を抱えた人はこう言うでしょう。「それはそうかもしれないけれど、あなたにはどうせわかりっこない」。過去の傷が、自己中心的な言動を正当化してしまうのです。

こういった症状を診断し、対処する方法が二つあります。現代文化は今でも性善説が主流なので、様々な問題を抱えて破綻した人生を抱えている人は、健全なセルフエスティーム（自己肯定感）を築けていないからだ、ということになります。そういう人には、もっと自分に優しく、誰かのためでなく、自分のために生きてごらん、と勧めるのが適切だということになります。こういう見方は、自分の人生の支配権は誰にも渡さず、自分の夢を見つけ、それを実現するために一歩踏み出しなさいと、傷ついた人を励まし押し出すような支援につながりますが、それ以下でもそれ以上でもありません。これが、現代の私たちが考える癒やしです。このアプローチの前提は、自己中心性は生まれつきでなく、何らかの虐待の結果に過ぎない、というものです。これは、非常に一般的な人間観ですが、それはまたある意味で一つの信念であり、宗教的な信仰と同じだと言えます。実際にそういう信条を掲げている世界的な宗教団体があるわけではありませんが、欧米諸国ではかなり一般的な価値観になっているのも事実です。

しかし、はっきり言ってこの価値観がうまく機能しているとは思えません。結婚関係というのは、どうしても自己否定の連続です。しかも平凡な、ごく日常の生活においてです。一人でさえ過去の経験に葛藤するというのに、二人の人間が、過去の経験ゆえに自分の必要のほうが一目置かれるべきだ、といつでも感じているのでは、波風の立たない平穏な結婚生活など期待できません。

聖書的アプローチは、そういう状況についての様々な分析から始まります。まず言えるのは、傷ついた経験があって自分の殻に閉じこもり、どれだけ周りが見えない状況であったとしても、それは虐待が直接的な原因ではない、ということです。それはむしろ、自分という存在が、虐待された経験によって拡大されている状態なのです。虐待という経験の影響で、精神的には確かにやっと生きているような状態ではあるものの、その人の自己中心性というものは、実はその経験よりも前からすでに存在していたのです。そういう人に「自分のことを一番に考えなさい」としかけることは、将来あらゆる人間関係、とりわけ結婚関係において失敗させること以外の何ものでもありません。誤解しないでいただきたいのですが、傷を抱えている人が特に優しく丁寧に扱われ、肯定され、長い目で見てもらう必要など無い、と言っているのではありません。ただ、その傷がその人の人生を物語るすべてではない、と言いたいのです。劣等感に苦しむ人も、優越感に浸る人も、どちらも自分中心の視点で、自分がどのように見えるか、どう理解され、扱われるか、ということに囚われている点では同じなのです。劣等感に苦しむ人を救い出し優越感に浸らせるだけでいいなら、こんなに楽なことはありません。それでは、人生において本当に身につけるべきスキルとは何なのでしょうか。

自己中心性との対決

福音の効果についてのパウロの描写は、印象的です。

また、キリストがすべての人のために死なれたのは、生きている人々が、もはや自分のためにではなく、自分のために死んでよみがえった方のために生きるためなのです。
（Ⅱコリント5・15）

罪の本質とは、聖書によると、神や周囲のためではなく、自分のためだけに生きることです。だからこそ、イエスは律法全体をこうまとめました。私たちの人生に示されている神の意志は、二つの偉大な戒めで、自分よりも神を愛し、神のために生きることと、自分自身の必要の前に、他者の必要を優先させることだ、と（マタイ22・37〜40）。

人は誰しも、優しく、敬意をもって扱われる必要があります。とりわけ、傷を抱えた人はそうでしょう。ぞんざいにあしらわれることには人一倍敏感になっていることでしょう。しかし、誰もがまた、自分が自己中心なのは、そもそも自分を傷つけた人のせいではないのだ、という事実に目を向ける必要があるのです。その自己中心性は、傷つけられた経験によって悪化し、そこにこそメスを入れない限り、悲惨な状態に永遠に浸り続けるしかないのです。

現代の欧米社会での結婚の決め手は、互いに魅力を感じるかどうかでしょう。すばらしい相手にめぐりあえたと思い結婚しても、一、二年で、（あるいは一ヵ月か二ヵ月ということも少なくありませんが）、おおよそ予想できることが三つあります。第一に、あなたはこのすばらしい相手がいかに自己中心的か気づき始めます。第二に、そのすばらしい相手もまた同じように気づき始め、あなたの自己中心性を指摘するようになります。そして第三に、ある程度相手の指摘は認めるものの、あなたは自分よりも相手に問題がある、と結論づけます。これは、あなたがそれまで苦しい人生を送り、周囲に傷つけられてきた場合、特にそうです。口に出さないまでも、心中は「確かに私も悪かった、でもあなたは私のことを本当にはわかっていない」なのです。過去に受けた心の傷のせいで、自分の自己中心性が最小限にしか見えなくなるからです。そしてこれは結婚後、比較的短期間で多くの夫婦が出してしまう結論なのです。

もしそうなってしまったら、どうすればいいでしょう。少なくとも二つの道があります。まずは、過去の経験からくる自分の傷に注目する、という道です。自己中心性は二次的なものであって、あなたの抱えている問題を相手が理解し、一緒に問題に取り組んでくれなければ何も解決されないことを受け入れるのです。もちろん、それほど簡単にはいきません——特に、相手が全く同じように感じているような場合は。そうなると、次に見られるのは、感情的な距離感や、デタント、つまり緊張緩和や停戦状態がだんだんと築き上げられるプロセスです。ある事柄については話さない、という暗黙の了解ができてくるのです。相手の言動で耐えられないようなことがいくつかあっても、他のことで困らされない限り、先の問題は話さないことにするのです。他者のために本気で自分を変えようとする人は、なかなかいません。こうして夫婦は、「相手がこうきたら、こうやりかえす」といった方法で、取り引きし始めます。こういう関係性に忍耐していると、たとえ結婚四十周年を迎えるどこからどう見ても仲の良いおしどり夫婦でさえ、「もっと寄り添って」と言われる写真撮影でどこかぎこちない距離感が生まれてしまうということになりかねません。

そうならないためには、まずあなた自身の自己中心性を根本的な問題として真摯に見つめよう、と決心することが大切です。それは、相手のわがままをどうにかしようとするより前に、です。どうしてでしょうか。あなた自身の自己中心性に本気で取り組むことができるのも、そうする責任が一〇〇％あるのも、他の誰でもなく、あなただけだからです。だからこそ、夫婦のそれぞれが聖書を真剣に受けとめ、相手に献身することを決意し、そのためにまず「自分を手放す」必要があるのです。具体的には、「自己中心的な自分をかばおうとする言い訳をやめる」、「自己中心性が現れるたびに、それがどこからくるのか根本的な原因をあきらかにしようとする」、そして

「それを相手がどうであろうと関係なく続ける」、などです。もし、夫婦がそれぞれに「結婚の様々な問題の主な原因は、私自身の自己中心性だから、まずそれから取り組みます」と言えるなら、その結婚はそれだけで前途洋々だと言えるでしょう。

一人からでも始められる

以上のような行動を起こすのに、夫婦どちらも興味が無いという場合、あるいは二人で一緒に始めようとする場合があるでしょう。しかし、もう一つ考えられるのは、どちらか一人が21節の根拠に立って実践していこうと決心するものの、相手は関心が無いと言うケースです。例えば、あなた自身が、「私の自己中心こそ、まず私が取り組もうとしている問題だ」と受けとめたほうだとしましょう。だからといって、相手からすぐにいい反応が得られるわけではないでしょう。ただ、ある程度時間が経つと、あなたの態度や振る舞いによって相手の心が和らぐようになります。犠牲を払っているあなたの痛みが相手に見えるからです。もうあなたから、くどくどと言われなくなるので、かえって自分の間違いを認めることがずっと楽になります。ですから、夫婦共に自己中心に取り組んで相手に仕え合おうとするのが理想的ではあるものの、まずどちらか片方がそうし始めるとしても、結婚関係の見通しが明るいことに変わりはありません。

ここで創世記4章の、神がカインに語りかける場面が思い出されます。[1] 自己憐憫でいっぱいのカインに、神は言いました。「カイン。罪は戸口で待ち伏せして、あなたを恋い慕っている。だが、あなたは、それを治めるべきである」。あなたの人生を支配しようとする「自己中心の原則」が、あなたの戸口に待ち伏せしている、ということを理解することがまず大切です。それは、あなたを恋い慕っている、というのです。今にもあなたに襲いかかって、むさぼり食わんばかりなのです。しかし、それをどうするかは、実はあなた次第なのです。自分を否定すること、つまり、自分を見出すために自分の自己中心性を手放すことができるかと、神は問いかけます。聖霊の助け無しに、またキリストがあなたのためにしたことすべてに対する信仰無しに、誰が無条件に自分の権利や欲求を手放すなどという、そんな腹立たしい納得のいかない行為ができるでしょうか。しかし、キリストを知り、聖霊に満たされているのなら、それはむしろ解放される経験なのです。

ここまで説明してきた原則は、現代よく見られる理想の結婚生活や夫婦像に対する修正案でもあります。

まず、伝統的な男女観を強調する保守的なアプローチがあります。結婚における基本的な問題は、神から与えられた夫婦それぞれの機能への従順、つまり、夫は家族のかしらになる、妻は自分の夫に従う、ということからくるのだという主張です。伝統的な男女観は、それぞれの違いに大きく強調点がおかれています。問題は男女の違いを強調すると、役割分担を過度に強調するようになり、自己中心性――とりわけ夫の側の――を助長してしまう、ということでしょう。

結婚に対するもっと世俗的なアプローチは、いかに相手にあなたの可能性を認めさせ、実現できるよう手伝わせるか、というものです。相手に自分を踏みにじらせてはならない、自己実現こそがゴールだ、結婚によって自分はますます生き生きとされるはずで、相手がそれをサポートしてくれないなら交渉し、それに応じないなら、土俵を降りるまで、それは自分自身を救うためには仕方ない、と言うのです。これもまた、自己中心性の問題に真摯に取り組むどころか、自己中心性をあおるばかりです。(8)

それらに対し、いつも念頭に置くべき聖書的原則とは、聖霊に満たされて生み出される無私の姿勢――自分のことを後回しにするのでも、逆に優先させるのでもなく、自分中心に考えなくてもよくなっていく姿勢――なのです。自分の必要が満たされることばかり考えていたのが、キリストという存在によってその必要が満たされていること、そして実際満たされているので、もはや結婚相手を自分の救い主として見る必要がない、とだんだんと気づいていくのです。福音を深く受けとめると、人はそれまでとは向きを変え、自分の自己中心こそが問題であり、取り組まねばならないと認めることができるのです。そして実際そうしてみてすぐに、悪い夢から醒《さ》めたような深い解放感を感じることが珍しくありません。自分がどれほど心の狭い人間だったか、偉大な神の計画から見たら自分の問題がどれほどちっぽけだったか見えるようになるのです。自分がどれだけ不幸かということばかり考えるのをやめると、人は幸せをあちこちに見出すようになるのです。自分自身を手に入れたいなら、まずその自分を手放さなければならないのです。

キリストへの恐れ

さて、非常に重要な序文21節には、もう一つ、注目すべき点があります。パウロは「キリストを恐れ尊んで」互いに従うべきである、と言うのです。現代訳の多くが「キリストに対する敬意をもって」のように訳していますが、文字どおりパウロは、「キリストへの恐れ」からそうしなさい、と言っているのです。「恐れ尊ぶ」では、パウロがここで言いたいことを伝えるには弱すぎますが、「恐れ」もまた誤解を招きかねません。恐怖とか不安というイメージを与えてしまうからです。それでは本来どのような意味なのでしょうか。

旧約聖書では、「主を恐れる」という表現は一般的ですが、どういう意味で使用されているのか分かりにくいことも多々あります。例えば、主への恐れは、喜びと結びつけられていることがよくあります。箴言28・14では「幸いなことよ。いつも主を恐れている人は」とあります。絶えず恐れの中にいる人が、なぜ幸せに満たされているのでしょうか。そして、おそらくもっとも分かりにくいのは、詩篇130・4でしょう。詩人はこう言います。「しかし、あなたが赦してくださるからこそあなたは人に恐れられます」。赦しと恵みとが、主への恐れを増すというのです。他の箇所では、私たちが主を恐れることを学び成長することが語られ（Ⅱ歴代19・9、詩34・11）、主への恐れは、賛美する、喜ぶなどとともに表現されます（詩40・3、イザヤ11・3）。なぜでしょうか。ある注解者は、詩篇130篇についてこんなことを言っています。「卑屈な恐れ〔怖がる〕は、赦しによって、減っていくが、増していくことはない。……〔それゆえ〕旧約聖書における『主への恐れ』とは、……関係性を示していると言える」(9)

ヘブル語原文では敬意や畏怖の響きがあるものの、ここで言う「主を恐れる」とは、明らかに神を怖がることではありません。聖書における「恐れ」とは、圧倒されていること、何かによって圧倒的に支配されているという意味です。主を恐れるとは、神の偉大さ、愛を前に、驚き圧倒されることです。その輝かしい聖さと気高い愛を知り、神が「恐ろしいほどに麗しい」ことを知ったということです。神の恵みと赦しを味わい知れば知るほど、神がいったいどういう方で私たちのために何をしたのか、あまりのありがたさに震えるほどの畏怖と驚嘆を味わい知るのです。「主を恐れる」とは、その栄光と麗しさへの驚きから神の前にひれ伏すことなのです。パウロは、キリストの愛が私たちの「心をしばっている」と言います〔Ⅱコリント5・14、米標準訳他〕(2)。あなたの言動をいつも決める動機、あなたを突き動かすものとは何でしょうか。成功すること、何らかの達成感を得ること、親に認めてもらうこと、仲間からの尊敬を勝ち取ること、などでしょうか。それとも、あなたに不当なことをした人（たち）に対する怒りでしょうか。以上のようなものが、神に愛されていると実感する以上に、強くあなたを支配し、突き動かすものだとしたら、他者に無私な姿勢で仕えることなどあなたにはできない、とパウロは言うのです。私たちはイエス・キリストへの恐れからのみ、自由になり、互いに仕え合うようになるのです。

以上述べたことは、単なる神学的な議論のように思えるかもしれません。しかし21節は、私たちが人間関係を築く上できわめて重要な点を示していると言えます。

以前、知人に三十代後半で結婚歴のない女性がいました。彼女は、家族にも、またその文化的背景から見ても、その年齢で独身なのは本人に何か根本的な問題があるからだろうと思われていました。彼女は、女性として何らかの欠けがあるという恥と自意識に悩み、非常に葛藤していました。そのせいで、付き合って何年も経つのに結婚しようとしない交際相手の男性に対して、どうしようもない大きな怒りを抱えてもいました。

彼女のカウンセリングをしたセラピストの判断は、今まであまりにも家族の価値観（「価値ある女性となるためには、夫と子どもを持たなければならない」）中心に生きてきたので、その価値観を支持しない相手の男性に憤りを感じるのだろう、というものでした。セラピストは、そういう偏見に満ちた今までの価値観を捨て、仕事に専念したらどうかと助言しました。「自分自身を価値ある人格と認められるようになったら、彼や家族など、他人の評価など関係なくなります」と。だから、今までの家族や文化背景からくる女性観を捨てて、仕事に没頭するようになった彼女の気分はある程度改善しましたが、別れたかつての交際相手に対する苦々しい思いから、なかなか解放されませんでした。

そんな彼女が教会に行くようになり、初めて福音を明確に聞いたのはちょうどその頃でした。そこで福音とは、それまで自分が思っていたものとはだいぶ違うことを知ったのです。それまでは、積み上げた善行を神に捧げるなら、神は私たちを救ってくれる、それが福音だと思っていました。しかし実は救いとは、イエス・キリストの完ぺきな善行によって与えられるのであって、またそれを信じて救われるのが福音だ、と聞いたのです。キリストは、私たちが本来生きられるはずだった罪の無い人生を生き、私たちが自分の罪のために経験しなければならなかった究極の死を十字架上で経験したので、それを私たちが信じるとき、罪は赦され、「神の目に義なるものとみなされる」というのです。こうして私たちは、この宇宙において唯一の神、その判断こそがすべてである方に、完ぺきに受け入れられ、愛される、それが福音だと聞いたのです。

よかれと思って助言してくれたあのカウンセラーの言うことは、結局半分しか正しくなかったのだと彼女は思いました。もちろん、男性から愛されることで自分の価値を得ようとしていたことは間違っていました。落とし穴でした。男性からどう思われるかに左右されていました。しかし、今度は自分のキャリアや達成感にすがろうとしていると気づいたのです。これでは彼女のセルフイメージは、経済的な独立という「成功」に依存してしまいます。彼女は言いました。「やっと『家族』を自分の人生のすべてだと思う女性社会から解放されたのに、今度は『キャリア』がすべてだという男性社会に入れてもらわないといけないなんて。もしキャリアで失敗したら、恋愛で失敗したときと同じくらい絶望感を味わうことになるの？　そんなの、もううんざり。キリストの義によってのみ安心し、そこで喜ぶことを学んでいこうと思います。私が神に受け入れられるほど高価で尊い存在にしてくれるのは、男性でもキャリアでもない、ただイエスだけ、それ以外の何ものでもないのですから」

彼女は本気でした。自分の仕事について心配することがずっと減ったのに気づくようになっただけではなく、キリストを通して神の愛の大きさをますます意識するようになりました。「情緒的な豊かさ」とでも言うべきもの――誰かに不当に扱われても寛大になり、赦すことさえできるほどの余裕があり、深く愛されているという実感がある――を味わうようになりました。以前の恋人に対する怒りや男性全般に対する怒りも静まっていきました。数年のち思わぬ形で、ある男性に出会い、恋愛結婚しました。もしかつての恋人と結婚していたら、そう長く続かなかったことは簡単に予想できます。キリストしか与えられないものを、彼に期待していたでしょうし、そうだとしたら、彼に本当の意味で仕え、彼を助けることもできなかったでしょう。

この原則を実に劇的に描いているのが、ローラ・ヒレンブランドのベストセラー、第二次世界大戦の英雄、ルイス・ザンペリーニの伝記です。一九四三年に太平洋上で行われたある作戦で、彼の飛行機は海に墜落し、乗組員の大半が亡くなりました。四十七日間、サメにおびえながら海上を漂った後、ルイスともう一人の生存者は捕虜になり、二年半、屈辱的な拷問が続く投獄に耐えました。

戦争から帰還し、深刻な心的外傷後ストレス障害《PTSD》に悩まされた彼は、アルコール依存症になり、妻シンシアは、結婚生活にもはや希望を持てなくなっていました。いつか日本に戻って、かつて収容所で自分に罵詈雑言を浴びせ拷問をくり返した日本人の軍曹「バード」を殺してやると思いながら日々過ごしていた彼に、ある晩バードが夢の中に現れました。目の前にぼんやりと浮かび上がるバードから自分を守ろうと手を伸ばした彼は叫び声で目を覚ましました。彼は隣にいた妻の上にまたがり、両手で妊娠中の彼女の喉を締めていたのです。ほどなくルイスは妻から離婚を切り出されました。妻と子どもを失う恐れを抱き悩みながらも、彼は飲酒や自暴自棄な行動をやめることはできませんでした。過去の経験とそこからくる傷と痛みがあまりにも大きすぎて、自分を変えることも、家族を救うこともできなかったのです。

一九四九年秋のある日、シンシア・ザンペリーニは知人から、まだ若い伝道者ビリー・グラハムが、街で特別天幕集会を続けていると聞かされました。そこに出席した彼女は、「顔を輝かせて家に帰ってき」たのです。ルイスに、離婚したくない、霊的に目が開かれた、自分と一緒に来てグラハムの説教を聞いてほしい、と話しました。数日間抵抗したのち、彼は降参しました。その夜のグラハムの説教は、人間の罪の概念に焦点を絞ったものでした。聞いていたルイスは憤りが込み上げてきました。しかし、自分はまともな人間だ、と、そう思った瞬間、彼は「そこに嘘があることを感じ」たのです。何日か後に再び集会に参加した彼は最終的に、「通路を歩いて前に進み」、悔い改め、キリストを救い主として受け入れました。

　ザンペリーニは、まもなくアルコール依存症から回復しました。しかし、もっと決定的なことに、神の愛が自分の人生を満たしていることを感じ、自分を投獄し拷問した人たちを赦せるようになったことに気づいたのです。彼の憎しみと惨めさをずっと煽ってきた恥と無力感は、いつのまにか消えてなくなっていました。シンシアとの関係は「新しくされ、深まり、彼らは一緒にいて今までに無いほどの幸せを感じた」のです。一九五〇年十月、ルイスは来日し、以前の収容所の看守たちが拘置されている刑務所で、通訳を通じて話しました。赦しを与えるキリストの恵みの力について語り、あたたかく微笑みながら彼ら一人一人を抱きしめ、囚人たちを驚愕させたのです。[10]

　この実例を紹介するかどうか、正直ためらわれました。というのも、一瞬で変化したような劇的な体験談は、往々にして誤解を招きやすいからです。ルイス・ザンペリーニの深い心の傷は、想像を超える深いものでした。ですから、聖霊の働き——彼の心にイエス・キリストにある神の愛を実感させるわざ——もまた力強く劇的だったのです。聖霊の働きは、いつもこんなに急で明確な形として表れるわけではありませんが、その内容はいつも同じです。シンシアに希望を与え、ルイスを痛みから解放し、二人の結婚を一新させました。聖霊は、突然でも、徐々にでも、いつも同じ影響を人に与えるのです。

ですから、信仰によって義と認められた私たちは、私たちの主イエス・キリストによって、神との平和を持っています。……この希望は失望に終わることがありません。なぜなら、私たちに与えられた聖霊によって、神の愛が私たちの心に注がれているからです。

（ローマ5・1、5）

ルイス・ザンペリーニが拷問を受けた結果、感じるようになった恥、怒り、恐れが、他者を愛し仕える力を食い尽くしていました。しかし、そんな深い傷を抱えたまま結婚に至るケースが多いのも確かです。仕事に没頭することで自信の無さを克服したいという場合があります。つまり配偶者や家族よりも仕事を優先し、結婚を犠牲にすることもいとわないのです。容姿端麗で条件も申し分ないパートナーからロマンチックな告白をされ、一生愛されることで満たされようとする場合もあります。それはまるで人間関係によって救われようとすることであり、そんな期待に耐えられる人間関係などありません。

パウロが結婚のテーマを「キリストへの恐れから」互いに愛するようにとの招きをもって始めたのはなぜでしょうか。ありとあらゆる恐れ、願望、必要に突き動かされて結婚生活を始めるのが私たちだからです。神しか満たすことのできない空虚を結婚生活に期待するなら、相手に仕える立場にさえ、つくことができません。その空虚は、神にしか満たせないからです。神をそのように見ないなら、相手が私を十分愛してくれない、尊重してくれない、支えてくれない、と不満の絶えない日々を過ごすことになります。

「主への恐れ」から与えられる成長

結局は、聖霊に満たされることと、「主への恐れ」に満たされることとは、基本的に同じことなのです。両者とも、心の奥底での霊的な体験であり現実ですが、それぞれにその違う面を言い表しているだけです。[11] 両者とも、神の民を「自分の殻から外へ連れ出す」ものです。パウロはこの、聖霊が生み出す無私の姿勢が、本来の結婚関係に不可欠だと言います。キリストの犠牲、その愛に対する驚きと喜びは、相手を優先し、愛し、仕えよ、と言う新約聖書の招きすべてに対する唯一の動機になるのです。パウロはローマ書15章で、私たちがまず自分自身を喜ばせようとしてはならないのは、十字架上のキリストも、自身を喜ばせようとはしなかったからだ、と言います。ピリピ人への手紙2章では、私たちが他者を自分よりもまさっていると思うべきなのは、この世に降《くだ》って来ることをいとわなかった、つまり自分を低くすることをいとわなかったキリストゆえだ、と言うのです。キリストは天から降って来て、その栄光を手放し、私たちのために仕える、ひいては死ぬという行為をあえて選んだのです。それを私たちが心の奥深くに実感し、愛と歌声と畏怖に満たされるには、聖霊の働きを待つのみなのです。この「主への恐れ」、聖霊に満たされて初めて、私たちは夫婦として向き合い、相手のために本当にすべきことをできるようになるのです。

では、どうしたら実際に聖霊に満たされるのでしょう。どのようにして、「主への恐れ」を経験し成長し、それ以外の恐れによってコントロールされないようにできるのでしょうか。このことだけで何冊も本が書けるでしょうが、ここではある例話を使って、一つの方向性を示したいと思います。

数年前、毎週私が説教するのを聞いていたある方が、鋭い意見を言ってくれました。「先生は、説教の準備が十分にできているときはいろいろな文献から引用をしますが、あまり準備ができなかったときはC・S・ルイスだけしか引用しませんね」。そのとおりでした。私は、ルイスの著作は出版されたものならほとんど残らず、何年もかけて繰り返し読んできました。信仰をもったばかりのときには、他の何よりも彼の著作が私の疑問や関心に答えてくれました。常に何度も彼の著書を読んできたので、彼の文章ならかなりの数、暗唱できるほどです。また著作だけでなく、ルイスの伝記や個人的な書簡集も多く読んできました。

ある人物の人生や著作に没頭すると、興味深いことが起きます。その本の内容がよくわかるようになるだけでなく、その人の思想がどのように働いているかが分かるようになります。その人がこんな疑問にはどういうふうに応答しただろうか、また、こういう事件にはどんな意見を寄せただろうかなど、手に取るように分かるようになるのです。私が即興で話さなければならないときにＣ・Ｓ・ルイスがあふれ出てくる理由は、まるで彼がそこにいるかのように、ルイスが私の思考の一部となっているからなのです。

それではもし私たちが、イエスの人生や教え、働きに没頭したとしたら、どうなるでしょうか。イエス・キリストの約束、教え、知恵、勧めなどを頭の中で反芻するうちに、私たちの思考が影響され、想像力が動きだし、何か難しい問題に直面しても、無意識のうちに、イエスならどう応答するかが自然とわきでてしまうほどになってしまうのです。日々直面するすべてに、イエスだったらどう受けとめ、どう考えるか、直感的に、ほぼ無意識に分かるようになったら、私たちの生き方はどのように変わるでしょうか。誰かから批判されたとしても、それに押しつぶされることはありません。イエスに愛され受け入れられているという厳然たる事実が「そこにある」のですから。逆に誰かを批判しなければならないとしても、あなたは愛と忍耐をもってそうします。相手をおとしめる必要がないのは、イエスが愛と優しさをもってあなたをも忍耐してくれた経験に、あなた自身のすべてが支えられているからです。

ただしこれは、批判されるたびに、どんな場合でも、意識的に仰々しく「イエスならどんな応答をするだろうか」と考えなさい、ということではありません。いちいち呪文のように問わなくても、イエスとその言葉に深く根ざしているなら、それがあなたの砦となり、あなたを窮地から救い出してくれるからです。それがもはやあなたの一部だからです。あなたは、キリストの視点で、自分を、また世界を見るようになるからです。それがあなたの人生を彩るすべてになるからです。

もちろん一夜にしてそうなれるわけではありません。常に考え続ける日々の積み重ね、自分勝手ではない祈り、聖書を読み学ぶこと、友人たちとの数えきれないほどの対話や会話、そして、信仰の仲間と共にもつ生き生きとした礼拝生活が不可欠です。そして他の思想家や作家から学ぶことと決定的に違うのは、聖霊が私たちのうちに来て住み、その心を霊的に照らしだすところです。だからこそ、イエスの福音は、私たちの目にまぶしいほどの輝きを放つのです。聖霊が、キリストの言葉を「あなたがたのうちに豊かに住まわせ」（コロサイ3・16）るので、私たちは仕え、与え、批判を適切に受けとめ、結婚が自分のすべての必要を満たす、自分のすべての傷を癒すなどと期待しなくなるのです。

二つの「愛する」道

ウィリアム・ブレイクの「経験の歌」の一節は、恋愛関係を築く上で二つの道があることをストレートに表現しています。

愛は欲をみたそうとせず、
おのれのことは気にもかけず、
他のものに安らかさを与え、
地獄の絶望の中に天国をつくる。

愛はただ欲をとげようとし、
他をおのれが楽しみの犠牲とする、
よろこびは他のものの安らかさをうばい、

天国をふみにじって地獄をつくる。（「土くれと小石」[3]より）

確かに「激しい恋に落ちた」気分になることもあるでしょう。誰かが魅力的に映るのは、その相手があなたの必要を満たし、あなたの自信の無さや疑問を理解し、一緒に取り組める人だと思えるときです。そういう関係では、あなたは相手に与え、仕えるというより、相手につい要求し、相手をふりまわしがちです。相手の喜びと自由を、自分の必要という祭壇の上で犠牲にしないための唯一の道は、あなたの本当の恋人、究極の相手のもとに立ち帰ることです。それは、すすんで十字架の上で自分の命を捧げ、あなたが神と他者に対して犯した罪を償うための罰を引き受けてくれた方です。十字架上で、見捨てられ、神からも失われた状態という地獄を味わいましたが、それはすべて私たちのためでした。子をささげるという犠牲的な愛があったからこそ、聖霊の助けを通してではありますが、あなたは父なる神の愛に満ちた天国を知ることができるのです。イエスはまさに「地獄の絶望の中に天国をつくる」方です。そして、その神の愛に堅く守られているから、あなたは結婚相手に愛をもって文字どおり献身し、仕えることができるのです。

「私たちは愛しています。神がまず私たちを愛してくださったからです」（Iヨハネ4・19）

第*3*章　結婚の本質

それゆえ、人は父と母を離れ、その妻と結ばれ、ふたりは一体となる。
（エペソ５・31、および創世記２・24）

愛と「紙切れ一枚」

何年か前に見たテレビドラマの中で、同棲中のカップルが言い争っていました。結婚したいと話す彼に、そうではない彼女がついに爆発します。「どうしてそんな紙切れが必要なの？　私はあなたを愛している、それでいいじゃない。籍を入れるなんて、いろんなことがめんどうになるだけよ」

このセリフが私の頭から離れませんでした。というのも、ニューヨークで働く牧師として、それまで何年も同じようなことを若い世代から聞いてきたからです。「愛しているのだから、そんな紙切れ必要ない」と言う彼女は、「愛」の本質は特別な感情だという、かなり具体的な前提をもっています。「私はあなたを好きだし、一枚の紙切れがその気持ちを高めるわけではない。むしろ傷つけるかもしれない」ということなのです。彼女にとっては、高まる恋愛感情が、「愛」をはかる基準なのです。その前提なら、婚姻届という「一枚の紙切れ」が、恋愛感情に何か直接貢献することはまずないだろう、というのは確かに妥当な考え方です。

しかし、聖書に語られる愛とは、あなたが相手からどれだけ得たいか、ということより、相手に自分をどれだけ与えるつもりでいるか、ということにあります。相手のために何をどれだけ失えるでしょうか。自分の自由をどれだけ諦めるつもりでしょうか。自分の大切な時間、感情、持ち物をどれくらい相手のために使うつもりでしょうか。こういう基準があるからこそ、結婚の誓約は、単に助けになるだけでなく、むしろテストでさえあるのです。「もちろん愛してはいるけれど、婚姻届を出すなんて野暮なことはやめよう」と言われたというケースをよく聞きますが、つまるところ、それは「私はまだ、自分に選択する自由を残しておきたい。それほどあなたを愛しているわけじゃない。私のすべてをあなたに与えるほど愛しているわけじゃない」ということなのです。「そんな一枚の紙切れであなたへの愛は変わらない」と言う場合も、「あなたへの私の愛は、まだ結婚するほどではない」と言っているのと基本的には同じです。

充実した人生のために、恋愛はとても大切なのに、ほとんどの場合その恋愛が長続きしない、という考え方は現代ではよく見られるのではないでしょうか。そして、結婚は恋愛感情があってこそ成り立つ、という考えもかなり強力です。合わせて考えると、結婚と恋愛は本質的に両立できず、恋愛感情が明らかに冷めているにもかかわらず、生涯その関係に束縛させられるほど酷なことはない、ということになります。

聖書が示す愛も、もちろん深い恋愛感情を否定しません。後述しますが、お互いに対する情熱や喜びの無い結婚には、聖書が示す愛があるとは言えません。しかし聖書はまた、恋愛感情と他者の利益に犠牲を惜しまないという本質的な愛の、どちらが大切か、と比べることもしません。ただし、積極的な相手への献身ではなく、むしろ感情的な高まりこそが愛なのだと捉えるなら、結局は互いへの義務と感情を比べ合うという、何とも非現実的、かつ非生産的なサイクルにおちいってしまいます。それでは、この両者がどのように調和するのか、それがこの章のテーマです。

愛についてのあまりに主観的な見方

現代に生きる私たちは、「こうしなければ」という何らかの義務を伴った時点で、その愛は不健全だ、とする非常に主観的な考え方をもつ傾向があります。長年こういう思い込みにとらわれた人たちの相談にのってきましたが、なかでもセックスについての主張が顕著です。自分にその気がないのに、相手を喜ばせるためだけにセックスするならそれは本物ではない、いや、抑圧的だとさえ言うのです。これは、「愛とは情熱的な感情」だという徹底的に主観的な見方です。そして、それはすぐに悪循環を生み出すことが多いのです。つまり、相手と同時にロマンチックな感情の高まりを覚えるまでセックスしないなら、当然ながら、タイミングはなかなか合いません。相手はセックスへの関心を失うばかりか、これからもあまり期待できないと感じるようになるかもしれません。つまり、互いに感情が高まるまでしないというなら、ますますその情熱を感じる機会が少なくなるのです。

それでは、セックスがいつでも情熱的な感情の高まりの結果でなければならない、という現代の見方はどこからくるかというと、私たちの多くが、結婚にとらわれないセックスと、夫婦間のセックスとの間には、かなり大きな違いがあると考えるようになってきたからではないでしょうか。前者には、相手の気を引き誘惑したいという欲求があります。それはたとえて言えば、狩りをするときの緊張感に似ています。よく知らない相手にアプローチするとき、スリル、あいまいさ、セックスへのはやる気持ちなど、緊張と期待で感情が高まります。もし、「すばらしいセックス」というものがこういうものの延長線上にあるなら、婚姻届という紙切れは、その格別なスリルを台無しにしかねません。しかし同時に、感情によるセックスは、どんなケースでも、結局一時的な情熱でしかない経験だとも言えるのです。「狩りの緊張感」だけが、手に入れられるスリルや感情ではありませんし、ましてや最高のスリルでもありません。

キャシーと私は、結婚まで未経験でした。私たちの時代でも比較的珍しいほうだったでしょうが、それはつまり、結婚初夜に互いの気を引き誘惑しようとする必要がなかったということでもあります。私たちがやってみようとしたことは、最初は友人として始まり、それから恋愛感情を抱き、だんだん強く深くなっていった一体感を、お互いの体でそっと表現することだけでした。ざっくばらんに言えば、その夜、私は不器用でぎこちなく、不安と失望を感じながら眠りにつきました。最初の頃、セックスはむしろストレスでした。頭には絵やストーリーがあるのに、それを表現する技術がない芸術家のようないらだちを感じました。

けれども、幸い私たちは、セックスを使って相手によく思ってもらおうとか、スリルや禁断を犯すという緊張の混じったセックスを愛だと勘違いしなくてすみました。むしろ互いにありのままでいよう、相手を喜ぶことをお互いへの贈り物としよう、そして、相手に喜びを与える喜びを知ろうと努めました。そして、数週間経ち、数年経つにつれ、その努力が少しずつ、しかし確実に実りを見せ出しました。もちろん、片方あるいは二人とも「その気」にならないのにすることもあるでしょう。しかし、結婚という関係で、相手に自分のことをよく思ってもらおうというのでなく、むしろ相手に喜びを与えようとするセックスは、あなたの「その気」さえ変えられるのです。最高のセックスとは、深い満足感と歓びを与えるものであっても、そのテクニックで評価され、満足するようなものではないのです。

消費者か契約者か

本質的に結婚は相手のための犠牲的な献身だ、という聖書の結婚観は、現代の結婚観とはかなり対照的です。聖書は、基本的に愛は感情より行動を伴う、と言うからです。しかしそういう表現は、昔からの伝統的社会の犯した過ちに再びおちいる危険性をも含んでいます。つまり結婚を、ただの社会的な取引として、家族や部族、社会への義務を果たす道にしてしまうことです。伝統的な社会では、家族は人生の究極の目的とも言えるものだったので、結婚も、家族の利益に役立つ取引に過ぎなかったのです。これとは対照的に現代の欧米社会では、究極の目的は個人の幸福なので、結婚はまず恋愛が成立した結果だとみなされます。聖書は、個人でも家族でもなく、神を最高の善として見ます。そして、その視点が、感情と義務、情熱と約束を深く結びつける結婚観を与えます。その結婚観の中心は、個人でも家族でもなく、契約[1]にあるからです。

歴史的に、消費を巡る関係性は絶えずありました。売り手が買い手の需要に納得できる価格で提供する間だけ続く関係です。もっといいサービス、あるいは同じサービスを、より低価格で提供する売り手が現れれば、消費者は最初の売り手との関係にとどまる義務はありません。消費中心の関係性においては、個人の必要が、売り手と買い手の関係性そのものよりも重要なのです。

同様に、契約を巡る関係性もありました。いわば拘束力のある関係です。契約においては、関係性の利益が個人の当座の必要よりも優先されます。例えば、新生児を世話する親には、一方的に注ぐ愛情が中心で、相手からの見返りはほとんどありません。しかし、大変で報われないという理由だけで育児を放棄する親に対して向けられる社会からの非難の大きさは、今も昔も変わらないでしょう。そんな考え自体が受け入れがたいのは、親子は契約的関係にあり、消費的関係にはないと社会全体がみなしているからなのです。

社会学的には、現代の欧米社会の市場原理が中心になるにつれ、結婚といった歴史的には契約的関係だったものが、ますます消費的関係に変わりつつあることがわかります。今私たちは、自分の必要を納得できる価格で満たしてくれる人間関係にのみつながる傾向があります。儲けがなければ（つまり、その関係で受ける以上の愛や受容を、自分が要求されるようになると）、「潮時」とみなして、その関係から身を引いてしまうのです。これは「商品化《コモディフィケーション》」とも呼ばれるもので、人間関係が、経済的な取引関係に成り下がり、契約とか誓約という考えそのものが、私たちの文化から姿を消しつつあることを表しています。つまり契約は、私たちにとってますます異質な概念になりつつあるのです。それではその契約こそが結婚の本質だとする聖書の見方とはどんなものなのでしょう。

タテの契約、ヨコの契約

聖書を読んでいくと、随所に契約という概念が見られます。「ヨコ」の契約は人間同士、親しい友人の間（Iサムエル18・3、20・16）や、国家の間で結ばれます。しかし、聖書でもっとも重要な契約は、神によって個々人（創世17・2）、および家族や民（出エジプト19・5）と結ばれる「タテ」の契約です。

中でも結婚はいろいろな意味で独特で、二人の人間の間に結ばれる、最も深い契約関係と言えます。エペソ5・31でパウロは、創世記2・24を丸ごと引用して、契約という概念を読者に思い起こさせています（おそらく旧約聖書でも最もよく知られた結婚に関する箇所でしょう）。

それゆえ男はその父母を離れ、妻と結び合い、ふたりは一体となるのである。

創世記2・22～25には、最初の結婚式が登場します。創世記の本文はこれを「結び合い《クリービング》」と呼びます。現代訳が「結びつく《ユナイテッド》」とする、この古めかしい英語（欽定訳）は、ヘブル語の動詞の力強さを伝えています。文字どおり、接着剤で何かにくっつけることを意味しているこの「結び合い」という言葉は他の箇所でも、拘束力のある契約、宣誓によって人が結ばれることを意味しています。[1]

それでは、なぜ結婚が最も深い契約的関係なのかというと、そこに「タテ」、「ヨコ」両方の強い関係が存在するからです。マラキ２・14では、男性には、その配偶者のことを「あなたの伴侶であり、あなたの契約の妻」だと言われています（エゼキエル16・８参照）。箴言２・17では、「若いころの連れ合いを捨て、神の前における結婚の契約を忘れている」と、移り気な妻のことを描いています（ＮＩＶ）。夫と妻との間の契約は神の前でなされるのであり、それゆえに、配偶者との契約であると同時に、神との契約でもあるのです。配偶者との誓約を破棄することは、同時に神との誓約を破棄することでもあります。

そういうわけで伝統的なキリスト教結婚式では多くの場合、誓約の言葉があり、新郎新婦は以下のような質問をされます。

> あなたはこの女性／男性をあなたの妻／夫としますか。そして、愛と純潔の限りに、義務と奉仕の限りに、信頼とやさしさの限りに、彼女／彼と生き、彼女／彼をいつくしみ、神の定めたところに従って、結婚の聖なる絆に入ることを約束しますか。

それぞれ「はい、そうします」とか「約束します」と答えますが、ここで注目したいのは、まず相手に向かって答えているのではないということです。まっすぐ前を向いて、厳密に言えば、その質問を問いかける司式者に答えるのです。というのも彼らは、お互いに約束する前に、神に向かって誓約しているからです。「ヨコ」を向いて誓約する前に、「タテ」を向いて誓約するのです。神、家族、教会や国家などのあらゆる権威の前で、一人が伴侶に対する忠誠と貞節を誓うのを、もう片方がその「ヨコ」で聞くことになります。そしてこの誓約を土台とし、二人は互いの手を取り次のような言葉を口にします。

私はあなたを正式に結婚した妻／夫とし、豊かなときも乏しいときも、喜びにも悲しみにも、病めるときも健やかなときも、二人が生きる限り、あなたを愛する忠実な妻／夫となる約束と契約を、神とこの証人たちの前でします。

ここにA字型の家があるとします。両側面が一番上で一つになり、互いを支えています。しかし、底辺では土台が二つの側面を支えているのです。そのように、神との、また神の前での契約が、パートナーたちを強め、互いに対する契約を立てられるようにするのです。ですから結婚はそういう意味で、人間の契約の中でも最も深いものなのです。

愛と律法

そもそも契約とは、最近では珍しくなってしまった特別な絆をつくりだすものです。それは単なる法的、実務的な関係より、はるかに親しく人格的な関係です。それでいて同時に、恋愛感情を土台とするものよりもはるかに耐久性と拘束力をもつ不動の関係です。聖書の契約関係は、法と愛の驚くべきブレンドとも言える関係なのです。

すでに見たとおり、現代的な考え方では、義務と情熱は共存できず、相互に刺激しあうこともあり得ない、断絶されたものとみなします。バートランド・ラッセルは、二十世紀初期に婚外セックスと恋愛を支持したイギリスの哲学者です。彼は「真剣な思いや愛情とセックスは、切っても切り離せない」とする一方で、セックスの行為は激しく情熱的、ロマンチックで喜びにあふれるべきで、唯一当人たちが自由で本能的であるときにこそ花開くのだ、とし、セックスは「義務だという考えによって殺されがちである」(2)と論じました。この考えは今や常識となったと言っても過言ではないでしょう。つまり愛は自発的な欲求の表れのはずで、決して法的な誓いや約束に対する責任ではない、という考えです。

しかし聖書の見方は、本来の愛の姿を築くためにも、拘束力と義務を伴う枠組みが必要だとし、現代の常識とは根本的に異なります。契約関係とは、法的でかつ親密というだけでなく、法的であるからこそいっそう親密な関係だと言えるのです。なぜでしょうか。

まず他者に対して拘束力のある公的な結婚の誓約は、それ自体、並外れた愛の行動である、という事実を見ておきましょう。「あなたを愛しているけれど、結婚する必要はない」と言う人は「愛しているけれど、あなたのために自分を犠牲にしたいほどの愛ではない」と言っているのと同じだと前述しました。ですから拘束力のある契約を交わすという決断は、愛情を形式化するというよりむしろ、その愛を強め、豊かにするものなのです。結婚式の誓約は、あなたの愛が本当の意味で結婚のレベルに達したこと、いわば自己犠牲という究極の決断の証しなのです。

結婚の法的な部分が、私的な部分をさらに強めるもう一つの点があります。例えば、デートしたり、同棲すると、相手によく思われようとしたり、相手の気を引いたりして、自分の価値を毎日証明しなければならないことがあるでしょう。自分とは相性が良く、つきあっていると楽しくて充実できる、と相手に感じさせ続けないと、関係が終わってしまう恐れがあるからです。私たちは基本的に今も消費的関係を土台とし、自身の販促活動と市場調査に明け暮れているようなものなのです。しかし、結婚という法的な拘束力は、ありのままの自分の姿をさらけだしてもいい安全な空間をつくりだします。互いに無防備になり、取り繕わなくてもいい空間です。自分を売り込む必要はありません。最後の鎧を脱いで、身体的にも精神的にも完全に裸になることができるのです。
このように法と愛との共存は、私たちの深い本能的な性質にもかなうものと言えます。Ｇ・Ｋ・チェスタトンは、人間は恋に落ちると愛情を表現するだけでなく、お互いへの約束を交わしたくなるという傾向があることを指摘しています。恋愛中の二人は誓約めいた言葉を交わさずにはいられないのではないでしょうか。例えば「これからもずっと一緒だよ」とささやき合うことは、恋愛感情が高まった二人にはごく自然なことでしょう。聖書は、本物の愛は本能的に永続性を求めると言います。聖書の偉大な愛の詩、雅歌の締めくくりは、いわばその宣言です。

私を封印のようにあなたの心臓の上に、
封印のようにあなたの腕につけてください。
愛は死のように強く、
ねたみはよみのように激しいからです。
その炎は火の炎、すさまじい炎です。
大水もその愛を消すことができません。（８・６〜７）

二人が、ただセックスや地位や自己実現のために相手を利用しようというのでなく、心から愛し合っているなら、二人はその状況が決して変わらないことを願うでしょう。両者とも揺るがない献身の保証を求め、その保証を与え合うことを喜びとします。このように、誓願や約束という「法」は、私たちの今そこにある最も深い情熱にまさにかなうものなのです。そしてまた、私たちの心からの愛情が、将来もずっと続くためでもあるのです。

将来の愛の約束

私が数年前参列したある結婚式では、新郎新婦自ら考えた誓約の言葉を用意していました。「あなたを愛しています。これからもずっとあなたのそばにいます」(3)。これを聞いた瞬間、私は、歴史的にキリスト教的な結婚の誓約が、神学や教派の壁を越えて共有してきたものが何だったのかを悟りました。私が聞いたその二人の誓約は、お互いに対する、その時点での自分たちの愛を言い表していましたし、それはそれで心を打つものではありました。しかし、それは結婚の誓約ではありません。契約が交わされるといったものではありません。結婚式の誓約は現在の愛情ではなく、将来の愛について、相互に拘束力ある約束を宣言するものです。結婚式は第一に、今あなたが相手に対してどれだけの愛を感じているかを祝う式ではありません。それは前提であって、むしろ、神、両親、社会の前で、将来にわたって、感情や状況がどんなに変わろうとも、相手を愛し続け、忠実で真実でいることを約束する式なのです。

古代ギリシャ叙事詩「オデュッセイア」のユリシーズはセイレンの島を旅していたとき、岩場の女性たちの声を聞くと自分が正気を失うことに気づきました。また、その狂気は一時的なもので、声の届かないところに行けば終わるということにも気づきました。彼は、一時的な狂気の間に自分がしたことで道を踏み外さないよう、船員たちの耳に蠟を詰め、自分を帆柱に縛り付け、自分が何をわめこうがそのまま前進し続けるように命じました。前述したように、長期的な研究によると、不幸な結婚関係の三分の二は、離婚せず結婚にとどまっていれば、五年以内に回復するそうです。(4) 三分の二です。一体何が、今にも切れそうな絆をもちこたえさせたのでしょうか。それこそ誓約ではないでしょうか。公の誓約が、あなたを「マストに結びつけ」、正気になって物事をより明確に理解し始めるようになるまで支えてくれるのです。感情が冷めるとき、あるいは、くじけそうなとき、あの誓いがあなたを支えるのです。逆に消費的関係は、人生において様々な避けられない試練の間、関係を持ちこたえさせることができません。なぜでしょう。当事者双方が「マストに結びつけられて」いないからです。

それでは、結婚を解消する、つまり離婚は許されない、ということなのでしょうか。聖書は離婚の理由について語っています。マタイ19・3で、パリサイ人たちがイエスに「何か理由があれば、妻を離別することは律法にかなっているでしょうか」と言いました。当時、祭司の学派によっては、妻が夫に不快な思いをさせただけでも、夫は妻と離婚することができると教えていました。つまり、どんな理由でも一方的に関係を解消できたのです。しかしそれは契約的関係ではありません。実際は今まで見てきた消費的関係そのものなのです。イエスはこういった消費的関係を否定しましたが、その逆に極端に走ることもしませんでした。

イエスは答えて言われた。「創造者は、初めから人を男と女に造って、『それゆえ、人は父と母を離れ、その妻と結ばれ、ふたりは一体となる』と言われたのです。それを、あなたがたは読んだことがないのですか。それで、もはやふたりではなく、ひとりなのです。こういうわけで、人は、神が結び合わせたものを引き離してはなりません。」彼らはイエスに言った。「では、モーセはなぜ、離婚状を渡して妻を離別せよ、と命じたのですか。」イエスは彼らに言われた。「モーセは、あなたがたの心がかたくななので、その妻を離別することをあなたがたに許したのです。しかし、初めからそうだったのではありません。まことに、あなたがたに告げます。だれでも、不貞のためでなくて、その妻を離別し、別の女を妻にする者は姦淫を犯すのです」

（マタイ19・4〜9）

イエスは、きまぐれな理由で離婚することは認めません。創世記2・24を引用し、結婚が契約だということを強調します。結婚とは安易に投げ出してもいいような気ままな関係ではなく、極めて差し迫った状況下にでもない限り破棄されてはならない、むしろ強く新しい一致を生み出していく関係なのだと言ったのです。しかし、イエスはさらに踏み込んで、しかしそういう差し迫った状況も起こり得るのだと言います。しかもそれは、「あなたがたの心のかたくなさ」のせいだと言います。つまり、時として罪のために人の心はとてもかたくなになり、結婚という契約さえ破棄しようとし、悔い改めや癒される見込みがない深刻な状況が起こった場合に離婚は許されると言うのです。イエスがこの箇所で名指しするそういった侵害行為は、不品行、つまり不倫だけです。Ｉコリント7章では、パウロはもう一つの理由、遺棄を加えます。こうした行動は、結婚の契約の本質を徹底的に破壊するので、パウロがＩコリント7・15で言うように、不当に扱われた側の配偶者は、「縛られることはない」のです。

聖書と離婚についてはもっと語れますが[5]、しかしこの箇所からだけでも、離婚に関するイエスの知恵は十分伝わります。これ以外の理由で離婚を容認してしまえば、聖書の契約の概念を空文化することになります。離婚は安易にされるべきではありません。それは私たちがまっさきに飛びつく解決方法ではないし、当座考えられるいくつかの選択肢の一つであってもならないのです。それでいて、人間の罪深さを熟知しているイエスは、治しようがないほど強情で、以上のようなかたちで自分の誓約を破り捨てるような結婚相手をもった人に、希望を指し示すのです。離婚は非常に難しい問題で、またそうあるべきですが、それでも不当に扱われた側は離婚という過去を恥じて暮らす必要はありません。驚くべきことに、神でさえ、離婚を経験したと言います（エレミヤ3・8）。[6] 神は離婚がどんなものかを知っているのです。

約束する力

現代でも、離婚はあまりにも困難な経験であり、だからこそ結婚の誓いが、私たちを守ってくれる砦です。誓約があるからこそ、「今すぐ終わりにすればいい」という非常に短絡的な逃げ方をしなくてもいいからです。愛にもう一度チャンスを与え、修復し、愛する気持ちという、最初の数ヵ月、数年はとても気まぐれで脆いものを、何年もかけて大きく深い愛情へと成長させることができます。なぜでしょうか。相手が出て行ってしまうのではないか、結局終わってしまうのではないかと恐れたりせずに、自分をさらけ出し、無防備かつ正直に語れるような安心感を、誓いの言葉が与えてくれるからです。

W・H・オーデンは晩年の著作の一つ、『確かな世界――ありふれた本』において、この安心感をよく表現しています。「ゆれうごく感情の行き着いた結末というより、時間と意志の産物なら、幸せでも不幸でも、結婚はどんな情熱的なロマンスよりも非常に興味深い」[7]

オーデンが言う、恋愛と結婚との間の大きな違いとは何なのでしょうか。それは、「一枚の紙切れ」にサインする、動物の一部を飛び越える、グラスを踏みつける、[2] ほうきを飛び越えるなど、[3] 人が責任をもって、それぞれの文化で厳粛に公に誓う約束が、あるかないかの違いではないでしょうか。愛と法は切っても切り離せません。なぜなら本質的に結婚とは、聖書によると、契約そのものだからです。

ではなぜ将来も愛し続けると拘束力を伴うような約束をすることが、長く続く深い愛情を築いて行く上で不可欠だと言えるのでしょうか。私がまだ新婚で駆け出しの牧師だった頃にキリスト教倫理家のルイス・スミーズが書いた「予期せぬものを支配する――約束する力」という題の記事を読んだことがありますが、カウンセラーとしても既婚者としても大いに助けられました。[8] まず彼は、私たちのアイデンティティーの土台を、約束という力の中に置きました。

自分はどんな人間かを表現しようとするとき、感情に頼る人たちがいます。感情など揺らぐ炎のように、さまざまな刺激の後、気まぐれに消え去って行くものなのに。あるいは業績や達成したもので自分を表現しようとする人たちもいますが、それではいつも彼らの人格の中心部分は結局明らかにされないままです。また理想やビジョンで表現する人たちもいますが、それは彼らが〈何者になりたいか〉というだけであって、〈何者であるか〉つまり今どんな人間かを表現するものではないのです。

では私たちは何者なのでしょうか。スミーズは、多くの場合、私たちのアイデンティティーは、私たちが健全な約束を結び、それをどう守るかによって決まると言います。その例を、かの大脚本家ロバート・ボルトの書いたトーマス・モア卿の物語『すべての季節の男』〔4〕から挙げています。モアの娘マーガレットは、モアの命を救おうと、かつて立てた誓願を破るよう父に勧めます。

モア：継承令に誓約させることを望むというのか？

マーガレット：「神は、人が口にする言葉よりも、心にいだく思いのほうを大事にしたもうのだ」と、お父さまはよくおっしゃいましたね。

モア：ああ。

マーガレット：それでは誓言の言葉を口にして、心のなかでは別の思いをいだいておられれば。

モア：では聞こう、誓言とはわれわれが神に向かっていう言葉以外のなんだろう？

マーガレット：それは、かっこうをつけていえばそうでしょうが。

モア：ちがうというのか？

マーガレット：いえ、ちがってはいません。
モア：それならば「かっこうをつけていえば」という注釈は不要ではないかな、メグ。誓言をするとき、人間はおのれ自身を自分の手で捧げもつことになる。水のようにな（両手で水をすくう形を作る）。そしていったん指を開くと——二度とおのれを見出す望みはなくなるのだ。

約束は、人のアイデンティティーを決める要であり、また結婚の愛の本質とも言えます。約束によって、安定した土台、関係をもてるようになります。ハンナ・アーレントによると、「約束に、それを守らなければならないという拘束力がなければ、私たちは自分のアイデンティティーを保つことなど決してできない。それぞれの孤独な心の闇の中で、どうしようもなく、また行き先もないまま、その矛盾とまぎらわしさに囚われながらさまようという罰を受ける」のです。(9) またスミーズは自分自身についてもこう語ります。

結婚したとき、私は自分が妻とどんなところに踏み込んだのか、ほとんど何も理解できていなかった。彼女が、あるいは自分が、二十五年以上かけてどれほど変化するか、ほとんど予想できていなかったのだ。妻は、結婚してから少なくとも五人の違う人間と過ごしてきたが、その五人はどれも私だ。かつての私と今の私を結ぶもの、それはかつて手にした「私は将来もあなたとともにいる者」という肩書きの記憶である。私たちがこの肩書きを投げ捨てるとしたら、自身のアイデンティティーさえ失い、自分自身を再び見出すことはもはやできない。

約束する自由

オーデン、スミーズ、アーレントらの主張を示す例として、自分の不倫によって結婚生活が破綻していった様を描いたウェンディ・プランプによる痛ましい記事が挙げられます。[10]「（不倫相手との）セックスがすごくいいのは……当たり前だ。不倫のもつ切迫感、新鮮さ、道ならぬ恋といった具体的な要素がセックスをより情熱的にするとわかっているのだから」と彼女は書いています。これまで見てきたセックスへの姿勢をよく表している例でしょう。禁じられている中でのスリルと、求められることへの自己陶酔は、表面的には高揚するセックスを経験させ、それが愛と誤解されてしまうのです。

しかしその不倫が明らかになったとき、彼女は夫もまた不倫していたことを知り、二人の結婚は終わりました。プランプは自分の両親についてもこう書いています。「彼らは結婚してすでに五十年、まさに成功の金字塔を打ち立てた。数週間や数ヵ月の道ならぬ恋の激しさなどその足下にも及ばない」。最後に彼女は自問します。「七十五歳になったとき、どちらがいいだろうか。折々に努めて献身し続けてきたびくともしない年月か、イラクのファルージャのように無駄に打たれた砲弾で穴だらけになったような年月か」。彼女の両親の結婚は「時間と意志の産み出したもの」で、彼女の束の間の色恋沙汰がどんなに激しかろうとも、それよりはもっと興味深いものです。

『タイムズ』誌ウェブサイト版に寄せられた、この記事についてのコメントには軽蔑的なものもありました。そういうコメントを寄せた人たちは、プランプは結婚を独占的な契約だとする抑圧的な伝統的価値観に屈してしまった、と決めつけています。「あなたが……結婚とは生涯にわたる二人の絆だと信じるから……不倫は『爆弾』並の破壊力をもつように思えるのです。……私はむしろ、誰もが長い修復のプロセスに取りかからないといけないのではないかと思っています。一夫一婦制という文化的に強制された呪縛から、私たちが解放されるためのプロセスです」。またある批評家たちは、伝統的な結婚生活を永久不変のものにしようと必死になることは、自由を窒息させ欲望を殺してしまうと述べています。

前述のスミーズは、約束こそ自由への手段だと雄弁に語ります。約束するということは、将来のもっとすばらしい選択肢のために、今現在の選択の自由を制限する、ということなのです。今の自分の自由を制限するとは、将来あなたを信頼する人たちの傍らに自発的に寄り添うということなのです。いざというとき、相手のために、相手と共にいるつもりだ、という思いを共有するのです。そうすることで「あなたは予測できないジャングルのまん中に、信頼という小さな聖所を創造したことになる」と述べてから、スミーズはこのように続けます。

私が約束をする、それは、両親の遺伝子の組み合わせの一つとして生まれた私の生涯変わらない生物学的性質に、私と相手の将来が縛られることがないという証言。私はちょっと風変わりな両親によって影響を受けた精神状態に決められた、修正不可能なルートを走らされたのではないという証明。私を信頼してくれる相手との将来が、私が成長期に混乱させられた様々な文化習慣によって運命づけられているのではないという宣言。

私は宿命から逃がれられない修正不可能な存在ではない。私は、自分の過去の経験から物事に過敏に反応したり逃げ腰になったりするうちに、まるでかたどられたパン生地のように行動パターンが決まってしまう者でもない。もちろん、私は、自分の人生をはじめから作りなおせないこと、自分が何者で何をするかのほとんどは、私の過去からの賜物《ギフト》、あるいは呪縛からきていることも十分承知している。しかし、だからこそ、その私が誰かに約束をするとき、私は自分の限界をことごとく克服することになる。どんなに賢い犬でも私とずっと一緒にいると約束することは決してできない。どんなに精密なコンピューターでもいつも役立つと約束することは決してできない。……人間だけが約束することができる。そして、それは人がもっとも自由になれる瞬間なのだ。

約束と情熱

では、長く続く愛とは一体どのようなものなのでしょう。約束による「時間と意志の産物」とは、どれほどすぐれているのでしょうか。プランプは、自分の両親が五十年かけて築いたものが、道ならぬ恋の燃えるようなセックスの欲望とは違う、しかし最終的にはもっと豊かで深いものだと知りました。それは一体何だったのでしょうか。

初めて恋に落ちるとき、誰でも自分は相手を愛していると思うでしょうが、実はそうではありません。というのも相手が本当はどんな人かなどすぐに分からないし、そのためには何年もかかるものだからです。むしろあなたが愛していると思っているのは、その人についてあなたが抱いているイメージでしょう。そのイメージは、最初は一面的で、どこか間違っているものです。『指輪物語《ロード・オブ・ザ・リング》』で、エオウィン姫はアラゴルンに恋をしますが、アラゴルンはその愛に応えることができません。彼は彼女の兄エオメルに言うのです。「姫は、わたしよりあなたのほうを心から愛しておいでだ。姫はあなたを愛し、そして知っておられる。しかし姫はわたしのなかに、ただある影、ある思念を愛されたにすぎぬ。誉れと偉大な功《いさおし》の望み、そして……遥かに遠い国々といったような」[11]。アラゴルンは、人のまっしぐらな恋愛感情は、実際に恋している対象が、現実の人間というよりも想像の産物であるので陶酔しやすいものだということを理解していました。

また、あなたが相手をよく知らないのと同じように、実は相手もあなたをよく知りません。互いに一番いい仮面をつけ、自分について恥ずかしいとか知られたくないという欠点を、相手に知られまいとするからです。自分でも直視できない欠点を相手に見せられないのは当然ですが、それらが長い結婚生活を通して明らかになっていくのは言うまでもありません。誰かにすばらしい、美しいと思ってもらえる間だけ訪れる、感情的な「興奮状態」というものはありますし、それは恋に落ちたばかりの情熱をさらに激しく燃やす役割を果たします。しかし、ここで問題になるのは、（もうお気づきかもしれませんが）本当のあなたを知らないので、相手は本当のあなたを愛しているわけではない、少なくともまだそうではない、ということなのです。恋に目がくらむ感情は、その大部分が自己満足、自己陶酔の延長であって、よく知られた上で愛されているという深く満ち足りた思いではありません。

しかし、あなたの最悪な状態を何年も見てきて、長所も短所も全部含めてあなたを知っている誰かが、それでもあなたにかかわり続けるとしたら、それこそ本当の満足を感じられる経験と言えないでしょうか。愛されているけれど知られていないなら、慰めにはなっても深さがありません。知られているけれど愛されないなら、それこそ私たちが最も恐れることでしょう。しかし、完全に知られつつそれでも本当に愛されるとは、まさに神に愛されているかのようだとも言えます。それは、何よりも私たちが必要としていることではないでしょうか。私たちを見せかけの人生や自己正当化から解放し、謙虚にさせ、人生がもたらすあらゆる困難に対処する準備をさせてくれます。

私が述べている愛ある人生とは確かに情熱を伴うものですが、しかしそれは、天真爛漫な頃に抱いた情熱とは違う種類のものです。キャシーが初めて私の手を握ってくれたとき、ゾクゾクするような興奮を覚えましたが、三十七年経った今もそれと同じ興奮があるというわけではありません。むしろ、最初のあの感覚を振り返ってみると、あれは私の彼女への愛情の大きさからというよりも、彼女が私を選んでくれたという自己満足からだったのだと思うのです。初めはそんな思いを愛だと理解するでしょうし、確かにいくらかの愛があるとしても、それだけではありません。それから様々なところを一緒に乗り越えてきた今、キャシーの手を握ることが私にとってどんな意味があるか、最初のあの感覚とは比べものになりません。今では私たちはお互いを知り尽くしています。数え切れないほどの重荷を分かち合い、お互いに何度も悔い改め、赦し、和解し続けてきました。確かに情熱はあります。しかし、今分かち合っている情熱は、あのとき抱いた感じとは違います。それは、音を立てて流れる浅い小川と、静かで深く流れる大河との違いに似ています。情熱は結婚の約束に至る助けにはなりますが、結婚してからは、その約束が何年もかけて、その情熱をより豊かで深いものとしてくれるのです。

ロマンチックな恋愛が実現するには

さて、ここでようやく、情熱的な恋愛は、無条件の献身としての結婚と相容れないのか、という問いに答えられるところまでたどり着いたようです。つまり、恋愛は強いられてではなく完全に自発的で自由であるべきではないか。誰かに対する情熱的な感情はいつまでも続かないので、恋愛の喜びをよみがえらせてくれる別の誰かを探す必要が、遅かれ早かれ出てくるのではないか。完全な一夫一婦制とか、一生添い遂げる結婚など、恋愛感情の対極にあるものではないか、などの質問です。

もちろん、答えはすべてノーです。むしろ、無条件の契約的な献身こそが、恋愛を本当の意味で実現させるのです。これについては、デンマークの哲学者ゼーレン・キルケゴールの説明以上に説得力あるものはないでしょう。[12]

キルケゴールは、人生に対する態度には美的段階、倫理的段階、宗教的段階という三つの段階があると言います。私たちは誰もが生まれながら、美的実存をもっていて、ただ自分の選択によって、倫理的か宗教的になることができると言います。では、美的な人とはどんな人でしょうか。美的な人がおもに考えるのは、何が良いか悪いかではなく、ただそれが面白いかどうかだけです。[13] すべてのことはそれが魅力的か、ドキドキするか、ワクワクするか、楽しいかどうか、で判断されるのです。

美的な面は、どんな人生にとっても健やかで幸せに生きるためには大切ではありますが、美的なことが人生を支配してしまうと、大きな問題を引き起こします。美的な人は、自由な個人でいることを望み、人生はドキドキするもの、「美と輝き」で満ちているべきだ、と主張します。要するに、社会の期待やコミュニティの束縛なんて足かせは投げ出したい、ということです。しかし、キルケゴールは、これは自由とは何かということをはき違えた考え方だと言います。美的な人生を追求する人は、実は主体的ではないのです。実際は、運任せの人生を送っているようなものなのです。自分の気分の波、好き嫌い、フィーリング、そして衝動に完全に翻弄されているのです。

言い換えれば、美的な感性に支配されている人は、状況に振り回されているのです。もし妻の美しい肌や外見が衰え始めたり、夫の体重が増えたりしたら、美的な人はもっと外見的に美しい人を探してあたりを見回し始めます。相手が病でやつれると、人生はつまらなくなったと感じ始めるでしょう。しかし、キルケゴールによると、そういう人は外的な状況によって完全に支配されているだけなのです。

　そのような中で本当に自由になるための唯一の道は、感情と義務を結びつけることです。感情や状況が移りゆくとしても、関係にとどまり、日々愛を行動に移し続けることで、本当の意味で自由な個人となり、外からの力に動かされるだけの歩駒ではなくなるのです。ドキドキするといった感情に左右されずに常に誰かを愛し続けることこそ、本当にその人を愛しているということです。美的な人は相手を本当に愛しているというより、相手から自分に与えられる感情、興奮、優越感、経験を愛しているだけなのです。その証拠に、相手から期待したものが得られないと、相手を思う配慮や関心も無くなります。

　このように、キルケゴールは恋愛感情の限界を示しましたが、同時にそれが重要でないと一掃してしまうつもりも全くありません。また、感情と義務を競合させるわけでもありません（ぶつかり合うような気がすることも少なからずありますが）。キルケゴールの主張はこうです。「結婚は、恋愛感情をしぼませるどころか見事に高める。結婚という、相手に対する倫理的な献身こそ、自発的な愛を生み、〔求めながらも〕それ自体では達成できない恋愛感情を安定させ長続きさせる」[14]。実際、結婚した人たちが互いに愛し合うように成長させるのは、契約的な献身です。相手がどんな人であるかが分かり、その相手から与えられる印象や経験がいいからというだけでなく、その人をその人として愛するようになるには、どうしても時間が必要です。相手の様々な必要と、それをどうすれば満たせるかを知るには、時間がかかるのです。しかしその時間をかけることで、二人だけの思い出の数々、それに伴う相手への深い思いが生まれ、互いに喜び合うことができるようになります。そしてそんな日常の積み重ねこそが、結婚生活でとても大切なロマンスやセックスへの情熱の枠組みを築き強めていくのです。

感情と行動

それでは結婚生活という日常に、以上のようなことをどう適用できるでしょうか。「あなたの隣人を愛しなさい」と命じる聖書は確かに賢明で正しいし良いことを教えているでしょう。しかし、あくまでもこれは命令で、感情を従わせることはできません。聖書は私たちに、自分の隣人を好きになりなさい、と好意や親切心を抱くよう命じているわけではありません。むしろ、あなたの隣人を愛しなさいと招き、それはおもに一連の愛の行動を表しています。

もちろん、好意は愛情の一部ですから、私たちが愛ある行動を実践するのに役立ちます。私たちの中で好意と行動がつながっているとき、また、自分が喜んで人に仕えているときほど深く満ち足りた思いになることはないでしょう。それでもやはり、もし感情と行動を区別しなければ、人を愛するということの前に大きな壁が立ちはだかることになります。

好意と愛を区別する理由の一つは、私たちの様々な感情が終始一貫していないからです。身体的、心理的、そして社会的な様々な要因が複雑に絡み合っています。感情が膨らんではしぼみ、しかもいらだたされることが少なくありません。ただし、感情は自分でコントロールできないのに対し、行動はある程度コントロールできます。私たちの好き嫌いは罪でも美徳でもなく、食べ物や音楽の趣向と大差ありません。それで私たちが何をするか、が問題なのです。もし、現代文化がけしかけてくるように、愛を「好きになる」こと、としてだけ定義するなら、もし、愛しているという強い感情で動かされる行動だけが「本物」だと感じるなら、私たちは頼りになる友人どころか、家族、配偶者にもなれません。

愛するためにはまず愛していると感じなければならない、と考えるのは間違いです。例えば、息子のために自分の休日を返上して彼が見たがっているスポーツ観戦に連れて行く父親がいるとします。しょうがないなと連れて行ったとしても、息子のために行くなら、それほど愛していると感じなくても、愛ある行動を示しています。愛している人の希望を叶える、そのお返しに感謝や好感をもたれ、自分も満足を覚える。そんなとき、あなたはその相手の益のためにというよりも、自己愛や自己満足を得たい欲望から行動しているのかもしれません。キルケゴールが気づいたとおり、あなたは自分を愛する以上に相手を愛しているわけではありません。まして、私たちが愛していると感じているときしか愛情表現をしないなら、むしろ配慮のない愛し方をしてしまうことが多々あるのではないでしょうか。親は、その「愛」で子どもを甘やかすことがあります。配偶者は、その「愛」で互いに自滅的な振る舞いをしがちです。なぜなら、私たちは愛する人を不快にさせることを何よりも恐れるからです。相手が怒り厳しいことを言わないかとビクビクし、もし言われたら耐えられないと感じるのです。これでは、本当に相手を愛し、相手にとっての最善を考えることなど、ますますできなくなってしまいます。それは私たちが相手ではなく、相手からもらう好意や尊敬のほうを愛しているからです。つまり、これらすべては、自分には愛が無いと感じているときこそ、本当の意味で、しかも健全に愛することができることを意味していま す。

というわけで、「愛」を、自己犠牲的な行動よりも、愛という感情に重きを置くものと定義するなら、関係を保ち、強め、育むための能力はそこなわれるのです。逆に、感情よりも相手を尊重する行動に注目するなら、のちのち感情が伴い高まるようになります。これは結婚だけでなく、人生においても見られる、生きる秘訣の一つと言えるかもしれません。

愛の行動が感情を導く

第二次世界大戦期のＢＢＣラジオで、Ｃ・Ｓ・ルイスは、赦しや慈愛といったキリスト教の基本的な美徳について詳しく語りました。イギリス人にとって当時の世界は、同盟国か敵国のどちらかにしか見られない状況でした。イギリス人の中にはすべての人を赦すとか愛するといったキリスト教教理は、不可能なだけでなく嫌悪すべきものだと思っている人が多いこと、「そんな話は気分が悪くなる」と多くの人に言われたことなどを語ったルイスは、しかし、一歩踏み込んでこう論じました。冷淡で蔑すむほどの思いがあるとしても、私たちは自分の心を、その行動を通してじっくりと変えていくことができるのだ、と。

自我の愛情は通常、奨励すべきものです。しかしキリスト教的な愛を身につけるということが、ただ座って愛情ぶかい気持を内から湧き起こさせようとつとめることだと考えるなら、それは大きな間違いです。……すべての人間のまえに掲げられている規則は単純至極です。「私は隣人を愛しているだろうか?」などと、くよくよ自己吟味をする暇があったら、愛しているかのように行動することです。そうした姿勢を取るやいなや、重大な秘訣の一つが明らかとなります。だれかを愛しているように振る舞っていると、本心から愛するようになります。虫の好かない人の気持を傷つけているうちに、その人がもっと嫌いになり、逆にだれかの役に立つようなことをしようと心掛けているうちに、相手がそれほど嫌いでなくなっているということがあるものなのです。……相手がただ自分と同じように神によって創造された人間であるがゆえに彼に対してよいことをし、彼の幸せを願うならば、私たちはおそらくまえよりももう少しよけいに彼を愛するようになり、嫌悪感もしだいに薄れることでしょう……。世間の人は、ある人たちを「好き」だから親切に扱う、がクリスチャンは、すべての人を親切に扱おうと努めることによって、だんだんといっそう多くの人びとを好くようになる――初めのうちは好きになれるとは夢にも思わなかった人たちまでも好きになってくるのです。(15)

その上でルイスは、特に当時は、強烈な効果をもっていた例えを用います。

この同じ霊的法則は反対の方向にも働いて恐るべき結果をもたらします。ドイツ人は、たぶん、初めのうちは、ユダヤ人が憎いので虐待したのでしょうが、後になると、虐待したために ますます憎らしく思うというふうに変わっていったのです。人は残酷であればあるほど

ますます憎み、憎めば憎むほどますますます残酷になる――こうして悪循環が果てしなく続くのです。(16)

駆け出しの牧師だった頃、思いがけない形でこれが実に実践的な洞察であることを発見しました。牧師は、その立場にでもなければ決して友人として選ぼうとしなかったような大勢の人々の友人となることを求められるものです。医者やカウンセラーは共感しながら個人的に話をしますが、しかし、それは平日の職場というはっきりした枠組みの中においてだけ行われます。牧師は自分が牧会している人々と共に生きています。自宅を訪問し、レストランで食事し、公園に遊びに行き、その間ずっと彼らの人生の核心や問題について話し合うのです。

若い牧師として、私はすぐにこのような道に招かれた人生がいかに独特なものか、という壁にぶつかりました。ごく一般的にそれまでの私は、自分の好みや感情中心に、誰と一緒に過ごしたいかを決めてきました。しかしヴァージニア州ホープウェルで教会の牧師として働きだすと、別の仕事で引っ越してきたら、おそらく友人になろうとは思わなかったような人たちにも出会いました。嫌いだったというのではなく、ただ単純に共通の話題さえなかったのでした。誰かともっと長く過ごしたいと思うときに感じるような興味さえわかないのです。

けれどもやはり、午前三時に私と話す必要がある人がいたら、私は彼らの牧師としてそこに行きます。誰かが入院したと聞けば、駆けつけます。ある家族の息子が家出したと聞けば、車に乗り込み探しに行きます。彼らの家を訪問し、その子どもたちの卒業式に出席し、家族のピクニックに出掛けました。自分の思いを彼らと分かち合い、彼らも自分たちの思いを分かち合ってくれました。それが牧師であるということ、また、小さな街の小さな教会の牧師だ、ということでした。私は、感情的に魅力を感じているわけではない大勢の人々に対しても、あらゆる方法で愛の行動を示すという働きに招かれたのでした。

そして、それが私を変えました。キャシーと私がまだその教会に来て二年ばかりのある日、はっきりとそう分かったことがありました。週の半ばの休日、何をしようか決めかねていた私は、教会のある夫婦のことを考えていて、彼らを訪問するか、うちに招いてはどうかと提案しました。キャシーは目を丸くして言いました。「どうしてそうなるの?」というのも、友人がほとんどいないこの夫婦は、周りに対しても、お互いに対してさえも、人を寄せ付けないような様々な問題を抱えていたからです。キャシーは恐らく彼らに会って、一緒に時間を過ごす必要があることは理解していたでしょうが、しかし、その日は私たちの休日で、この夫婦と過ごすのは間違いなく牧会の「仕事」でした。

一瞬、私は彼女の驚きを心外に感じましたが、それから何が起こったかを理解して吹き出してしまいました。それまでの数ヵ月、この夫婦が人生に前向きになるのを助けたいと、私は時間と思いと感情を費やしてきました。つまり、話を聞き、仕え、共感し、立ち向かい、赦し、断言し、分かち合うといった、様々な愛の行動をとってきたのです。そして、そうしているうちに、私は本当に彼らを好きになっていたのだ、と気づいたのです。

私がそれほどの聖人で、できた人間だったからでしょうか。いいえ、全く違います。ただ、ルイスが言っていた実践的な原理に、はからずも出くわしたからです。彼らを好きだという感情が無い時も、愛する行動をやめませんでした。その結果は、ゆっくりと、しかし確実に表れ、私の感情は自分の行動に追いつくようになっていました。愛しにくい人に対して諦めず、長期的な愛の行動、態度で接していくなら、彼らはだんだんとあなたにとって愛すべき人となっていくのです。

現代文化は、愛情が愛する行動の土台だと言います。確かにそうでしょう。しかしむしろ、愛する行動こそ、安定した愛情を引き出すと言えるのではないでしょうか。二人の間にある愛は、最終的には、感情だけ、あるいはただの義務的な行動だけであってはならないのです。結婚における愛は、両者が共存し複雑に混ざり合ったものです。それを踏まえた上で大切なのは、この両者(感情と行動)のうち、自分たちが一番コントロールできるのは後者(行動)であるという事実です。愛する行動こそは、私たちが毎日、守ると約束することができるものです。

愛すると決断する

この原則が結婚そのものにとっていかに大切か、それは、致命的に、とも言えるほどでしょう。エペソ５・28でパウロは言います。「夫も自分の妻を……愛さなければなりません」。パウロはすでに25節で、自分の妻を愛するよう強く命じていましたが、ここでは、もっとはっきりさせるために、義務を強調する動詞を使っています。パウロが言っていることについて疑いの余地はありません。パウロは夫に命じています。自分の妻を愛さなければならない、と。感情は命令して生まれるものではありません。命じることができるのは行動だけですから、パウロが要求しているのは行動なのです。彼は、夫たちがその日その時にどんな気分でいるかには注目しません。夫は自分の妻を愛する行動をしなければならないのです。

それなら、あなたがどんな相手と結婚しようと関係ない、とか、結婚した相手と恋をする必要もない、とか、結婚において感情は大切ではない、ということなのでしょうか。いいえ、私はあなたがあえて好きでもない人と結婚することを提案しているのではありません。[17] しかしこれだけは言えます。あなたが誰と結婚しようと、その人への愛情が冷める日はいつか来ます。狂おしいほどの強烈な感情はいつまでも続くことはありませんし、続けることができない私たちです。結婚する前でさえ恋愛感情が冷めてしまうことはよくあります。私たちの感情はしょせん人間の生理、心理、環境の多くの要因に結びついているのですから。感情には満ち引きがあり、そういった感情を中心とする現代文化の「愛」の定義に従うと、結婚する相手を間違えたのだと結論づけることはいとも簡単にできるでしょう。現代文化が美化する情熱的な恋愛を前提としたら、「もしこの人が結婚すべき相手なら、私の気持ちがこんなに揺れ動いたりするはずがない」と言うでしょう。C・S・ルイスは、『キリスト教の精髄』の「キリスト教的結婚」と題する章でこう書いています。

人は書物から、適切な相手と結婚しさえすれば永久に愛し合うことができるのではないかという誤った考えをもつようになる。だから永続きしないと、これは選択を誤った証拠で、自分には相手を選びなおす権利があると考えるのである。相手を変えても、魅力はやがて前の場合と同様、消え失せてしまうのであるが。(18)

どんな関係においても、倦怠期といったあまりうれしくない時期があるものです。その時期にこそ、結婚の本質が、契約、献身、将来の愛の約束であることを思い出さなければなりません。では実際の日常生活において具体的にどうすればいいかというと、前述したように、感情が伴わなくても、愛する行動をとり続けることです。最初は優しさ、同情、喜ばせたい熱意は、伴わないかもしれません。しかし優しくする、理解する、赦す、といった相手を助ける行動をとり続けるのです。そうすることで、やがては砂をかむようなその時期を耐え抜くだけでなく、そういった時期がそう頻繁に起こらず深刻にもならなくなり、自分の感情も揺り動かされることがなくなっていくのです。すべては、あなたが愛すると決断することから起こり得るのです。

これは、すべてのものはまず死ななければほんとうに生きることはできない、というキリストの言葉に含まれたもの――その言葉の意味の一小部分――であるとわたしは思う。どんな感激にせよ、それをいつまでも持ち続けようとするのは、無駄なことだし、またいちばん良くないことである。感激をして去らしめよ――消滅するにまかせよ――そして、死の過程を通過して、それに続くより静かな興味と幸福の中にはいって行くがよい――そうすれば、あなたは新たな感激の世界に絶えず生きている自分を見出すであろう。[19]

こういった変化は具体的にはどうしたら起こるのでしょうか。誰かに魅力を感じると私たちはこう考えます。「ずっとこのままでいてほしい。この情熱を失いたくない」。しかし、すでに言ったとおり、自己陶酔はいつまでも続かず、結婚した相手への情熱をいつまでも維持することはできません。ルイスの隠喩を使うなら、あなたの愛のより未熟な分身が再び生き返るなら、それを「死」なせなければならないのです。愛をもって行動し、仕えるという自分の献身を最後まで、たとえ、相手に愛しさや魅力を感じられないときでも、いいえ、とりわけそのときこそ、示し続けるのです。そうすればするほど、ゆっくりと、しかし確実に、自己中心から始まった愛は、謙虚で、感謝をもって相手を受容し尊重するといった深い愛へと変貌していくことに、あなた自身が気づくでしょう。より賢明で、豊かで、深い、そして、揺るがない愛へと成長していくのです。

残念なことに多くの人がこういう愛に無縁で、現代文化の結婚観を当然とし、ときめきが薄れると、それぞれ別の道を選ぶ潮時だと感じてしまいます。こうした判断基準は、既婚者たちを不倫の誘惑に屈しやすくしています。誰かもっと魅力的な人と出会うと、夫や妻に初めの頃感じたあのときめきを、この人なら取り戻してくれるかもしれないと思いやすいからです。

われわれが小説や芝居からあたえられるもう一つの観念は、「恋におちること」は不可抗力であり、麻疹《はしか》と同様、いやおうなしにわが身にふりかかってくるものだ、という考え方である。結婚した人たちのある者は、そのように信じるところから、新しい異性に魅力を感ずるとたちまち降参してしまう。……しかし、この愛がいわゆる「恋におちること」に変身するかいなかは、大部分われわれ自身の選択にかかっていることではないだろうか。心が小説や芝居やセンチメンタルな歌でいっぱいになっており、体がアルコールでいっぱいになっているような場合には、むろん、われわれはどんな愛でも皆恋愛感情に変えてしまうだろう。道に車の通った跡ができていれば、雨水は皆そこを流れるだろうし、ブルーの眼鏡をかければ、見るものがみなブルーに見えるだろう。それと同じことである。だが、それはわれわれ自身の負うべき責めなのである。(20)

というわけで、「愛しているなら、そんな紙切れなど必要ない」と言う人がいたら、それに対する返事はこうです。「そうかな。聖書で言われているような、二人で人生を分かち合っていきたいという本当の愛があるなら、一生かけて誠実に互いに献身しますと法的に誓うことに何の問題もないはずだけど」

何が得で何が損か

昔は花嫁料というものがありました。男性が、将来妻となる女性の父親に、彼女の美しさや相続財産に見合った金額を差し出すのです。そういう古い習慣に対して、現代の私たちは「ずいぶんとひどい話だ」と思うかもしれませんが、実はそう言う私たちこそ、それ以上のことをしてはいないでしょうか。より民主的な時代ですから、男性だけでなく女性も同じようにします。互いに品定めし合い、「彼女は売り出し中だ」「あいつは損な買い物をしたな」「どうしてあんな口説き文句で落ちたんだ」などと言います。こうした不用意な噂話が飛び交う中で、私たちは将来のパートナーを損得ではかろうとしがちです。相手に、自分にとって役立つものがどれだけあるかで結婚しようとするのです。結婚したらお互いにどれだけ得するかを計算するのは、今や当たり前の世の中です。そして、もし自分の持ち出し分以上に（少しでも多くと、ひそかに願っていますが）その関係から引き出すことができるなら、得だ、幸せだというわけです。

しかし時が経つにつれて、相手の欠点も見えてきます。もしその欠点が根深くて、最初に投資した段階で望んでいたほどにはこの結婚から得られるものが無さそうだと気づくと、商売人なら誰でもするようなことをし始めます。つまり収入が下がれば、支出をカットするのです。例えば自分の妻が理想の妻でないなら、今まで夫らしくしていた自分の努力も止めてしまうのです。しかもそうするのは全く公平だと思っているのです。「彼女は前とは変わってしまった。だったら僕も変わったっていいだろう。もらうもの、もらっていないんだから、これ以上投資する必要はない」。あなたはどこか無意識のうちに、それがフェアプレーだと自分に言い聞かせるのです。しかし実際それは一種の復讐です。

仮にあなたがそんなふうに消極的になることを心の中で正当化したとしても、言うまでもなく、相手は全くそのようには受け取りません。もし私が妻や家族の必要に積極的に応えようとせず、心ここにあらずだとしたら、妻も私への愛情や献身を取り下げる権利があると思うのは当然です。愛を感じなければ、愛を示す行動もしなくなり、そうするとますます愛していると思えなくなるという悪循環にはまっていきます。

ここで夫婦と親子の関係はどう違うか考えてみましょう。もし子どもがいるなら、聖書の愛し方には当然従わなければならないと思うでしょう。今まで会った中でもっとも弱くはかない存在である新生児。どんな瞬間も、それこそ四六時中、親からの世話を必要としています。日常生活では大きな犠牲を払うでしょうが、その報いを受けるのはかなり先のことです。仮にその子があなたに愛情を返すようになったとしても、あなたが与えてきた愛とは比べ物にならないほどでしょう。反抗したり、不安定になったりすることが多い思春期に入るとさらに、これでもかというほど親の援助を必要とすることがありますが、ここでもあなたが報われることはほとんどありません。しかしほとんどの場合、子どもが何をくれるかどうかに関係なく、あなたは子どもに与え続けるでしょう。

ようやく成人したわが子が、たとえお世辞にも可愛げがあるとは言えない人間でも、愛することをやめるなど親のあなたにはできません。どうしてでしょうか。あなたが聖書で言われている、実行する愛をずっと強いられてきたからです。感情に関係なく愛する行動をしてこなければならなかったために、今やわが子への深い愛情が存在するのです。その子が愛しやすいかどうかにかかわらず、です。

ですから子どもたちが巣立った後に、多くの夫婦の関係が壊れてしまうのも不思議ではありません。両親が子どもたちとの関係を契約的な関係として扱い、愛する行動を実践して子どもへの愛情を築き上げている一方で、自分たちの夫婦としての関係は、消費的な関係として扱い、感情が伴わないときには愛する行動から身を引いてきたからです。結果、成人した子どもたちへの愛情は深まったものの、夫婦間の愛情は空っぽだったという現象が起こりうるのです。

とどまった彼

さてここまで聞いて、こう反応する人が多いのではないでしょうか。「申し訳ないけど、感じてもいない愛を示すことなど私にはできません。それじゃ見せかけの機械的な愛ではないでしょうか」。そういう反応もわからなくはないですが、パウロは私たちに単に機械的な行動を勧めているわけではありません。行動するとともに、考えるようにも命じています。「夫たちよ。キリストが教会を愛し、教会のためにご自身をささげられたように、あなたがたも、自分の妻を愛しなさい」

つまり、私たちは自分に対してこんなふうに言い聞かせる必要があるのです。「待てよ。イエスが十字架から見下ろしたとき、『あなたがたにわたしをささげよう。あなたがたはわたしにとって魅力に溢れているから』とは思わなかっただろう。十字架刑という極限の激痛の中で、自分を拒絶し、売り渡し、裏切った私たちを見下ろして、歴史上最大の愛の行動を示した。イエスはそこにとどまったのだから。それだけでなく『父よ。彼らをお赦しください。彼らは、何をしているのか自分でわからないのです』とさえ言った。イエスが私たちを愛したのは、私たちがかわいかったからじゃない。むしろ、愛すべき存在にするためにイエスはとどまった。だとしたら、今自分にできるのは、相手との関係にとどまり、愛を示し続けることではないだろうか」。私たちはそう自分の心に語りかけ続け、かつて結婚式の日に交わしたあの約束を、今日も明日も果たし続けるのです。

第4章　結婚の使命

夫たちよ。キリストが教会を愛し、教会のためにご自身をささげられたように、あなたがたも、自分の妻を愛しなさい。キリストがそうされたのは、みことばにより、水の洗いをもって、教会をきよめて聖なるものとするためであり、ご自身で、しみや、しわや、そのようなものの何一つない、聖く傷のないものとなった栄光の教会を、ご自分の前に立たせるためです。

（エペソ5・25〜27）

さて今まで「結婚とは何か」について見てきましたが、次に「何のために結婚するのか」という結婚の目的について考えてみましょう。聖書ではその答えを、結婚は友情である、という原則から始めます。

パラダイスにおける孤独

創世記1〜2章では、世界を創造したとき、神はその結果を見て「よし」としたことが繰り返し表現されています。1章だけでも七回、しかも創造された物質世界がいかに素晴らしく輝かしいものだったか最大級の表現で強調されています。[1]だからこそ、最初の人間を創造した後の「人が、ひとりでいるのは良くない」という神の言葉が目を引くのです（創世記2・18、強調は筆者）。というのも、それまでのプロセスとの落差を感じさせるだけでなく、一つの疑問が生じるからです。完ぺきな世界で、神との完ぺきな関係を持っていたはずのアダムが、「良くない」ことなどあり得るのか、という疑問です。

創世記1・26で、神は「さあ人を造ろう。われわれのかたちとして、われわれに似せて」と言っていますが、「われわれとは誰のことで、神は誰に語りかけているのか」というのが読者の素朴な疑問でしょう。神が周囲の天使たちに語りかけているという説も考えられますが、天使たちが人間創造に協力したという記述は聖書のどこにもありません。キリスト教神学では、神が三位一体であること、つまり、ひとりの神がそもそも世の初めから、互いをよく知り、愛し合う三つの位格（御父、御子、御霊）として存在している、という真理がここに暗示されていると長く考えられてきました。まさにイエスがこの世に来てはじめて明らかにした真理です。神のかたちに似せてつくられた私たちは、そういうわけで互いに関係をもつべき存在としてデザインされたと言えるのです。[2]

さて、そのアダムですが、神に創造され、エデンの園に置かれはしましたが、彼が「ひとりぼっち」でいるのは「良くなかった」のでした。創世記によると、私たちが本来与えられている関係のための能力は、神によって創造され、私たちに与えられたものではありますが、だからといって、その神との「タテ」の関係性だけで満たされるのではありません。私たちは他の人間との「ヨコ」の関係も必要とする存在としてデザインされたのです。だから、いくら完ぺきな園に暮らしていても、孤独は「良くなかった」のです。考えてもみてください。この世でお金や慰め、快楽など、自分の理想の世界を得ようと私たちがいくら努力しても、本当の愛にまさるものなど実際あるのでしょうか。現に私たちは家族や人間関係には、お金で買えないような幸せや満足を見出せると、どこか本能的に確信しているところがあるのではないでしょうか。

ひとりぼっちのアダムに、神は原語でエゼル（「助け手なる友」、友人を意味する言葉）と呼ばれる存在を創造しました。(3) 男が女を見たとき、彼は詩文でこう言います。「これこそ、今や、私の骨からの骨、私の肉からの肉」。この言葉を「あなたに会って私の空洞が満たされた」と解釈する人たちもいます。人は、こうして神からその仲間を与えられました。伴侶となる友です。雅歌に見られる女の歌もアダムの言葉を反映しています。「これが私の愛する方、これが私の連れ合いです」（5・16）

友情の性質

それでは、そもそも友情とは何でしょうか。聖書では特に箴言に詳しく描写されていますが、友人としての主な特徴は、継続性です。友は「どんなときにも愛するもの」、とりわけ「苦しみ」の渦中においても、愛するものです（箴言17・17、強調は筆者）。まがい物の友は「日和見の友人」で、あなたが調子のいいときは寄ってきますが、肩書き、地位、影響力が無くなると去ってしまうのです（箴言14・20、19・4、6、7）。真の友は兄弟よりも近く、離れません（箴言18・24）。必要ならいつでもあなたを助ける余裕があるのです。

友情のもう一つの特徴は、裏表の無さ、率直さです。本当の友人は互いに励まし、愛情深く認めてくれます（箴言27・9。参照、Ｉサムエル23・16～18）しかし同時に、「憎む者が口づけしてもてなすよりは、愛する者が傷つけるほうが真実である」（箴言27・6）とあるように、お互いに身が引き締まるような批判もいといません。あなたを癒すため外科医のようにメスを入れてくれるのです。そういう関係では、価値観の違いを健全にぶつけ合い、一緒に成長することができます。「鉄は鉄によってとがれ、人はその友によってとがれる」（箴言27・17）と言われているように。

繰り返しますが、本物の友情を示す二つは、継続性と裏表の無さです。本当の友人は、いつもあなたを歓迎し、信頼を裏切りません。ある作家が、かつてこの二つを結ぶ関係性を描写し、こう書いています。

誰かと一緒にいて安全だと感じる、言葉に言い表せないほどの慰め、それは、互いの思いをはかったり言葉を選んだりする必要がないこと。ありのままの自分をそのまますべて表現し、それについて話し合えること。忠実な友の手は大事なことばや思いを拾い上げ、その胸に受け止めるだけでなく、いらない残りは優しく脇にどけてくれる。(4)

友情に見られる三つ目の特徴を一言で説明するのはなかなか難しいのですが、文字どおりの、共感《シンパシー》〔ラテン語のシン（共通する）・パソス（感情）が語源〕、何か共通のものに情熱をもっていることではないでしょうか。友情は、意図的に築き上げる、というよりも、むしろ見つけられると言ったほうがいいかもしれません。それは何か共通するものに興味や強い憧れをもっていることを見つけた人同士に芽生えるものなのです。

ラルフ・ワルドー・エマーソン(5)やC・S・ルイスが、共通の関心事によって全く異なったタイプの人々がいかに結び合わせられるかという点について書いたことは、よく知られています。ルイスは、友情の本質は、「君もなのか！」という驚きだと説明していますが、恋愛がお互いを見つめ合う二人だとしたら、友情は同じものを見て感動を分かち合う、並んで座った二人、として描写できるでしょう。ルイスによると、「秘密の糸」というものが、私たちを心から感動させる、例えば映画や本、アートや音楽、過去や考え方などに共通して見られるそうです。この糸を共有する誰かと出会い、それに前述の継続性と裏表の無さが伴うと、本当の友情が芽生える見込みが十分あります。ここで不思議なのは、実は友情がそれ自体だけでは成立しない、という点です。一緒に夢中になれる対象、当人たち以外の何かが必要なのです。

友情は二人、もしくはそれ以上の数の人間が……考えとか関心、あるいは好みを、相手もまたもっていたのだと気づいた瞬間に……生まれます。……エマーソンも言ったように、この種の愛においては「きみは私を愛しているか」は、「きみは私と同じ真理を見ているか。少なくとも、同じ真理に関心があるか」という意味なのです。他の人々がほとんど関心を示さぬ、何らかの問題の重要性について私たちと一致した意見をもつ人は、私たちの友人と言えるでしょう。……だから「自分は単に友だちがほしいだけだ」という人々には、気の毒だが友だちはできないのです。友だちを作る条件は、友だち以外の何ものかを欲していることです。「君も真理に目を向けているか?」という問いに対する偽らない答えが、「真理になど、何の関心もない。ただ友だちがほしいだけだ」である場合には、友情など育つわけはありません。そして友情は何かに関して——たとえそれがドミノ遊びやシロネズミに対する熱中に過ぎないとしても——でなければなりません。何も持っていない人は何ものをも共有することはできません。どこへも行こうとしない人は道連れを得ることは出来ないのです。(6)

クリスチャンの友情

新約聖書では、友情にさらに新しい理解が加えられています。共通の関心事と情熱があってはじめて成り立つ友情をクリスチャンに当てはめるなら、社会的階層、気質、文化、民族、センス、そして過去や背景以上に力強い、潜在的な共通項が、キリストを信じる者の間にあるということです。それは「糸」というよりも、決してたち切ることのできない鋼鉄のケーブルのようなものと言えるでしょう。クリスチャンとはそもそも、イエスの福音にある神の恵みを味わい、知っている者たちです。自分のアイデンティティが根こそぎ変えられ、他のどんなものよりも神からの招きと愛によって、自分が何者かがわかるようになった存在です。そして、同じ将来、同じ地平線への旅、聖書が言う「新しい創造」を待ち望んでいます。神がクリスチャンのうちに働かせる「すばらしいみわざ」が、この世の終わりに完成する、と語っているのはパウロです（ピリピ一・六）。私たちは、真の自分、そうなるように、もともと創造された人格、一切の欠点や不完全さや弱さから解放された者になるのです。「私たちのうちに現される栄光」、「滅びの束縛」から解放されるという「神の子らの栄光の自由」についても、パウロは語っています（ローマ8・18、20）。私たちは、この最終的で完全な贖いを「望み」とし、また「熱心に待ち望んで」（ローマ8・23）いるのです。

つまり、クリスチャンとは、互いに、たとえキリストへの信仰以外の共通点が何も無かったとしても、この新しい創造に向かって助け合い、この世における宣教に共にたずさわりながら、深い友情を育む可能性をもっている者同士なのです。

具体的にはどのように実践できるでしょう。それは、やはり霊的な裏表の無さ、率直さを通してでしょう。クリスチャンは、友人として、自分の罪を互いに正直に告白し合うだけでなく（ヤコブ5・16）、自分の罪に気づかない相手に、愛をもって指摘することさえします（ローマ15・14）。逆に自分が道を踏み外してしまったとき、面と向かって自分に立ち向かってくれるよう、自分の境界線内への「特別侵入許可証」を、相手に与える必要もあります（ガラテヤ6・1）。クリスチャンは、互いに刺激を与え合い、安穏としがちな姿勢を、根本からゆり動かされるようなチャレンジを与え合うべきなのです（ヘブル10・24）。しかも、これはごくたまにというよりも、日常的に、とても具体的に見られるはずのものなのです（ヘブル3・13）。クリスチャンは、誤りを認め、赦しを願い、与え（エペソ4・32）、片方が相手を失望させても、和解への道に一歩踏み出すのです（マタイ

5・23以下、18・15以下）。

もう一つ具体的に必要なのは、霊的な継続性です。クリスチャンの友人は、互いの重荷を負います（ガラテヤ6・2）。いいときも悪いときも、互いのためになることを考え（Iテサロニケ5・11、14～15）、必要ならば、自分の持ち物、人生を惜しみなく分かち合います（ヘブル13・16、ピリピ4・14、IIコリント9・13）。互いに尊敬し合い、受け入れ合い、励まし合い（ローマ12・3～6、10、箴言27・2）、互いの賜物や強さを見つけ出し、認め、そして学びと公同の礼拝を通して、互いの信仰を建て上げていくのです（コロサイ3・16、エペソ5・19）。

聖書が描く霊的な友情は、注目に値します。というのも、クリスチャンの友情は、例えば単に一緒にコンサートに行く、スポーツイベントを楽しむ、といったレジャーや娯楽だけでなく、同じ最終目的地に向かう旅の途中で、危険やチャレンジを乗り越えようと互いに助け合い、深い一体感をますます感じられるようになる、といったものでもあるからです。ジェームズ・フェニモア・クーパー原作の「怪人の襲撃」（一九二四年）、一九六〇年代の「特攻大作戦」、そして名作「ロード・オブ・ザ・リング」に至るまで、いわゆる「友情映画」と呼ばれるものが多く制作されてきましたが、それらの共通点は、様々な背景の人が、互いに引き寄せられるという点です。異なる人種や階級から、最初は互いに憎み合うこともある人たちが、与えられた共通の目的や使命に向かううちに、一つのチームとなっていくのです。互いに助け合い、あるいはプレッシャーを与え、叱咤激励しながら、ついに勝利を手にします。共通の使命に向かって進むうちに深まる友情が、互いの違いをチームワークという強さに変えていくのです。

では、異なる背景をもつクリスチャンの間に生まれる、超自然的とも言える友情は、ルイスやエマーソンが描いたような、同じ関心や情熱という共通の糸をもつ自然発生的な友情とは、どう関係があるのでしょうか。答えは、両者は重なったり、同時に起こったりする、ということです。例えばある作家のファンだというので、クリスチャンと、そうではない人が親友になることもあるでしょう。その作家の本を読んで、どんな所が気に入ったか話すだけで盛り上がります。その上、二人が子育て中の親同士だとしたら、友情が深まる要素がさらに加わり、たとえ信仰を共有していなくとも、あたたかく親しい間柄が生まれます。前述したように、逆にクリスチャン同士で、たとえ性格も傾向も全く異なり、人間的に言えば折り合いが合わない同士だとしても、新約聖書で「互いに……しなさい」という勧めを土台とした霊的友情をもつことは、不可能ではありません。しかし、最終的には、自然的要因と超自然的要因の両方から成る関係が望ましいし、最善だと言えるでしょう。だからこそ、結婚は、ロマンチックな愛という力が、以上の二つの要因からなる友情に加わることで、あらゆる人間関係でも、最も豊かなものになるのです。

互いに愛をもって真実を語り合いながら、一つの目標を目指して旅する二人の間に深まっていくのが友情です。そして霊的友情が何よりもすばらしいのは、はるかに遠く高く、しかし確かな目標に向かって歩む旅路を一緒に歩んでいけるという点です。その目標とは「イエス・キリストの日」であり、ついにキリストと直接対面できるときに、私たちがどう変えられているかということにほかなりません。使徒ヨハネはこう書いています。

愛する者たち《Dear friends》。私たちは、今すでに神の子どもです。後の状態はまだ明らかにされていません。しかし、キリストが現れたなら、私たちはキリストに似た者となることがわかっています。なぜならそのとき、私たちはキリストのありのままの姿を見るからです。キリストに対するこの望みをいだく者はみな、キリストが清くあられるように、自分を清くします。

（Ⅰヨハネ3・2～3）

親友としての結婚相手

さて最初の人アダムにとって、神から与えられた妻は、恋愛対象というだけでなく、心から探し求めていた友人でした。箴言2・17では結婚相手を、あなたの「アルフ（'allup）」、つまりヘブル語の辞典が「特別な親友」「ベストフレンド」と定義する、非常に珍しい言葉で語っています。かつては、女性が夫の所有物として見られることが多く、また結婚はもっぱらその家族の社会的地位や安定を強めるための取引でしかなかったので、聖書が結婚相手をそのように描くのはかなり珍しいと言えます。しかし恋愛とセックスばかりが強調される現代社会でも、結婚相手は親友であるべきだ、などという考えは、違う理由があるとしても、なかなか受け入れがたいものがあるでしょう。共同体や部族からなる社会で、恋愛は社会的地位ほど重要ではありませんが、逆に個人主義的な欧米社会では、恋愛やセックスの相性が何よりも重要だからです。しかし聖書は、共同体に対する責任、個人の恋愛、のどちらも重要だと認めつつ、友情としての結婚を強調するのです。

これはエペソ人への手紙5章から理解することができます。ここでパウロが語る対象は、結婚はもっぱら社会的な取引だ、という異教的な背景をもつ人々です。当時は自分の家族の、社会的地位のために結婚しなければならない時代でした。妻の役割は、家族と家族を結びつけ、それぞれに強い社会的地位を与え、そして跡継ぎを生むことでした。こういったことが、結婚によって当然果たされるべきものと考えられていたのです。

しかし、パウロは、当時の読者を心底驚かせるようなビジョンを与えるのです。キリスト教的結婚の第一の目的は、それまで見られた社会的な地位や安定でもなければ、現代文化に見られる、恋愛や感情中心の幸福感でもありません。パウロは夫たちの目を、イエスの愛に向けさせます。それは私たち――イエスの「花嫁」――に対する犠牲的な愛です。さらに踏み込んで、その犠牲的な愛の目的についても語られています。それは彼女を「きよめて聖なるものとするため」であり（26節）、彼女を完全に「聖く傷のないものと」して（27節a）、「ご自分の前に立たせるため」（27節b）です。イエスの望みは、私たちが新しくつくりかえられることでした。霊的な傷や欠点、罪や汚点がすべて取り除かれ、私たちは「聖なる」者、「栄光ある」者、「傷のない」者につくりかえられるのです。(7)

別の箇所で、パウロはピリピのクリスチャンすべてにこう言っています。「あなたがたのうちに良い働きを始められた方は、キリスト・イエスの日が来るまでにそれを完成させてくださる」（1・6）。私たちがイエスを信じた日から始まった、伝統的には「聖化」、と呼ばれてきたプロセスについて語っているのです。パウロは、世の終わりの前に自分たちが完ぺきになれるとか、もう完成したなどと思うべきではない、しかし同時に望みを失わないように、と警告しています。キリストこそが良い働きを完成させるのだ、と。ゆっくりと、しかし確実に、聖霊の力によって、私たちは「神にかたどり造り出された、新しい人」を身に着けていくのです（エペソ4・24）。この、生涯をかけて、神に信頼し、神を知るようになる、というプロセスを進むにつれ、「栄光から栄光へと、主と同じかたちに姿を変えられて行」くのです（Ⅱコリント3・18）。私たちが味わう苦しみさえも（というより、苦しみこそ）私たちを、より賢明にし、深め、強め、より成熟したものへと変えるのです。

ですから、私たちは勇気を失いません。たとい私たちの外なる人は衰えても、内なる人は日々新たにされています。今の時の軽い患難は、私たちのうちに働いて、測り知れない、重い永遠の栄光をもたらすからです。私たちは、見えるものにではなく、見えないものにこそ目を留めます。（Ⅱコリント４・16〜18）

ここでパウロが、クリスチャンすべてに、私たちのうちに始まった新しい創造がやがて完成に至ることを語れたのは、私たちと共にいて、そのプロセスを見守っているイエスの存在ゆえでした。イエスはまさに「兄弟よりも親密な」友で（箴言18・24）、私たちを決して失望させることがありません。いつも一緒にいて、輝きを放つ独特な人格を、イエスにあって築き上げる働きをしています。キリストが私たちの「神であり友」（ヨハネ15・９〜15）なので、また、さらに私たちの「神であり夫」（エペソ５章）なので、その働きが成し遂げられるのです。贖いという働きの中で、イエスは友でもあり、恋人でもあるからこそ、結婚関係における夫婦の模範にもなるのです。夫と妻は、イエスが私たちにとってそうであるように、互いにとって恋人でもあり、友人でもあります。イエスは、私たちが栄光の姿に変えられるという、将来へのビジョンをもち（コロサイ１・27、Ⅰヨハネ３・２）、私たちの人生のすべてを、そのゴールに向けて動かしているのです。エペソ５・28

では、すべての結婚の目的が、イエスと私たちという「究極の結婚」の目的に、直接結びつけられています。「そのように、夫も自分の妻を自分のからだのように愛さなければなりません。……」。それ以外一体何があるでしょうか。もし赤の他人のクリスチャン同士が出会い、友人として、互いに愛と善行をうながし合うべきで（ヘブル10・24）、それぞれの賜物を認め、また自分の罪を捨てて互いに成長させる責任を負い合っているのなら（ヘブル3・13）、まして夫と妻は、どれほどそうし合わなければならないでしょうか。(8)

さて、結婚相手、イコール親友というこの原則は、あなたが将来の結婚相手に求める条件に大きな変革を与えます。例えば、結婚は主に性的欲求が満たされるためだとするなら、性的な相性や魅力がふさわしい条件になるでしょう。逆に、結婚とは主に、人生の社会的な地位が安定し、望ましい社会的階級に属することだと考えるなら、ライフスタイルの好みや、同じ目的を共有していることが条件になります。しかし問題は、こういう条件が持続しないことにあります。外見的魅力はやがて衰えます。どんなに懸命に努力しても、究極的には人は衰える存在です。また、社会的・経済的な地位も、残念ながら場合によっては一夜にして失われかねません。こういう条件にかなった人を見つけた、と仮に思ったとしたら、自分がはかない土台の上に人間関係を築いてしまったことにふと気づくときが、いつかくるでしょう。かつて満たされた、と思った条件や相性は、ひとたび失恋や失業などで自暴自棄になると、指の間からするするとこぼれ落ちていくのです。

最悪なのは、外見の魅力や似たような社会的立場にあるからといって、必ずしも同じ価値観をもてるわけではない、という点です。あなたはそもそも何のために結婚するのですか。あなたたち二人は、どこを目指しているのですか。仮に物質的経済的に目指すゴールがあるなら、そのために一時的に一致し団結することもできるでしょう。しかし、そういうゴールは、必ずしも深い一致を生み出すわけではないのです。いつか目標を達成できたとして（あるいはできなかったら）、次はどうすればいいのでしょう。セックスの相性、経済的社会的利点などの理由で結婚するなら、実際のところ、あなたたちはどこにも向かっていないのです。どこにも向かっていない人同士が、目的地を共有して旅する者同士のように親しくなれるでしょうか。

はるかなる地平線

そもそも結婚とは何のためにするのでしょうか。それは将来、神が私たちを栄光に輝く姿に変える方向に向かって、つまり新しく創造されるプロセスにおいて、互いに助け合うためなのです。夫と妻が目の前に見る共通の目的地とは、神の子としての王位と、やがて手にする、聖い、しみも傷もない性質なのです。私は、これ以上に力強い共通の目的地を思いつきません。そしてだからこそ、夫婦関係の中心にクリスチャンとしての友情を置くことが、ほかのどんな結婚の目的やビジョンにまさって、そのはるか地平線の先のような目的地へ向かっていく土台だと言えるのです。

ちょうど曇りや雨のとき山岳地方を旅すると、窓の外を見ても地面以外はほとんど何も見えません。ところが雨が止んで、雲に切れ目が生じると、はっと息を飲むのです。すぐ目の前に気高い山頂がそびえ立っているのですから。しかし二時間ほどすると、雲が巻き起こり、頂上はその姿を消し、また当分先ほどの景色は見えなくなります。一人のクリスチャンを知るとは、まさにそのようなものなのです。クリスチャンは「古い人」と「新しい人」をもっています（エペソ4・24）。「古い人」は、不安、自分の正しさを証明する必要、直せない悪習慣、そして絶えずつきまとう多くの罪と、どうにもできない性格の欠点によって身動きが取れません。「新しい人」もあなたですが、これはすべての罪や欠点から解放されたあなたです。この新しい自分はまだ未完成なので、しばしば「古い自分」という雲によって、全く見えなくなることがあります。しかし、時々その雲が切れるときが確かにあり、その瞬間、自分が使える知恵や勇気や愛がどんなものか、見えるようになるのです。それは、あたかも、あなたがどこに向かっているか、その目的地を垣間見るような体験なのです。

このように、聖書から結婚を見ると、恋に落ちるとは、つまり、相手を見るとき、神が築き上げつつあるその人の人格の一部を見る、ということです。そして、こんなふうに言いたくなるのです。「神様があなたをどんな人にしようとしているかが見えるし、これからどうなるのか考えると、とても楽しみだ。そのプロセスを見届けたいし、あなたが神様とその王座に向かっていく旅の仲間に自分もなりたい。そしてついに、完成した美しいあなたを見てこう言うと思う。『やっぱり！　今までずっと、いつかあなたはこうなると思っていた。地上ではその一部しか見えていなかったけれど、思ったとおりだった！』と」。クリスチャンが結婚するなら、相手の人生に、聖書の言葉（福音）を通して表される、イエスによるすばらしい働きを見るべきでしょう。夫婦は互いに、その働きのための手段や助けとして自分自身をささげ、いつか、全く汚れのない美しさと栄光に満ちた互いを認めつつ、神の前に共に立つその日を、心に思い描くべきです。

　キャシーがよく、こんなことを話します。結婚相手を探すほとんどの人が、まるで立派に完成した彫刻品を探しているみたいだけれど、むしろ大理石の塊を探したほうがいい。未完成の塊から自分の思うような理想の相手を作り上げるためではなく、イエスの働きによってその大理石がどう彫り上げられていくかをそばで観察するためだ、と。ミケランジェロがあの大傑作「ダビデ像」をどうやって彫り上げたのかを聞かれると、いつもこう答えていたそうです。「大理石の塊を見て、ダビデでは無い部分を削っていっただけです」。結婚相手を探すとき、あなたは相手の内側を見て、そこに神が働き、相手が「新しい人」になっていく、という解放と成長のプロセスに、自分も参加できるかもしれないことに、喜びや希望を感じるほどでなければならないのです。

神にお任せすれば（中略）神はわたしたちのうちのもっとも弱い、もっとも汚れた人間をさえ、神に似た者に変えて下さるだろう。いまのわたしたちには想像することもできないようなエネルギーと喜びと知恵と愛が脈打つ、目もまばゆいほどに輝かしい、不滅の、神々のような存在へと、私たちを変えて下さるに違いない。神ご自身の限りない力、歓喜、そして善を完全に（もちろん、より小さな規模においてではあるが）反射する、しみ一つない輝かしい鏡に変えて下さるのである。その過程は長く、ときにはきわめて苦痛だろう。しかしそれこそまさに、わたしたちの覚悟しなければならないところなのである。(9)

これは決して無邪気で感傷的なアプローチではありません。むしろ、容赦なく現実的です。この結婚観に立つと、互いに相手に対してこう言えるのです。「あなたの欠点、不完全さ、弱さ、依存的な傾向、すべてわかっているけれど、その根底で、神があなたをどう育てようとしているかもわかる」と。これは「相性の合う相手」を探すのとは全く違う考えです。今まで見てきたように、研究者たちはこれを、私たちがありのままの自分で受け入れてくれるパートナーを探しているのだ、と考えますが、聖書の結婚観はその真逆です。理想の相手を探すのは、まるで終わりの無い旅のようです。また、社会的地位や経済的安定、すばらしいセックスができる結婚相手だけを探すような、冷淡で味気ないやり方とも根本的に異なります。

相手の深いところにある欠点、弱さ、依存的な傾向を知らないのでは、スタートラインにも立てません。しかし、これまで神によって成長させられ、そしてさらにこれからも成長させられていく相手の人格について心躍るということが無いなら、霊的な友情としての結婚の力をまだ何も味わわずにいるということです。ゴールは、神が愛する者を成長させ、その人がいつか完ぺきな輝きを放つようになるのを見ることです。今でも、その輝きがほんの一瞬きらめくのを見られる時があるでしょう。相手が神によってそのように成長させられるなら、そのプロセスで相手を助けたい、と願うのは自然な成り行きではないでしょうか。

こういうことを十分に理解した二人が正装して司式者の前に立つなら、もはやそれが単なる結婚式ごっこではない、と理解しているということです。自分たちが誓約するのは、いつか自分たちが、司式者の前ではなく、主の前に立つ、ということを理解しているのです。いつかそのとき、お互いを見ると、そこにはしみも傷もない者が立っています。そして、神がこう言ってくれると思えるのです。「よくやった、よい忠実なしもべたちよ。何年もの間、あなたがたはお互いをわたしへと捧げてきた。お互いのために自分を犠牲にしてきた。祈りと感謝とをもってお互いを支え続けてきた。時には対決し、指摘し合い、それでも抱きしめ合い、愛し合い、絶えず相手をわたしの方へと向かわせてきた。さあ、見てごらん。すばらしい姿だ」

恋愛やセックス、笑いやたわいない楽しみといったものは、こういう、聖化、精錬、栄化のプロセスの副産物なのです。それらは大切ではありますが、何気ない日常を何十年も過ごす結婚生活を維持させるだけの力はありません。結婚生活を前進させるのは、あなたの献身（コミットメント）です。相手の聖さ、美しさ、偉大さ、完全さ、神への誠実さや情熱などが成長していくことを最優先させる献身です。それがあなたの、伴侶としての務めなのです。それ以下のゴールや、もっと小さな目的だとしたら、あなたは結婚ごっこをしているに過ぎません。

以上のように、友情としての結婚が、献身としての愛とどれほど合致するか、わかっていただけたでしょうか。十字架上のイエスは、愛情と賞賛に満ちあふれて私たちを見下ろしたでしょうか。イエスはわたしたちと「相性」が合う、などと感じたでしょうか。しかしそれでも、自身のいのちをささげました。自身の必要よりも、私たちの必要を優先したのです。私たちのための犠牲となりました。そして、聖書は、結婚相手に、キリストの愛の性質と態度だけでなく、そのゴールも見習うよう勧めます。イエスは、私たちが愛すべき存在だったからではなく、そういう存在へと変えるために死んだのです。パウロは「キリストが死なれたのは、私たちを聖なる者とするためだった」、と言います。逆説的ですが、相手が自分を愛する以上に、イエスを愛するように助けなさいとパウロは命じています。[10] これは矛盾ではありません。私が自分の妻を愛する以上に、イエスを愛してはじめて、自分の必要よりも彼女の必要を満たすことができる、という単純な事実なのです。私の心が神の愛で満たされると、たとえ人間関係や物事がうまくいかないときでも、妻に対して、忍耐強く、誠実で、優しく、正直でいられるのです。そして、私がキリストとの関係から喜びを得られるようになればなるほど、妻や家族ともその喜びをますます分かち合うことができるようになるのです。

現代文化へのメッセージ

パウロが教えた結婚観は、当時の文化にとっては過激だったでしょう。しかし、現代社会においてもその過激さは同じかもしれません。

例えば、共通の働きや趣味をもつ異性の親友がいる、ということはよくあるでしょう。この人は、いつも頼りになるし、安心して何でも相談し、悩みを打ち明けることができます。よく話を聞いてくれるし、いつも的確な助言をしてくれます。それなのに、その人を恋愛の対象として見られないのは、外見が今ひとつ好きなタイプではないとか、ドキドキするようなときめきを全く感じないから、だとします。では、逆に、好きなタイプの魅力的な人に出会ったとします。外見的にも社会的にも、思い描いていたような条件を備えていて、しかもあなたに好意を抱いてくれている。交際を始め、二人で楽しい時間を過ごすうちに、恋愛感情が深まっていきます。でも、自分に正直に考えてみると、あなたが「恋に落ちた」この相手とは、すでに出会っている前述の親友ほどの親しさはないし、これからもそうなりそうにないことに気がつきます。(11)

そうだとしたら問題です。結婚する相手はあなたの親友、あるいはいつか親友になってくれる可能性があればいいですが、そうでないなら、その中で二人とも成長させられるような強い絆の結婚関係を築いていくことが期待できないからです。

私は、何の魅力も感じない相手と結婚すべきだ、と言っているのではありません。聖書は、結婚する相手が最愛の親友以上であるべきで、それ以下であってはならないと言っているのです。一般的には、結婚相手に、男性は美しさを、女性は財産を、より求めると思われがちで、そういう部分もあるかもしれません。ただし、友情よりもこうしたものを優先して結婚するなら、期待はずれに終わるか（財産は保証できないし、美しさは衰えるのですから）、いつか孤独を感じるようになるでしょう。というのも、楽園にいたアダムが必要としたものは、ただのセックスパートナーではなく、友人――自分の骨からの骨、肉からの肉――だったのですから。

独身者がこういう見方をしだすと、現代のいわゆる婚活も根本的に変わってくるでしょう。例えば何かの集まりに参加したとき、部屋に入った途端、独身者が最初にしがちなのは、即座に彼らを、友人ではなく恋人候補というふるいにかけ始めることです。第一印象で十人から三人に絞る。それからその三人に近づいて、どんな関係になれそうか探り、そのうち一人とのデートにこぎつけて、恋愛対象として見られるようになってはじめて、友人として考えるようになるのです。しかしここで注目すべきなのは、背が高すぎる、低すぎる、太りすぎ、痩せすぎ、と一瞬で除外した人々の中に、実はすばらしい友情の可能性の多くが含まれているということです。

つまり一般的には、結婚相手として考えられる人を、まず恋人（あるいは、扶養者）として考え、もしその上さらに友人でもあれば儲けものだ、程度に考えられているのです。しかし逆に考えてはどうでしょうか。最初に友情のふるいにかけるのです。あなたをあなた以上によく理解してくれる誰か、一緒にいるだけで自分も成長できるような人を探し求めるのです。その上で、その友情が恋愛や結婚に発展するかどうかを見きわめるのです。

つまり、ほとんどの人が最初のデートを逆の方向から始めているのです。だから結婚すると何のための結婚か、どこに向かっているのか、わからなくなるのです。

結婚で何を優先するか

「友情としての結婚」というこの原則には、とても大切な具体的な影響が一つあります。結婚相手を、まずセックスパートナーとか経済的なパートナーとして考えるなら、自分が全身全霊で打ち込める何かを結婚関係以外のどこかで欲しくなるでしょう。例えば、子育てや親の介護、キャリアアップ、政治的社会的活動、趣味、親しい友人とのネットワーク——こうしたことのどれか、またはいくつか——があなたの心の大半を占め、喜びと生きがいを与え、結婚関係以上の感情的なエネルギーがそちらに吸い取られることになってしまいます。そうなると、もはや命取りです。相手があなたの人生で最優先されていないことを感じ取ると、結婚関係は徐々に死に向かっていきます。ただし、結婚相手がただのセックスパートナー、経済的パートナーでなく、まずあなたの一番の親友なら、満たされた深い結婚関係が可能になるのです。

エペソ5章で、パウロは創世記2・24を引用します。つまり、人が結婚するとき、「その父と母をはなれ、自分の妻と結ばれ」る、と言うのです。欧米社会では、この命令を見てもそれほど感じないでしょうが、本来はとても衝撃的な言葉です。背後にある社会的、歴史的な文脈、背景を考えてみましょう。古代文化は、親子関係に非常に大きな力点を置いていました。両親を喜ばせること、両親の願いに忠実であることが、何よりも重要でした。今日でも伝統を重視する文化では、両親や祖父母に絶大な権力があり、子どもたちは他のどんな要求よりもまず両親の願いに目を留めることが期待されています。こういう種類の尊敬には確かに正当な理由があるでしょう。成人するまで、いい意味でも悪い意味でも、自分という存在を築き上げてきたのは、主に親との関係であることは認めなければならないのですから。親無しで、今のあなたは存在しないのです。

一部の例外はあるにせよ、親は子の幸せのために非常に大きな犠牲を払ってきたのです。

しかし、こうした家父長的な文化の中でもなお、そうした現実をものともせずに、神はこう言うのです。「わたしはエデンの園にまず親子を置いたのではない。夫婦を置いたのだ。結婚したら、何よりもその関係を優先させなければならない。親との関係も含め、他の一切の関係は、その後に来る」

結婚とは、あなたにとって、他の何にもまして重要なのです。あなたの愛、エネルギー、労力、そして献身を、誰よりもまず与えられるべき人は、あなたの伴侶です。神は、人が自分の父と母を――その関係がどれほど強いものであったとしても――離れて、人生ではるかに重要で強力な新しい一体性を築き上げるよう求めているのです。

偽りの結婚相手

南部の小さな街の駆け出し牧師時代、よく結婚カウンセリングをしました。アルコール、薬物、ポルノ、不倫関係などが中心のケースもありましたが、私が見る限り、ほとんどの場合、原因は悪いものではなくて、そもそもとても良いものが重要になりすぎてしまっていたことにありました。良いものでも、結婚関係よりも夢中になり大事になってしまうなら、いずれ夫婦関係を壊してしまうのです。

具体的には様々なケースが考えられます。例えば、妻がこう言います「あの人にとっては両親の意見のほうが私の意見よりも大事なのよ。私より親を喜ばせることのほうが、ずっと大切みたい」。あるいは夫がこう言います。「彼女の生活は子育て中心、子どもの習い事、学校、付き合いばかり優先させる。私が何か頼んだら、『わかったわ』とは言うものの、彼女が本当に楽しんでいるのは子育て、子どもの必要を満たすことなんです。彼女にとって、母であることは妻であることよりもずっと楽しいんでしょうね」。また、夫か妻のどちらかが、こう言うケースもありました。「あの人にとって何より大事なのは仕事なんです。仕事と結婚しているようなものですよ。仕事には、どれだけの工夫も時間も労力も惜しまないんですから」。相手に「自分を一番にしてくれている」と感じさせられないなら、実際あなたはそうしていないのと同じです。こうしたことが見られるようになったら、結婚関係はもう壊れかけていると言っていいでしょう。

このように、多くの夫婦が問題を抱えているのは、まず相手と結びつく前に、まだ他のものから「離れる」ことができていないのが原因です。例えば、相手よりも、まず両親の願いや期待に振り回されているとしたら、要は、親離れができていません。でも逆に、親をひどく嫌ったり、あまりに憎んだりしているとしたら、それもまた、親離れできずにいる証拠です。例えば、「私は子どもを教会には連れて行かない、親にそうされて本当に嫌だったんだから!」と言うなら、まだ親に支配されているのです。何かを決めるのに、子どもの必要より、親に反発することが前提で判断しているからです。あるいは、「彼とは結婚できないわ。うちの父を思い出すから」と思うなら、だからといって結局どういうことなのか、よく考えてもらいたいのです。実際の彼はどういう人で、自分とどういう関係をもてているか、で判断すべきではないでしょうか。親とうまくいかなかったという過去の体験に、パートナーとの関係が左右されるようなことがあってはならないのです。そういう過去からも、「離れ」なければならないのです。

いつも何かしら言い争っている夫婦がいるとします。休暇をどう過ごすか、子どもたちをどうしつけるか、彼らが様々なことについてどう決断するかを注意して見てみると、互いに、「こうしたい」と言い張るのが、実はそれぞれの両親がやっていたのと全く同じだということがないでしょうか。実家のやり方は、確かにある程度役立つかもしれませんが、新家庭でそれが使えるのは、相手も同意したときだけです。「うちではこうだったから」という理由だけでは、うまくいきません。結婚する、ということは、新しい家族として様々な事について一緒に決断し、新しい生活のスタイルを築き上げていくということなのです。実家や自分の育ってきた背景に固執して、二人にとって納得のいく新しいやり方を一緒に築き上げようとしないのも、やはり家を「離れて」いない、ということなのです。

親を優先しすぎるだけでなく、おそらく子どもを優先しすぎることも深刻な問題です。子どもを優先したくなる誘惑が、現代社会では非常に多いからです。当然のことながら、無力な子どもにとって、親は絶対的に必要な存在です。夫婦がその家庭に迎えた子どもを大切に育てることを何よりも喜び、生きがいを覚えるのは間違ってはいません。しかし、ひとたび夫婦関係が冷めると、相手から得られない愛情、喜びを、より子育てで満たそうとする危険もあります。

だから夫婦が相手より子どもを優先させると、家族それぞれにひずみが生じて、全員が苦しむことになります。全員です。かつて知人に、娘のために人生を捧げているような女性がいましたが、それは夫婦間に強い緊張と不協和音を生みだしていました。妻が娘を音楽で成功させるために費やしている時間と努力に、夫は憤慨していました。自分がかなえられなかった夢を、彼女が娘に託そうとしていることは、誰の目にも明らかでした。しかし、そのプロセスは、夫婦関係を傷つけ、皮肉なことに、それを心配する娘にとっては、最大の不幸でした。両親の強い絆を見て、子どもたちは、この世は安全な場所で、愛はあるのだと感じながら成長できます。しかし、彼女たち夫婦は、娘にとって、日常的に素晴らしい結婚とはどんなものか、どのように男女が互いに共感できるのかを見習えるような模範ではなかったのです。夫よりも娘を優先することで、彼女は実際娘を傷つけていたのです。

そんなとき、彼女にカウンセラーがこう言ったことで事態は急展開しました。「娘さんにとってよい母親になるためには、まずあなたがよい妻になるしかありません。それこそ、何より娘さんが必要としていることだと思いますよ」。これに気づいて、彼女は自分の結婚関係に本来の優先順位を置くようになったのです。

児童虐待についての調査によると、ほとんどの場合、わが子を憎くて虐待しているのではないそうです。むしろ、子どもを自分が愛情を得られる唯一の対象としてしまうので、かえって虐待してしまうことがあるというのです。自分が期待したとおりの愛情を子どもが返さないと、親の怒りが頂点に達し、たがが外れて手を上げてしまうのです。しかし子どもはあくまでも子どもであって、結婚関係でもつべき友情、愛情を子どもに期待すべきではありません。

結婚の力

パウロは、結婚が、救いや私たちのキリストとの関係などに非常によく似ているので、福音をよく見つめない限り、結婚を本当に理解することはできない、とまで言っています。もしそう考えるなら、救いとは再出発です。古いものは過ぎ去りました――見よ、新しいものが来たのです。福音によって、イエスという、いわば「聖なる夫」との結婚関係を得たなら、それはつまり、あなたがキリストに人生の主導権を譲ったということです（コロサイ1・15以下）。イエスは、普通の結婚相手がするように、こう求めます。「わたしを第一にしなさい。私以外の、偽りの神をもってはいけない」と言うのです。普通、結婚とはそうではないでしょうか。両親や子ども、仕事、趣味など、もともと良いものを偽りの神に変えることをやめ、結婚を第一としなければ、結婚そのものが機能し始めないのです。

エペソ5・28でのパウロのもう一つのたとえを見てみましょう。夫は妻を、自分のからだを愛するように、愛するべきだ、というものです。これは、生きていく上で、健康がすべての土台になることを思い起こさせます。お金があれば豊かで幸せになれると、健康より仕事を優先したらどうなるでしょうか。運動も睡眠も取れないくらいの長時間労働に不健康な食生活、さらに多くのストレスにさらされるままにしておいたらどうなるでしょう。確かに大金は手に入るでしょうが、そのために心臓発作をおこすようなことになれば、本末転倒です。つまり、健康より「ハッピーでいること」を優先させるなら、むしろ現実的には、ちっとも幸せにはなれないのです。病気や怪我を体験した本当の意味で豊かな人は、健康こそどんな財産にも代え難いと知っています。

パウロは、結婚をあなたの体の健康にたとえています。前述したように、人生において最も基本的な人間関係が結婚です。結婚するとは、神が築いた関係に一歩足を踏み入れるということです。神が制定した関係なので、その中で自分のやり方を押し進めようとしたら、次々と問題が起こるのは当然なのです。結婚は、人生において最も重要な関係として定められたのです。もし、自分の人生設計の上で都合がいいから結婚するけれど、そんなにいつも相手を優先させてばかりもいられないし、その点は相手も理解してくれないと、などと思っていたら要注意です。結婚はそもそも、そのようにつくられていないのです。結婚したら、その関係は最優先されなければならないのです。

なぜでしょう。結婚には、あなたの人生全体の方向を決める力があるからです。結婚という土台がしっかりしていれば、問題や痛みで満ちたどんな状況も乗り越えられるのです。しっかりした土台に立って、困難に立ち向かうことができるからです。逆に結婚という土台がもろければ、いくら成功や権力を手に入れても、どうにもなりません。常にどこかに、もろさを抱えて生きることになるのです。結婚にそういう人生全体の方向性を決める力があるのは、神が結婚を制定したからです。そして、他に類を見ない力があるからこそ、最優先されなければならないのです。

本章では、結婚をそのように優先させるための鍵は、霊的な友情にある、ということを見てきました。しかし、神のもとへ向かう旅路として結婚生活を始めるカップルが、一体どれだけいるでしょうか。同じ信仰をもつ結婚相手を見つけて喜ぶケースがありますが、多くの場合、相手の信仰を共通の関心事や趣味のように、自分とうまくやっていける要素の一つぐらいにしか見ていません。霊的友情とは、そんなものではなく、お互いが、より一層深く神を知り、愛し、神に仕え、似た者となることを、ひたむきに助け合っていくことができる関係なのです。

私がエペソ書５章から――パウロが結婚の目的とは、私たちを「聖別する」ことだと言っている箇所から――説教するのを、ある信徒が聞いてこう言いました。「結婚は、要は幸せになるためだって思っていましたが、先生はずいぶん難しい大仕事みたいに言うんですね」。確かにそうです。結婚ほどの大仕事は無いでしょうが、それと幸せを天秤にかけるのは間違っています。なぜなら、パウロは結婚の主な目的の一つは、私たちを「聖なるものとするため……しみや、しわや、そのようなものの何一つない」ものとするためだと言っているからです（26～27節）。つまり、「御霊の実」――「愛、喜び、平安、寛容、親切、善意、誠実、柔和、自制」とガラテヤ5・22～25にある――と記されている、イエスの人となりが、私たちのうちに再現されていく、ということです。イエスの愛、知恵、そしてすばらしさが、それぞれに与えられたユニークな賜物と使命と共に、私たちのうちにかたちづくられるとき、私たちは「本当の私」、そうなるようにと、もともと私たちが創造された人格になるのです。聖書のどこを見ても、まるでこれは一人では到達できない旅路だ、と叫んでいるように聞こえます。心から信頼できる信仰の友たちと一緒に、その旅路に直面していかなければならないのです。そして、その山あり谷ありの旅路に最適な仲間が、友人でもあり恋人でもある結婚相手なのです。

大変な仕事でしょうか？　確かにそうですが、そのように私たちはつくられたのです。では、「結婚とは、幸せかどうかではない。聖いかどうかだ」という意味でしょうか。そうとも言えますが、違ってもいます。すでに見てきたように、それはあまりに極端で二者択一的な見方です。

聖いということについてつきつめて考えると、本当の幸せは、今ここにある聖さではなく、この先の聖さにあるのがわかるでしょう。聖さとは、私たちに、新しい欲求を与え、今までの古い欲求より新しい要求が優先されるようになります。ですから、もし幸せな結婚を望むなら、結婚は私たちを聖くするためにある、という事実を受け入れるところから始めるのです。

C・S・ルイスがこう書いているとおりです。

神は……存在しない幸福でなく、存在する幸福をお与えになるのです。みずから神になること――神に似た者となって、被造物としての応答において神御自身の善にあずかること――あるいは悲惨となること――道は三つしかないのです。この宇宙に生い育つ唯一の食べもの――いえ、いかなる宇宙が存在しようとも、それはそこでも唯一の食べものでしょうが――を食べることを学ぼうとしないなら、人は永遠に飢えるほかありません。(12)

では、これから具体的な話に入っていきましょう。夫婦はどのように神に向かう旅路で助け合うことができるのでしょうか。次章で見ていきましょう。

第5章 「他人」を愛するということ

教会のためにご自身をささげられ……みことばにより、水の洗いをもって、教会をきよめて聖なるものとするためであり……（エペソ５・25〜26）

本章を始めるにあたり、まず思い出したいのは、以下のようなスタンレー・ハワーワスの論点です。

私たちは、結婚する相手がどんな人か決してわからない。わかっていると思っているだけだ。たとえ運命の人だと感じたとしても、やがて、その人の変化に気づくことになる。結婚するということは〔その大きさに圧倒され〕、もはや私たちが以前と同じ人格ではなくなる、ということなのだ。どう対処したらいいか。それには何より……自分が結婚した、そもそも「他人である」相手を愛し、思いやるにはどうすればいいかを学ぶことである。(1)

結婚生活を長年送ってきた人なら、ハワーワスが描写するリアリズムに共感できるでしょう。何より結婚は、私たち自身を変えるからです。出産、転職、加齢など、どれも大きな変化です。しかし、何よりも結婚は、自分を含め誰にも気づかれなかった、もともとの傾向を引き出し、明らかにし、今やそのすべてが相手に知られるようになるのです。

多くの場合、「恋に落ちた」二人は、幸せの絶頂で結婚します。二人だけの世界にひたりきる時期です。結婚カウンセラーで作家でもあるゲイリー・チャップマンは、数ヵ月からせいぜい二年ほどしか続かないというその期間には、相手がどんな点でも完ぺきだという幻想がつきまとうと言います。クライアントの一人、ジェンのケースについて彼はこう書いています。「ジェンの親友は〔ジェンの婚約者の〕欠点に気づいていました。ジェンに対する彼の態度が気になっていたのですが、ジェンは耳を貸そうとしませんでした。ジェンの母親は、なかなか定職に就きそうにない彼を心配しながらも、『彼の将来設計』について、当たり障りなく聞くことしかできませんでした」

チャップマンは続けてその状況をこう表現します。

> もちろん、私たちはまったくの世間知らずというわけではないですし、お互いに違いがあるということがいずれ頭では分かってくるでしょう。しかし、そんな違いがあっても、互い

の違いはすぐに克服できるだろうと確信しているようなのです。というのも、相手の魅力的な部分に目が眩んでいるからです。「私たちの恋愛は今まで経験したことが無いくらいすばらしい。そういう感情が冷めてしまった夫婦もいるようだけど、自分たちは絶対大丈夫。そういう人たちの愛は、しょせん本物ではなかった」と、自分たちを納得させるのです。[2]

相手の欠点がはっきりと分かってくるにつれて、「恋は盲目」期は終わります。些細なこと、取るに足らない、と思われたことが、今や二人の前に不気味に立ちはだかるのです。結局この人のことを自分は何も知らなかった、という気がし始め、それがまた、私が結婚したと思ったあの人、ではなく、今、目の前にいる、ほとんど見覚えのないような相手を愛する、という挑戦につながるのです。

こうなってどう反応するかは、人それぞれです。結婚する目的が、あなたを変えようとしない、自分の人生のゴールを達成するための、「心の友」を手に入れることだったとしたら、結婚につきもののこういった現実には、大きな戸惑いを覚えるでしょう。ただ結婚生活を維持するためだけでも、かなりの時間をその関係に投資しなければならないという現実に、ある日ふと気づかされるからです。同じように、相手もあなたが全くの他人だったと気づき、あなたが本気で取り組まなければならないような欠点を、いくつも挙げて迫るようになります。そんなとき、自分は結婚に「失敗した」とか、「結婚する相手を間違えた」、と反応してしまってもおかしくありません。けれども、結婚を考えるときに、そもそも結婚とは、自分が新しく変えられていく旅路を共に歩む霊的な友情なのだ、という前提で考えたらどうでしょう。結婚は、自分の罪や欠点から解放され、神が築く新しい自分、という成長のため、互いに助け合う関係として見たら、どうでしょうか。そもそも「他人同士」だという前提なら、むしろ腕まくりして、その時期を乗り越えようとはしないでしょうか。

では、もしこの時期を乗り越えるための「道具」があるとしたら、何でしょう。霊的な友情をもつ二人が、未来の自分たちへと向かう旅路で助け合うにはどうしたらいいのでしょうか。何度も言い争いをして、結局不毛な沈黙におちいるより、ますます力強く成長していく結婚関係をもつためには、どうしたらいいのでしょう。そのカギは、互いに愛をもって真実を語ることにあります。しかもそれには、神の恵みという助けが不可欠なのです。

> 愛をもって真理を語り、あらゆる点において成長し、かしらなるキリストに達する……
> （エペソ4・15）

この箇所は、表面的には平凡に思える一節です。しかし、神によって制定された結婚というものには、本来、私たちが受け入れ用いるべき、真理、愛、そして恵みという力があります。この力を頼りに相手に向き合うと、相手がキリストらしさを反映できるようになり、またあなた自身も相手から愛され、助けられるようになります。これら三つの力は、半ば他人である結婚相手を愛する難しさを覚えるときにこそ、もっとも効果的な力を発揮するのです。

最悪と向き合うことができる真理の力

キルケゴールの著書に、私たちすべてを仮面舞踏会の参加者にたとえている場面があります。「あなたは知らないだろうか。一人残らず自分の仮面を脱ぎ捨てなければならない真夜中の時間が来ることを」[3]。仮面舞踏会では、参加者は最初に仮面を着け、その間踊ったり、食べたり、他の客と会話したりしますが、相手が誰なのかは全く分かりません。しかし後で、すべての仮面が取られ、それぞれ本当は誰なのかが明らかにされるのです。「シンデレラ」のストーリーも実はこのテーマの延長線上にあります。最後にはきらびやかな装いが一切剥ぎ取られ、ありのままの自分が明らかになり、かいかぶりや偏見無しに、周囲から見られるのです。まるで「最後の審判の日」のようではないでしょうか。しかし、またそれは、まさに結婚のようでもあります。結婚しているなら、あなたは相手から隠れることができません。むしろ、あなたの正体があばかれます。最終的には、自分の仮面も派手な飾りも剝ぎ取られてしまうような思いをします。

なぜなら結婚という関係は、他のどんな関係性にも見られないような、より近い関係へと二人を導くからです。一緒に暮らし、お互いの性格をよく知っている親子関係も、もちろん非常に近いものですが、そこには歴然とした力の格差があります。親子はその立場の違いから、親が子の、あるいは子が親の批判を聞き入れないことが簡単にできます。何よりも、この関係において、子は成長して、いつか親から独立することが期待されているからです。

また、結婚は同棲と比べて、より逃げられない関係です。同棲している二人は確かに「至近距離」で相手を観察できますが、結婚していれば当然できるようなことを互いに要求できない、ということも知っています。つまり二人の人生は、一つにならないのです。社会的にも、経済的にも、法的にも、一つに溶け合うことがないのです。言われて気に入らないことがあるとか、ほんのささいなことでも、難しいと感じれば、「別れよう」と言って関係を終わりにできるのです。

しかし結婚は、親子関係や同棲関係とは違います。二人が一つとなる結婚生活では、他者との最も近い、そして逃げられない関係が生まれ、お互いを「至近距離」で見るだけではなく、見えてきたそれぞれの欠点や罪を扱わざるを得なくなります。

相手に見えるあなたの具体的な欠点とはどんなものでしょうか。例えば、心配性で、強い不安を抱えてしまう傾向。プライドが強く、独断的で自己中心な傾向。頑固で、要求が多く、自分の思いどおりにならないと機嫌を損ねやすい傾向。厳しく、一緒にいると気を遣うので、周囲に好かれるというより敬意をもって距離を置かれるような性格。物事にだらしなく、ずぼらで、頼りないところ。空気が読めず、周囲に鈍感で無神経なところ。批判的で完ぺき主義、他者を裁き、かつそんな自分に自己嫌悪を感じる傾向。気が短くていらいらしやすく、恨みがましく、よく感情を爆発させてしまう傾向。独立心旺盛で、他者を助ける責任も、一緒にする決断も好きではなく、何よりも自分から助けを求めることが絶対できないところ。好かれたいと思うあまり、真理は避け、しかも秘密を守れず、周囲を喜ばせようと努力しすぎてしまう傾向。倹約家でお金に厳しく、自分自身の必要ばかりか、他者にも出し惜しみをしてしまうところ。

実はあなたのこういう欠点を、今までずっと周囲の人は気づいていたはずです。確実に親は分かっていたでしょうし、兄弟、ルームメイト、友人など、あなたのそばで生活してきた人たちなら、わかっていたことでしょう。しかし、彼らからそう指摘されたら、それは彼らの「偏見で誤解だ」と思うか、「これからは、そうならないよう気をつける」と、とりあえず口約束することで、その批判の重みから逃れることもできました。しかし、そうやって面と向かって言ってくれる人も、常にそうしてくれるわけではないので、あなたは自分の問題の深刻さを、それほど実感せずにすんできたのです。しょせん、彼らはあなたの結婚相手ではありません。あなたの欠点は、彼らにとって、それほど深刻な問題ではないのです。

でも、たとえその欠点が他者にとって、それほど深刻な問題でなかったとしても、結婚相手にとっては、かなり大きな問題です。例えば、人を恨みやすい傾向は友人関係でも問題ですが、夫婦関係においては関係そのものを壊しかねません。結婚相手ほど、あなたの欠点に不快な思いをさせられ傷けられる人はいないのです。そして、それゆえに、今までの誰よりも、あなたの欠点に敏感なのです。

結婚式の司式をするとき、そういう結婚関係の一面を説明するために、私は橋のたとえをよく使います。川にかかっている古い橋に、目に見えないような問題があると想像してください。専門家の詳しい調査によると髪の毛ほどの割れ目が無数にあるのがわかるのですが、肉眼では何の問題もありません。しかし、十トンの超大型トレーラーが来て、その橋を渡ろうとしたらどうなるでしょうか。そのトレーラーの重圧で、髪の毛一本ほどの小さな割れ目が開き、問題部分が誰の目にも明らかになります。突然、すべての欠陥部分が一目瞭然となります。トレーラーが欠陥をつくりだしたのではなく、もともとあった欠陥が、その重みで見えるようなっただけなのです。

結婚すると、相手はあなたの心に終始のしかかってくる大型トレーラーのようなものです。それは、あなたの中にある最悪のものを引き出します。自分の弱点が新しく生まれるのでなく（とはいえ、あなたは「相手のせいでカッとなった」、と言うでしょうが）、明らかにされるのです。しかし、だからといって、それが悪いというわけではありません。自分がすでにほぼ完ぺきだ、などと思い込んでいるなら、どうやって将来の「栄光に輝く自分」へと成長し、変わっていくことなどできるでしょうか。

二〇〇二年に、私が甲状腺癌だと診断されたのは、毎年恒例の健康診断のときでした。私の首にごく小さいしこりがあるのを、主治医が見つけました。手術とそれに続く痛みが伴う大変苦しい治療の間も、こんな思いが私の頭によぎることは、一回もありませんでした。「主治医が、あのしこりを見つけさえしなかったら。あんなに小さかったのだから、見逃してくれてもよかったのに。そうしたら、こんな大変な思いは全くしないですんだのに」。早期発見され、適切に処置され、「こんな大変な思い」をしているからこそ、後々それよりもはるかに致命的で大変な思いをしなくて済んだからです。

結婚を、互いの成長を促す関係にするためにはまず、前述したように、結婚に本来ある特有の力を受け入れる必要があります。それはまずあなたに、自分がどんな人間かという真実を見せる、「真理の力」です。相手から鋭く深い批判をされたら、誰でも愕然とするでしょう。結婚する相手を間違ったのでは、と後悔するかもしれません。しかし、あなたの心の罪深さを明らかにしたのは、相手というより、結局は結婚そのものだ、ということに気づかなければなりません。結婚によってあなたは、相手ではなく、あなた自身と向き合うことになります。自分が実はどんな人間なのか、あまり見たくない姿があからさまに示され、首根っこをつかまれ有無を言わさず、そんな自分を直視させられるのです。

こう聞くと気が滅入るかもしれませんが、しかしこれこそまさに解放への道です。カウンセリングでよく言われるのは、自分が縛られている欠点ほど、自分には見えていない、ということです。自分の性格で認めたくないものがあるとしたら、それがまさに、あなたをコントロールしているのです。しかし、結婚は、その呪縛を解き、暗闇を照らす、まさに希望の光です。やっと、本当の自分に向き合い、取り組む一歩を踏み出せるからです。どうか、結婚のこの力に抵抗しないでください。むしろ、あなたの何が間違っているか、伝える権利を相手に与えてください。パウロは、イエスが私たちをどのように「洗い」、しみや傷から「きよめて」くれるかについて語っています。結婚相手に、そうする権利を与えてはどうでしょうか。

ロブには、これまでほとんど友人がいませんでした。というのも、彼には子どもの頃から人の身になって考えることが全くできないという問題があったからです。他者に共感するということが、ほとんど無く、自分の言葉や振る舞いに対してなぜ他者が否定的な反応をするか理解できませんでした。小学四年生のとき、両親は学校カウンセラーから、ロブが他者に共感できないため、相手の感情を踏みにじるようなことがよくある「軽度の反社会的行為」の傾向があるのではないか、と告げられました。この傾向で今までいろいろな問題が引き起こされてきたのですが、ロブはそれが何なのか理解できませんでした。誰かと知り合っても友人関係になかなか発展せず、就職先でも空気が読めずに上司も部下も激怒させてしまうという失敗がよくあるため、仕事を転々としてきました。

　そんな彼がジェシカに出会い、二度目のデートではすっかり意気投合しました。ジェシカはロブを話し上手だと思い（実際そうでした）、彼はジェシカが多少のことでは感情を害したりしない、自分に自信をもっている女性だということに強く惹かれたのです。ロブの毒のあるユーモアのセンスは、時に度を越して失礼な場合も多々ありました。それは今までにもあった課題でしたが、それまでの人たちとは違い、ジェシカはそんなロブを抑えて逆に言い負かすのです。ロブにはそれが心地よかったし、やっと自分に尻込みしない女性と出会えた、と思いました。

　こうして二人は結婚しましたが、数ヵ月もすると、ロブの無神経なユーモアと虐待に近い傾向が悪化しました。恋愛中はなるべくいい顔を見せたがるものですが、家庭をもち、相手と親しくなっていくと、素の自分が出るようになります。もはや自分を抑えようとしません。ロブの傾向の全体像が明らかになり、ジェシカには彼の意地の悪さが具体的に見えるようになりました。他の人への態度や話し方が気になり注意して見てみると、何のことは無い、彼女は彼の態度や話し方に対して、他の人より立ち直りが早く、図太かっただけでした。こうして、一生かかっても治らないように見えるロブの人間関係の課題がわかってきたジェシカは、彼にすっかり幻滅し、結婚式からちょうど一年たった頃には、もう一度独身に戻り、彼から自由になる妄想にふけるようになっていました。

彼女のそんな不満に気づき、危機感を感じたロブは、二人で牧師からカウンセリングを受けることにしました。それは長いプロセスでした。何週間も牧師と面談を重ねてようやく、ある晩、二人は最初の突破口を見つけました。つまり、まさにこの目的のためにこそ、ジェシカはロブの人生に現れたのだ、と二人は気づいたのです。ジェシカは強くたくましい女性で、まさにロブに真っ向から立ち向かい、こう言える人間だったのです。「その言葉で私は傷ついたわ。あなたの言葉で人がどんな気持ちになるか、あなた自身がわかるようになるまで、私は言い続けるわよ。黙って引き下がったりするつもりはないし、あなたに仕返しをするつもりもない。私たちとずっと一緒にいてくれるイエス様みたいになりたいの。彼は愛をもって私たちを受け入れつつも、私たちが罪の中で壊れたままにはなさらなかったでしょう」

ロブは、誰からもこんなふうに愛されたことはありませんでした。誰もが諦めて自分から離れていくか、非難してくるか、そのどちらかでした。ここに、冷静に、かつ、ずけずけと、自分の言動がどれだけ破壊的かを言い表してくれる人が現れたのです。何よりも転換のきっかけになったのは、彼がどれだけ有害か教えてくれるその人が、彼が世界一愛しているその人だ、という事実でした。ジェシカがこれだけ堂々と、そして、とことんロブを愛してくれればくれるほど、ロブは彼女が傷つくのを見たくないと思うようになっていきました。そして、ゆっくりと、しかし確実に、ロブは耳を傾けるようになり、学び、変わっていったのです。

ジェシカ自身、自分もまた徹底的な変化を必要としていることが分かってきました。「私は今まで一匹狼タイプで、ほとんど誰にも頼らないで生きてきた。誰かに裏切られたら、相手との関係を断ち切っていた。そういう人たちに、まったく寛容ではなかった」と言うジェシカが、ロブの問題の根深さに気づいたとき、彼女は今までしてきたように彼の前から消えてしまおうかと思ったのです。しかし、結婚の誓約がそれを許しませんでした。人生で初めて、彼女は問題を抱えた人から逃げることができなかったのです。

結婚から三年経ち、ロブはまるで別人のようになりました。彼の両親も期待しなかったほど、ずっと思いやりのある、共感できる人に変わったのです。またジェシカの両親も、今まで娘には見られなかった、穏やかさと弱さに対する優しい態度に気づきました。結婚の「真理の力」がその働きを果たしたのです。

「もっといい誰か」としての伴侶

結婚の「真理の力」は、結婚すれば当然与えられるものですが、実際はなかなか受けたくない力とも言えるのではないでしょうか。相手の欠点がまた見つかったとか、あなたの悪いところをいつも指摘されてばかりいたら、百年の恋も一気に冷めるでしょう。私たちは鉱山から掘られたばかりの原石のようなものです。結婚した当初は、その原石に含まれる純金を見ますが、だんだんと不純物が気になりだします。気に障る相手の態度、性格、悪習慣が見えてきます。しかし、それは神の栄光の光の中で、いずれ不純物として焼き尽くされようとしているものに過ぎません。こうした欠点は永久に存在するわけではないのです。しかし、それがあなたの心に影を落とし、大きな問題となって受け止めきれないほどになることもあるでしょう。

しかしそんな中、「不純物」と「純金」を区別することを二人で学んでいくと、とても大きな助けになるのです。「彼ってそういう人なの。ほんとに嫌だわ」と言う代わりに、その彼の傾向は本当の彼ではない、むしろ一時的な今の彼でしかないと、捉えるのです。ローマ７・14〜25で、パウロは自分自身の内面にもある、この状態について語っています。「私は……自分が憎むことを行っている」（７・15）のであって、「それを行っているのは、もはや私ではなくて、私のうちに住む罪」（７・20）だと。だからといって、パウロは自分の行動に対する責任を全く取らないわけではありませんが、罪深い行動は、自分にある「神の律法を喜んでいる」「内なる人」から来ているのではないと知っている、と言うのです（７・22）。クリスチャン夫婦はこういう区別をしなければなりません。

例えば、こう考えてみてはどうでしょう。「こういうことをする彼は、本当に嫌。でも、あれは本当の彼ではない。いつまでも、あのままではないはずだ」。さらに、お互いの性格の何が不純物で、何が純金なのか話し合い、一致して「これこそ本当の私たちだ。神様が私たちをこう成長させたいと願っているけれど、現実、私たちの今の姿はこうだ。だとしたら、それを乗り越えるために、この現実に一緒に立ち向かおうよ」と言えるなら、さらに二人の関係を深める大きな助けになるでしょう。

確かに相手の不純物を見て失望する、という経験はあるでしょう。相手の欠けに気づき始めると、結婚から逃げ出す人がいます。期待せず、ほぼあきらめて内にこもる人がいます。自分の不幸を相手のせいにして、非難や言い争いのつきない人もいます。けれども、こうしたアプローチには、ある共通点があります。片方が相手の弱点をじっと見て、こう言うのです。「こんな人より、もっといい人を見つけないと」

しかし、今まで示してきた聖書的結婚がすばらしいモデルなのは、私たちが「誰か、もっといい人」を思い描くようなとき、その「誰か」として、今、すでに結婚している相手の将来の姿について考えられるところです。もっといい「誰か」とは、すでにあなたの目の前にいる結婚相手です。確かに神は私たちに完ぺきな相手を求める思いを与えたでしょうが、結婚したなら、その相手の中に求めなければなりません。今の相手を捨てて他の「誰か」のもとに走って、またその「誰か」の隠れた欠点を掘り起こしますか。結婚をくり返す人は、のぼせ上がっては、幻滅し、拒絶して他の誰かに逃げるというサイクルを繰り返しているのです。他者が栄光の姿に変えられるのを実際に見られる唯一の道は、一人の相手に寄り添い、離れないことです。

私はよく、こう質問されます。「結婚の土台としての友情をこの人となら築けるなんて、どうしたらわかるんですか」。その質問にキャシーと私はずっと、こう答えてきました。「相手の問題が見えたとき、逃げ出したいと思いますか。それともその問題に一緒に取り組みたいですか。後者ならあなたには結婚の素質があると思います。相手の外面的な欠点に囚われがちですか、それとも、内面の美、そして、その美しさがだんだんと花開いていくのを見たいですか。後者なら前に進みましょう。結婚の『真理の力』があれば、どんなことも恐れる必要はありません」(4)

聖なるかんしゃく

「真理の力」によって、相手に真理を語ることは、それほど恐ろしいことではありません。読者を励ますため、キャシーがよく「聖なるかんしゃく」と題して話す一件を紹介します。感情をただ爆発させるようなかんしゃくではなく、何としてでも相手に聞いてもらおうとする、毅然とした態度のことです。

私たち家族がリディーマー長老教会開拓のためにニューヨークに移ってきたとき、特に私の働き過ぎる傾向から言っても、当初仕事にかなり時間がとられるのは目に見えていました。他の教会開拓者の話を聞いて、最初の三年程度は生活がなかなか落ち着かないだろうと思いました。つまり、放っておけば自分の健康や家族との関係に支障をきたすこともあり得るほどの忙しさになるということです。そこで私は、キャシーに三年間だけ、そういう状態を我慢してくれるよう頼んだのです。三年経ったら働きのスタイルを変え、仕事量を減らすからと言いました。「いいわ」、と彼女は言ってくれました。

しかし、その三年が過ぎ、約束どおり仕事量を減らすようキャシーが頼んできたとき、私は「もうあと二、三ヵ月だけ待って。引き継ぎが必要な、あれこれの仕事があるから、ほんの二ヵ月だけ」と言ったのです。そして、そう言い続け、何も変わらないまま数ヵ月過ぎていきました。

ある日、仕事から帰宅したときのことです。その日は気持ちのいい陽気で、アパートのバルコニーに出るドアが開いているのに気づいた私がジャケットを脱いでいると、バルコニーから何かを壊している音が聞こえてきました。間髪入れず、またガシャンという音が聞こえます。急いでバルコニーに出ると、驚いたことにキャシーが金槌を持ち、座っていました。そばには私たちが結婚祝いでもらった陶器の皿が積んであります。床には割れた皿のかけらが二枚分。

「一体何しているんだ?」と聞くと、キャシーは私を見上げて言いました。「あなたは私の話を聞いてくれていないでしょう? あなた、分かってないみたいだけど、自分がこれだけの時間働き続けたら、家庭が崩壊することになるのよ。どうしたら私の言っていることが通じるのかしら。今どれくらい深刻な状態なのか、あなたはわかっていないのよ。見て、これがあなたのしていることなのよ」。そして、彼女は三枚目の皿に金槌を振り下ろしました。皿は粉々になりました。

私は身震いしながら座りました。もう彼女の忍耐は限界を超えてしまったのだと思い、「聞いてるよ。ちゃんと聞くから」と言いました。話しているうちに、キャシーは確かに激しく主張しているけれど、怒りのあまり前後の見境が着かなくなるほどではないとわかりました。話し方は冷静で、しかしきっぱりとしていました。内容はそれまでの数ヵ月間言われてきたことと変わりませんでしたが、私は自分がどれほど勘違いしてきたのか、やっと気づきました。仕事量を減らすのに適切な時期などありません。私は、自分の仕事の達成感に依存していたのです。そのために、常に何かせずにはいられないほどだったのです。キャシーはやっと私が話を聞いてくれたと感じ、私たちは抱き合って仲直りしました。

最後に私はこう聞きました。「最初にここに出てきたとき、僕は君が精神的にすっかり参ってしまったのかと思ったよ。どうしてそんなに早く正気に戻れたの？」

彼女はニヤッと笑ってこう答えました。「参ってなんかいないわよ。私が木っ端微塵にした三枚のお皿、見た？」　私は頷きました。「あの三枚は、ソーサーなの。今まで何年かの間にカップは割れちゃってお皿が三枚、余分だったのよね。よかったわ、あれ以上割らなくちゃならなくなる前にあなたが聞いてくれて」
お互いに、話し合い、聞き合うことのいかに大切なことか。まさに「日々互いに励まし合って、だれも罪に惑わされてかたくなにならないようにしなさい」（ヘブル3・13）[5]です。

愛の力、心の刷新

結婚には、あなたの欠点が明らかにされ、本当はどんな人間かわかるようになる「真理の力」がありますが、次に「愛の力」が挙げられます。あなたを肯定し、人生の最も深い傷や痛みを癒す、他に比べるものが無いほどの力です。

誰でもある程度の自分の価値やセルフイメージをもって結婚生活を始めますが、それは様々な人々から長年にわたってあなたに与えられてきた評価の痕跡です。両親、きょうだい、同性、異性の友人たち、先生や指導者が、君は優秀だとか落ちこぼれだ、君は素晴らしいとかつまらない人間だ、あるいは、期待の星だとか将来性が無い、など様々な評価を与えてきました。そんな言葉をふるいにかけ、あるものは忘れようと努力しても、なかなかそうできません。批判や非難と比べると、肯定の言葉は人の心にずっと軽く、はかなくしかとどまりません。傷ついた言葉の印象は拭いがたいものなので、人のセルフイメージには幾重もの層があり、その多くが矛盾しているのです。セルフイメージとは、まとまったテーマも無いまま、一緒くたに縫い合わされたようなものです。たとえて言うなら、共通点の無い様々な部分が継ぎ合わされたフランケンシュタイン博士の怪物みたいなもののようです。

しかし、今まで一番ダメージの大きい言葉は、もしかしたら、私たちが自分で自分に言ってしまう言葉かもしれません。自分に「馬鹿だ、むかつく、落ちこぼれ、負け犬」といった、自分を罵るような独り言を、いつまでもくり返している人はたくさんいるのです。

しかし、今あなたの人生に、他者やあなた自身によって今まで下されてきた評決すべてを覆すほどの力をもつ人物が現れました。[6] 結婚は、その相手に、あなたの自己認識そのものを書き換えてしまうほどの大きな力を与えます。あなたについて今まで言われてきた、どんなことをも覆し、過去を根本的に贖うことができる力です。その愛と肯定は、あなたの心の奥深くの傷を癒す力をもっています。たとえ全世界がどんなにあなたをけなしても、結婚相手のほめ言葉を、あなたは信用するのです。聖書でも言われていますが、あなたが自分を非難したとしても、伴侶の意見はあなたの心よりも大きいのです〔Ⅰヨハネ３・20〕。

私は、正直言って、結婚するまで自分が「男らしい」と感じたことは一度もありませんでした。当時はまだ認知もされていなかった、いわゆる「オタク」で、マーチングバンドでトランペットを吹き、高校になってまでボーイスカウトを続けていました。何も後ろめたいことはないですが、

「タフ」でも「クール」でもなかったのは確かです。そのせいで特に高校時代はよく馬鹿にされ仲間外れにされたりしました。しかし、キャシーから見える私は、彼女を守る輝く鎧をまとった騎士でした。彼女は、世界中が私をクラーク・ケントだとしか思わなくても、実はその下に青いスーツを着ているのを知っている、と言い続けました。私がちょっとでも度胸のあることとしたら、すぐに気づきほめてくれました。何年か経つうちに、少しずつそれが私の中に染み込んできました。妻にとって私はスーパーマンなのだ、それが、私を他の何にもまして男の中の男のような気にさせてくれるのです。

「真理の力」と同じように、結婚には「愛の力」も必然的に伴います。つまり、二つの人生が一つになり、最も親密な関係が築かれるからこそ、相手からの肯定を絶対的に信用することができるのです。例えば多少知っている誰かから、「あなたみたいに親切な人会ったことないですよ」と言われたら、もちろんほめられて嬉しいとは思います。しかしそれほど深くは私の心に染み入らないでしょう。というのも、私は内心こうも思うからです。「ありがたいけれど、あの人はどれだけ私のことを知っているんだろう」と。しかし、私と何年も生活してきた妻が、「なんて優しいの。こんな人、ほかにいないわ」と言ったら、その言葉は私の心に深く染み入るのです。その肯定が深い慰めとなるのは、誰よりも私を知っている彼女からの言葉だからです。何年もかけて結婚相手への愛がますます深く豊かになるにつれ、相手が自分をほめる言葉にますます力づけられ癒されるようになります。『指輪物語――二つの塔』でファラミアがサム・ギャムイジーにこう言ったとおりです。「誉められる値打ちのある者から誉められることはどのような褒美にもまさる」[1]。あなたが高く評価しているその人から、自分を高く評価される、それこそ一番嬉しいことではないでしょうか。

　この原則は、究極的には、この宇宙全体を支配する神に愛されていると知ることが、すべての人生の最強の土台だということを示しているのではないでしょうか。キリストにある、私たちへの神の愛、それに少しずつ気づいていく、これほどの生き甲斐はほかにはありません。そして忘れてはならないのが、エデンの園のアダムです。彼は神との完全な関係を与えられながら、人との愛を育む人間性といったものも与えられていました。結婚相手から、またキリストからの、あなたへの愛両方が、あなたの人生に相互に力強く働くのです。

　結婚の「愛の力」の中で私たちは癒されていきますが、実はそれは、イエスが私たちのうちに働かせる力の縮小版とも言えるものです。キリストにあって神は、私たちを、正しく、きよい、美しいものとして認めます（Ⅱコリント５・21）。この世は、私たちの過ちを指摘しすぎるほどですが、神の愛は私たちのその罪を覆い続けるのです。ですから、イエスは、誰がどんなことをあなたに言ってきたとしても、それに打ち勝つ力をもっています。クリスチャンの結婚は、まさにそのキリストの愛の縮図なのです。相手があなたにイエスの愛を直接的に示すこともあるでしょう。

あるいは、イエスのように、相手があなたを受容してくれるので、イエスの愛がもっと身近に感じられ、受け入れられるということもあります。

ですから、ほかのどんな人間関係よりも、結婚にはすべての傷を癒す特別な力があり、私たちそれぞれの個性と価値を確信させてくれるのです。

先に愛を示すのはどちらから？

それではどうすれば、癒されていくこの愛を相手に示し、また相手が本当に愛されていると感じるようになれるでしょうか。とても大切なテーマで、スキルも重要なので、原則を説明する前に具体例を一つご紹介します。

キャシーの実家では、父親が母親の家事を助けるのが普通でした。子どもたちの世話や食事も含めて、日常的なこまごまとした家事にもかかわっていました。ところが、我が家では、父親はほとんど家事を頼まれず、特に子どもの着替えや食事の世話は全くしませんでした。結婚当初、私たちはこういった背景の違いについて全くと言っていいほど気づいていませんでした。結婚前に気づけるようなチャンスがあったにもかかわらず、です。

交際中、キャシーの実家を訪ねダイニングで夕食をいただいたときのことです（かしこまって客間で接待される時期は終わり、私は家族同然の扱いを受けていました）。食事を終えた私が何も考えずに席を立ち部屋を出ていくと、私の未来の義理の母はギョッとしました。キャシーの家では、食器洗いや片付けを家族みんなで手伝うのです。最低でも、自分が使ったものを、テーブルからシンクや冷蔵庫に運ぶのは当然とされていました。そんなことは思いつきもしない私を見て、彼女はキャシーに、「彼は人に給仕してもらうのが当たり前の人なのね」と皮肉っぽくつぶやきました。しかし私の母は、お客様はもちろん家族であれ、誰かが食器洗いを手伝おうものなら、とてもプライドが傷つくタイプでした。人に仕える様々な雑用を自分の仕事としていたのは、他の人がしなくてもすむようにと考えてのことでした。

この背景の違いは、最初の子どもが生まれるまで、私たちの間で特に問題になったことはありませんでした。けれどもある日、キャシーが台所で立ち働いている間、息子デービッドを抱っこして座っていた私は、ある臭いに気づき、こう言いました。「キャシー。オムツを替えたほうがいいみたいだ」。すると彼女はこう言いました。「じゃあ、うちではこういうとき、何て言うでしょうか、知ってるでしょう？」

「何だっけ」。「見つけた人が片付ける、よ」と、彼女が笑いながら言ったのは、つまり、「どうしたの、私は今、手が離せないの。子どもを抱っこしているのはあなたじゃない。わが子の汚れたオムツ替えくらい、できるでしょ」という意味でした。

ところが、私は自分がカチンと来たのに気づきました。なぜそう感じたのか、考えることもできず、とにかく怒りを感じたのです。まるで尊敬されていないような気がしました。こんなことが「私の仕事」なのか？　拒否されて、今度はキャシーがムッとする番です。「ちょっと、ただの汚れたオムツじゃない。あなたはヒマで、私は忙しいのよ」と言いました。その日、私たちがこの問題を解決できなかったのは、一体何が起きているのか、自分たちでもよく分からなかったからです。子育て全般――具体的には臭くてウンチのついたオムツ――は、私たちが、それぞれの心の中で動く隠された動機を理解できるようになるまで、ずっとけんかの種でした。

キャシーの母親はまだ四十代の頃、脳卒中で倒れたことがあり、働く父親と専業主婦の母親といった我々の親の世代にしては珍しく、父親が家事や様々な雑用をするようになりました。そのことを深く感謝し、夫の愛と謙虚さを賞賛する母親がこう言うのを、キャシーは聞いて育ちました。「家事や子どもの世話を手伝ってくれるお父さんはね、そうやって私を愛していると示してくれているの」。けれども、わが家では、父親が家事などを頼まれることは一切ありませんでした。父が汚れたオムツの中を見たことがあったかどうかさえ定かではありません。かなり長時間働いていた父は、いつも疲れきっていました。母はそうやって家族を養う父に感謝し、家事一切自分が取り仕切ることで、自分が父と同じように家族の幸せのために貢献しているのだと思っていました。そして、私も母がこう言うのを聞いて育ちました。「お父さんは一所懸命働いて家族を養ってくれているのだから、家に帰ってきてまで何か手伝ってもらおうなんて思わないわ。私が家事を頼まないのは、お父さんを愛しているからよ」

私たちそれぞれの家族のこうした違いは、家事の役割分担の違いだけにはとどまりませんでした。この違いは、たとえて言うなら「愛の通貨」の違いです。キャシーの父親は寡黙で、あまり言葉で表現しようとしない人でした。しかし、妻が必要としている特別な方法で彼女を愛し、彼女も夫が多大な犠牲を払ってそうしてくれていることを知っていました。それは彼女にとって、夫が花束や宝石を贈ってくるよりもはるかに価値のあることでした。だからこそ心から感謝し、愛されていると感じていたのです。一方、長時間働く私の父は、自分一人に子育てが任されていると愚痴をもらす妻が家で待ちかまえていてもおかしくないのに、その逆に「一国一城の主」としての威厳をもたせてくれた母に心から感謝していました。

以上のような、自分が育った家庭での愛情表現のパターンを観察して育ち、またそれが無意識のうちにそれぞれの前提となっていたので、私たちは「我が家でオムツ替えするのは誰だ」論争を延々としていたのです。最初はとまどいましたが、自分たちの状況が分かってくると、とても単純な問題に思えました。なぜ、そんなことで、こんなに感情的になる必要があったのかと思えるほどです。

だんだんとわかってきたのは、こういうことでした。キャシーが私にオムツ替えを頼むとき、私は彼女から愛されていない、一所懸命働いている自分が認められていないかのように感じたのです。逆に、私が彼女に頼むと、彼女にはオムツ替えはしょせん女の仕事だ、夫がするほど重要な仕事ではない、と言われているように聞こえたのです。要するに、キャシーは半ば無意識にこう言っていたのです。「もし、私の父が母を愛していたようにあなたが私を愛しているなら、オムツを替えてくれるはずだわ」。そして、私も心の中でこう言っていたのです。「もし、うちの母が父を愛していたように、君が僕を愛しているなら、僕にそんなことは頼まないはずだ」。私たちは二人とも、相手から「あなたを愛していない」と言われているように感じていたのです。自分にとって愛されていると実感できる方法で、愛を示されなかったからです。

　さて、それでどうなったかですが、事の次第がわかってきて、まず行動を起こしたのは、この件に限って言えば私でした。子育てと自分の仕事を対立させるような泥沼におちいりたくはなかったからです。しかし、これは私たちが決して忘れられない教訓の一つとなりました。ただ「愛しているよ」という言葉だけでは十分ではありません。あるいは、あなたが当然だと思っているやり方だけで愛情表現するのも不十分です。例えば、ある人に百ドルあげたいとしたら、その方法として現金、小切手、純金、相当の品物、などが考えられます。だから「どんな方法で百ドルもらいたい?」と相手に聞くように、相手にとって一番実感できるような方法で愛を示すにはどうしたらいいかを学んでいくのです。そうしてこそ、相手の人生に、新しい、また癒しを伴う愛

の力がもたらされるのです。(7)

愛の通貨

前述した「愛の通貨」は、「愛の言語」と呼ばれることもあり、とても便利な考え方です。例えば、英語を全く理解しない人に「アイ・ラヴ・ユー」と言ったとしても、その愛は通じません。愛は発信されますが、受信されないのです。ですから、相手がよく理解できる形で愛を伝えるにはどうしたらいいかを学ばなければなりません。念を押すようですが、もう一例を挙げます。他の周波数に合わせていると受信できないラジオ局の放送を聴くためには、その周波数に受信機を合わせなければなりません。同じように、夫が妻に「愛している」というメッセージを、自分なりにロマンチックに送ったとしても、妻の周波数に合っていないので、受け取ってもらえないということがあるのです。妻が悩みを打ち明けたいのに、夫の聞き方が事務的だとしたら？　必死な思いでわかってほしいと思っている妻に、短気な夫がせっかちに答えを投げつけるとしたら？だから妻は夫に言うのです。「愛されているって感じない」。夫はこう言い返します。「でも、僕が君を愛しているのは変わらないよ」。なぜ、このような開きがあるのでしょう。夫が送る愛の周波数が、妻のそれに合っていないからです。結婚生活で愛情が示されているのに、受け取られていない、ということが頻繁に起こるのはこのためです。

愛を表現する方法は、実に様々です。プレゼントを贈る、「愛しているよ」と言葉に出して言う、相手をほめる、愛情を込めて優しく振る舞う、相手の願いを忠実に守る、意識して相手との時間を過ごす、など、数えきれないほどあるでしょう。何世紀もの間、哲学の世界では、愛の様々な形態を区別してきました。ギリシャ人は、好意（ストルゲー）と友情（フィロス）と官能的な愛（エロス）と奉仕（アガペー）とで、言葉を使い分けていました。愛の表現を分析して、それぞれのカテゴリーに区別する方法はほかにもあります。どんなものも、愛のかたちとして必要で、無視できないものですが、私たちにはみな、自分にとって一番実感でき、価値がある愛のかたちがあるはずです。それが、私たちが特に大切だと思う「愛の通貨」であり、そうされると、自分が愛されていると最も実感できる「愛の言語」なのです。そのように伝えられると、心から満ち足りた思いになるような愛情表現です。

ある具体的な愛情表現やかたちが、あなたにとって重要なのはなぜでしょうか。相手が一番苦手な表現だからでしょうか。あるいは、逆に得意な表現だからでしょうか。また、あなたが今、置かれている状況のせいでしょうか。いずれにしても、ある種の愛のかたちを嬉しいと思うあなたがいるはずです。誰かを愛しているなら誰でも、それがどんなものかを知り、表現していく必要があるでしょう。

なぜ私たちが結婚相手にそうするのか、それはまず神が私たちにそうしてくれたからにほかなりません。モーセが神に、その栄光を見せてくださいと願ったとき、モーセには見ることができないし、見たら死んでしまうとまで言われました。しかしヨハネの福音書では、その神が、人間のかたちをとって、この世に来たと書かれています。このイエスにあって「私たちはこの方の栄光を見た。父のみもとから来られた方としての栄光で、恵みとまことに満ちていた」とあります（ヨハネ１・14、新改訳欄外注）。神が自身の栄光を、私たちに馴染みのあるかたち、つまり、人間として、表してくれたとは実に驚くべきことです。この受肉という現象を通して、神は、私たちが理解できる方法で、私たちのもとに来ました。そのように、相手に馴染みのあるかたち、愛情表現を、私たちも身につけるのです。相手が必要としている方法で、愛を伝えるのです。そのために具体的な原則をいくつか挙げてみましょう。

第一に、私たちはそれぞれ、自分なりの「色眼鏡」をもっていることを自覚しましょう。決まりきった一つの愛情表現しか受け入れない、という傾向は無いでしょうか。例えば、家族を養うために一所懸命働いている相手に、もっと言葉で表現してほしいと思うと、つい「あの人は私を愛していないのよ」と言いがちです。あなたがこだわっている愛情表現だけしか見ようとしないからです。まずはあなたのその「色眼鏡」を捨てて、相手があなたにしてくれている他の愛情表現があることを認めましょう。

神学者R・C・スプロールが以前私たちに話してくれた、彼とヴェスタ夫人との一件は、この原則を具体的によく表していました。「自分では買えないから、誕生日にはゴルフクラブが欲しいと密かに思っていた私に、現実的なヴェスタは白いワイシャツを六枚も贈ってくれました。確かに必要だったし、ありがたかったけれど、私は内心ガッカリしていることに気づかれないよう必死でした」。でも彼女の誕生日に彼がしたことも、さほど違いはありませんでした。気前のいい所を見せたいと、コートを新調してあげたものの、彼女が本当に新調したかったのは、古くなった洗濯機でした。二人とも、お互いへの愛を表現しようと一所懸命でしたが、違う言語を必要とする相手に、自己流の言語で語っていたのです。

あなたが今、抱えている結婚関係での問題に、こうした愛の言語の食い違いが無いかどうか考えてみると、いがみあう姿勢が和らぎ、どう向き合うかも変わってくるかもしれません。あるいは、キャシーと私のように、子育ての責任をきっかけとして、一筋縄ではいかない問題が見えてくるかもしれません。しかし、夫は（私のように）「もし、うちの母が父を愛していたように、君が僕を愛しているなら、オムツを替えてくれなんて言わない」、妻は（キャシーのように）「もし、うちの父が母を愛していたように、あなたが私を愛しているなら、喜んで自分からしてくれる」とそれぞれ内心考えているのかもしれないのです。相手を「なんて自己中心なのだ」と責めるかわりに、「このやり方では、あの人にとって愛されているとは、とても感じられないのだろう」とまず考えるべきです。

相手が喜ぶ愛の言語を学び、あなたのではない、相手の周波数で愛を伝えることを学んでみませんか。自分がやってほしいことをすれば、愛が伝わると単純に思い込みがちな私たちだからです。

そして愛の言語を間違えると、それは「逆さ言葉に聞こえる」ことがあるのも忘れてはいけません。例えば、物より心だと思っている人に物をプレゼントしたら、こう言われるでしょう。

「私の愛をお金で買えると思っているの？」

そして相手の「愛の言語」を軽視すべきではありません。ましてや、相手を傷つけるために、わざと使わないでいるなど、もってのほかです。傷は深まるだけです。公の場で妻に尊敬されることを大事だと思う夫は、友人たちの面前で妻に侮辱されたら耐えられないでしょう。同じように、肯定的な言葉をかけられ励ましを必要とする妻は、夫に冷たく扱われることほどつらいものはないのです。

「恋に落ちる」から「愛する」への変遷

恋におちたばかりの甘い時期が、すぐに薄れて現実に引き戻されることはよくありますが、そうなったら、どうやって、その時期を乗り越え、長くゆっくりと、かつ上手に相手を愛し続けられるようになれるのでしょうか。

結婚カウンセラーでもあるゲイリー・チャップマンは、この疑問に答えるため、こう説明しています。[8]

カウンセリングに一人で来たベッキーは、涙ながらに夫ブレントが家を出て行きそうだと話しました。後日カウンセリングを受けにきたブレントはこう言いました。「もう妻を愛してない、というだけのことです。彼女を傷つけたくはないし、こうなることを望んでいたわけではないですが、もう彼女に対して何の感情もありません」。出会った頃、恋に落ちた二人の世界は、まさに幸せいっぱいでした。しかし結婚数ヵ月で、相手の欠点が見え始め、二人の気持ちは冷めてしまいました。ブレントの場合、その愛情は急速に冷めて、すっかり無くなってしまった、というのです。もう終わりにしたいと言う彼が、実はこの数ヵ月、ある女性と恋愛関係にあったことも認めました。この新しい女性の愛無しに生きていくことは想像できない、離婚することしか頭に無い、と言うのでした。

カウンセリングの中で、こういう物事のとらえ方が示されました。恋愛は相手がいるだけで、愛を実感できる「恋愛ハイ」からスタートするのが普通だが、それがだんだんと冷めてくるにつれ、愛は意識的に選択する行為に変わっていくという説明です。

〔しかしやがて、その感情的な高揚から現実の世界へと降りることになります〕それまでに配偶者が愛の一次言語を語ることを学び取っていたら、私たちの愛の欲求は満たされ続けます。これに反して、夫・妻が愛の言語を語らなかったら、タンクは少しずつ干上がっていき、やがて「愛されていると」感じなくなるのです。配偶者の必要を満たすことが意志的な選択であることは、間違いありません。私が妻の感情的な愛の言語を話し、それを頻繁に語るならば、彼女は「愛されている」と感じ続けます。彼女が「恋愛妄想」の世界から降りてきても、感情的なラブタンクは持続して満たされるので、何も失った気はしないでしょう。しかし、もし私が妻の愛の一次言語を学んでいなかったら、またはその言語で愛を語ることを選択しなかったとしたらどうでしょう？　恋愛の高揚感から降りてきたとき、当然のことながら彼女は、満たされない感情的欲求に対して切なる思いを抱くことでしょう。そうして空のラブタンクで何年かを過ごしたあと、彼女はおそらくほかの誰かと「恋におちて」、その感情的な循環プロセスを新たにスタートさせることでしょう。(9)

ブレントは動じませんでした。新しい恋が前の恋と同じ道をたどることになるとは、どうにも納得がいかなかったのです。新しい恋こそ、ずっと続く「本物」だと思っていたからです。カウンセラーに表面的には感謝し、ベッキーの助けになることなら何でもする、と言いましたが、それでもブレントは、ベッキーのもとから去るつもりでした。

数週間後、ブレントから予約の電話が入りました。部屋に入ってきたブレントは、見るからに不安そうで、前回訪ねてきたときの冷静で自信に満ちた彼とは別人のようでした。そして、自分が新しい恋に浮かれていただけだったことに気づいた、と言うのです。新しい彼女は、彼の欠点についてベッキーが言っていたことと同じようなことを指摘し始めたのです。しかも彼女のほうがかなり厳しく辛辣でした。新しい恋は、終わりに向かっていたのです。

カウンセラーはあの考え方を、もう一度説明しました。心が奪われるような最初の恋愛感情は、だんだんと意識的に選択していく愛に変わるのだ。はじめは機械的でぎこちなく思えるかもしれない、でも互いにそうしていくうちに、確かに十分に相手に愛されているという実感が、少しずつ二人の生活に喜びと楽しみをもたらしてくれる、と。ブレントは、そういう考え方を試してみることにしました。そして一年後、二人の結婚生活は一新されたのです。

しかし、相手の「愛の言語」を学び、それで愛情表現しさえすれば、どんな夫婦間の問題も解決できる、というわけではありません。人の心は限りなく複雑です（エレミヤ17・9）。夫婦間の難しさは、心の奥に潜む偶像礼拝の傾向、ほとんど無意識の怒り、あるいは、カウンセリングと神の恵みによって根絶されるべき恐れなど、様々なことから起こるのです。それでも、相手を知り、相手にふさわしいかたちで愛そうと、熱心に慎重に取り組み続けることは、幸せな結婚のための大前提なのです。現代では愛を、何となく無意識な感情としてとらえ、自覚的な行動とは見なさないので、こういうスキルがほとんどの場合見過ごされてしまうのです。

愛情

具体的には、実際「愛の言語」、愛情表現としてどんなものが挙げられるか、リストアップしてみるといいでしょう。[10] リストを眺めるだけでも、区別するプロセスが始まるからです。リストをざっと見た相手がこう言うかもしれません。「本当に、私のために毎週これをしてくれるの？だとしたら、私たちの関係もだいぶ変わるかも」。これだけで、もうすでに軌道に乗ったようなものです。

まずは、愛情というカテゴリーから始めましょう。アイコンタクト、愛撫、並んで座る、手を握る、などを単にセックスの前戯としてするだけでは、愛情表現としてのせっかくの誠実さが失われてしまいます。また相手にだけ心を向ける状況を、工夫してつくることも愛情表現の一つです。散歩、夕食後の団欒、景色を楽しむドライブ、公園でのピクニックなどを計画してはどうでしょう。こういう計画、準備する努力や手間も、すでに十分な愛の表現です。また自分の身なりを整えることも相手への配慮の一つですし、遊びやユーモアも愛情表現の一つです。

愛は言葉で伝えられるのが理想ですが、単に「愛している」と言えばいい、というわけではありません。どうしたら、直接相手に向けて、具体的に、また新しい方法で伝えられるか、考え続ける必要があるでしょう。例えば、相手の長所、才能を見つけて、率直にほめ、感謝すること、逆に言えば、厳しく批判的で相手を傷つけるような言葉を控えるということです。ちょっとしたメモ、カード、手紙に心のこもったメッセージを添えて、記念日や特別な日に渡すのもいいでしょう。

そして心のこもった、使いやすい、そして何より美しい贈り物も、十分に愛情を表現します。

友情

すでに述べたとおり、友情は夫婦にとって本質的で、この愛のかたちは、それ自体で具体的に様々な表現として表れます。まず友情は、充実した時間を一緒に過ごすことで育まれていきます。つまり、少なくとも、どちらか一人がしたいこと、そして、それをしているとお互いに気持ちを伝え合えるような何かをする時間です。ほとんどの場合、気晴らしや娯楽などが考えられ、それもいいのですが、単純作業（庭仕事や雑用）を一緒にすることも効果的です。何よりも、相手と共に過ごす時間を何にもまして最優先していることが相手に伝わる必要があります。

友情はまた、相手の仕事をサポートする忠実さ、それに関心や誇りをもつということでも表現できます。例えば、両者が家庭の外に仕事をもつなら、お互いの仕事について理解を示し、尊重するということです。もし妻が家で育児や家事に専念しているとしたら、夫が妻の気持ちを理解し、また、温かい家庭を整えようとしている彼女を、すすんで手伝おうとする姿勢はとても重要です。

友情はまた、お互いの精神的な世界をシェアすることでもあります。例えば本を朗読し合う、聞き合う、自分の考えの変化を話し合う、あるテーマを一緒に学ぶ、などです。

そして友情における愛は、相手の話を聞くこと、また自分のことも正直に話すことによって表現され成長します。友情は何よりも、恐れ、傷、弱さを分かち合っても、安全な関係――感情の避難所――です。傾聴には集中力が必要ですが、聞くのは得意でも自分の胸の内を語るのは苦手な人もいますし、その逆もあるでしょう。また友情における信頼は、約束を守り抜き、頼れる存在であり続けることによって築かれていくものでもあります。

仕え合う

互いに仕え合うとは、何も特別なことではなく、ごく日常的な手伝いから始まります。専業主婦、あるいはそれに近い状況の妻には、どうしても夫の家事参加が必要になります。自ら進んで子どものオムツ替えをするとか、頼まれなくても家の掃除をするなどですが、何より仕えるとは、相手に深い尊敬を払うということではないでしょうか。つまり、いつも相手の立場に立って話すことで、相手に自信を与える、他の家族や友人の前でも、相手への忠誠と感謝を示すということです。

仕えるとはまた、あなたが相手の幸せと活躍にかかわるということでもあります。相手がその賜物や才能を伸ばし、成長できるよう助けるときに表される愛です。

また、相手を悩ませ傷つけてしまう自分の言動を変えていくことにかかわろうとすること、喜んで相手のために自分を変えようとすることは、愛情表現としては最も大切だと言えるでしょう。そのためには、相手からの指摘を受け入れ、具体的に変わっていくためにどんなことをしているか、などについて継続的に話し合っていけるかどうかが鍵になります。こういう変化は当然難しいので、神の恵みなしにはまず不可能ですが、同時にその変化こそ、結婚における力強い愛のしると言えます。

最後に、互いに仕え合う上で、クリスチャンがお互いの霊的な成長を助け合うことほどすばらしい奉仕はありません（第4章で見たとおりです）。つまり、教会や同じ信仰の共同体で共に活動し参加できるよう、互いに励まし合うことです。具体的には、聖書やキリスト教書を共に読む、学ぶ、祈ることなどが挙げられます。何世紀にもわたって、クリスチャン夫婦は毎日様々な形式で家庭礼拝をしてきました。

毎日一緒に、またお互いのために祈ることは、その他の愛情表現を一つにまとめるものでしょう。つまり、お互いに愛情と思いやりをもち、隠し事のない関係となるのです。相手があなたのために祈る、神の祝福を願うのを聞く、これが日常だとすれば、神の、またお互いの愛によって関係全体によりよい影響を与えていくでしょう。

愛情表現は他にもあります。例えば、どれくらいの期間かは相手の状況や必要によりますが、相手のプライバシーを尊重することも一つです。互いに相手を自分の生活から締め出してしまうのは論外ですが、夫婦は違う者同士、キャパシティも異なり、一人になりたい、相手抜きで外出したいときもあります。

こうした具体的なリストは、普段なかなか意識されない、あるいは言葉に表されないものが、実は何なのかを知り、見きわめるために大切です。確かに簡単ではないことばかりですが、同時に単純でもあります。つまり相手の「愛の言語」を知り、身につけていくということです。それが何かを一緒に探し、日常的に実践していくにはどうしたらいいかを、思いつくまま話し合ってみる、ということです。それからは、ただ実行あるのみ。相手を愛している、ということを確実に表現していきましょう。慎重に、根気強く、日常的に。

大きな問題

結婚には本質的に「真理の力」と「愛の力」が伴うことを見てきました。結婚の「真理の力」は、あなたが実際にはどんな人間であるかを教え、「愛の力」は、あなたのセルフイメージを書き換え、過去を贖い、あなたの深い傷を癒してくれます。しかしこれには一つ、注意が必要です。

他者からけなされても、結婚相手が賞賛してくれるほうをあなたは信じる、という話をしました。伴侶からの言葉には、それだけ力があるからです。ただし、その逆もしかりです。他の人がどんなにほめても、相手がほめてくれないなら、後者を信じてしまいます。あなたに対する相手の意見は、恐るべき武器にもなるのです。結婚してすぐに気がつかされるのは、自分に相手をどれだけ傷つける力があるかということでしょう。あなたは、誰も知らない結婚相手の傷つきやすい点に気がつかされます。だからこそ、あなたからの辛辣な意見はナイフよりも深く相手の心をえぐるのです。

この堕落した世界において、結婚がもつ「真理の力」と「愛の力」とは、対立することがあります。結婚がもつ力は、私のどこがおかしいかを明らかにします。というのも、相手は普段自分では気づかない私の内面奥深くまで見ることができるからです。だからこそ、私にとって、妻からの肯定、評決、祝福は、それほどの信頼性があり、力があるのです。しかし、ここで注意が必要なのは、妻が私の罪に気づくのは、医者が私の病気に気づくのや、カウンセラーが私の怒りや恐れに気づくのとも違う、ということです。彼女が私の罪に気づくのは、それが実に多くの場合、彼女に対して犯される罪だからです。私が鈍感な人間だと、彼女がわかるのは、実際に私が彼女に対して鈍感だからです。私が自己中心だとわかるのは、私が彼女に対して自己中心だからなのです。

結婚における大問題が生じるのは、まさにここです。あなたが誰よりも認められ受け入れられることを必要とし、求めている、まさにあなたの心をつかんでいるその人こそ、この地球上の誰よりも、あなたの罪によって、深く傷つけられている人なのです。しかし、初めて相手から深く傷つけられたとき、私たちはまず、結婚の「真理の力」を活用します。相手をさんざん非難し、攻撃します。しかし最初の何回かで、そういう自分の態度がどれほど破壊的であるかを知って驚愕させられます。あまりにも厳しく見下すような態度で責め立てた結果、我に返った私の目の前には、傷だらけの相手が無残な姿で倒れています。伴侶の愛と肯定の力が強いからこそ、その愛が示されないと、真理を語っても役に立たず、むしろ、その破壊的な力が示されるのです。

真理を語ることの破壊力に気づくと、今度はその反動に走ってしまうという間違いを犯すことがあります。自分の務めは、ただ認め受け入れることだと決めてかかってしまうのです。どれほど失望させられても、相手には何も言わず黙っているのです。本当はどう考え、感じたかを伝えず、我慢して隠してしまうのです。「愛の力」を示しても、「真理の力」は示さないのです。

そうなると、結婚の、互いの霊的成長を促すという大きな可能性は失われてしまいます。もし、妻が自分に真理を語ろうとしていないと感じたら、私は彼女の肯定や受容を信頼できなくなるでしょう。いつも本当のことを話してくれるとわかっているからこそ、相手の愛情あふれるほめ言葉が私に変化をもたらすのです。

つまり真理と愛は両立しなければならないのと同時に、その両立がとても難しいということです。自分が傷つくと、愛無しに真理を語ろうとします。対立する怒りや痛みを避けようと、逆に真理を隠して愛だけ示そうとすることもあります。どちらにしろ、結局は、相手から愛されていると感じられないのです。

必要なのは、愛と真理という二つの撚り糸をしっかりと撚り合わせることです。真理をもって指摘されたとしても、同時に愛が示されていれば、安心して自分の落ち度を認められるのです。

だからこそ、私たちは自分自身と向き合い、成長できるのです。とはいえ、理想と現実が違うのは、相手の欠点を見た私たちが、過剰に反応し、怒ってしまう点にあります。愛をもって真理を語る、真理と愛を一緒に保つという難しい作業を、ではどうしたらできるのでしょうか。

恵みの力、和解

愛のない真理は、夫婦の一致を壊し、真理のない愛は、一致しているという幻想を与えるだけで、現実には二人の旅路や成長の邪魔になります。その解決は、やはり恵みなのです。イエスの恵みを経験してはじめて、赦しと悔い改めという、結婚における最も重要な二つのスキルを身につけられるのです。赦しと悔い改めが、バランスよくできるようになって初めて、真実と愛は両立しうるのです。

神学校でのキャシーと私の学友アーヴィン・エンゲルソンが夫婦関係を「タンブリングドラム」になぞらえたことがあります。「タンブリングドラム」とは、宝石をたくさん入れて回し、予測不可能なぶつかり方をしながらその形を削り合わせる機械です。その中でギザギザした角がぶつかり合い、一つ一つの宝石が丸みを帯び、美しくなるのです。ただし、それは宝石と一緒に研磨するための特殊化合物をドラムの中に入れれば、の話です。でなければ、石は削り合わされることなく跳ね返るか、ひび割れて粉砕されてしまいます。宝石を研磨するための特殊化合物は、さながら結婚関係の中の神の恵みです。恵みの力なくしては、真理と愛は結び合うことができません。夫婦は真理からはほど遠い、つまり削り合うことなく跳ね返る、か、ぶつかり合って砕け散るか、のどちらかです。

　マルコ11・25では、イエスは、祈っていて誰かに対して恨みがあるとわかったら、すぐそこで相手を赦さなければならないと言います。それは、直接相手と対決するべきではない、ということでしょうか。いいえ、もちろん直接向き合うべきです。マタイ18章で、イエスは、クリスチャンに対して、もし誰かが自分に不当な取り扱いをしたら、その人の所に行って相手の罪について話をするように言っています（パウロもガラテヤ書6章などで同じことを言っています）。つまり、人を赦してから、その後で、行って彼らと直接向き合うように、と聖書は言っているのです。それに驚くのは、私たちが自分に不当なことをした人に向き合う理由が、ほとんどの場合相手に仕返しをするためだから、です。その人と対決し言いたいことを言う、それは嫌な思いをさせられた仕返しに、今度は相手に嫌な思いをさせてやろうと復讐しているのです。しかし、これは関係にとどめを刺します。対決する相手は仕返しされているとわかって打ちのめされるか、激高するか、あるいはその両方でしょう。なぜなら、相手のためにではなく、自分のために真理を語っているからです。その結果、深い悲しみと敵意、そして、絶望が生まれます。

しかし、イエスにこそ、その解決があります。ただ神の赦しの恵みによって生きていることを知っているクリスチャンに、だからこそ間違ったことをする人を赦し、その上で行って彼らに対決するよう教えるのです。そうだとしたら対決そのものも違った姿になります。赦しの恵みの力という「化合物」なしに、傷つけるために真実を使ってしまうと、相手はあなたにやり返そうとするか、去ろうとするか、どちらかでしょう。結婚も、愛のない真理ばかりでしょっちゅう言い争うか、真理のない愛ばかりで表面的には問題は無いものの、しょせん二人とも基本的な問題から目を背けているか、のどちらかになるのです。

結婚におけるもっとも基本的なスキルの一つは、相手がしたことについて、率直で飾らない真理を伝える能力であり、また、自己義認的でなく、喜びをもって、全く優越感なく、相手を見下さず赦しを表現する能力です。怒ってはいけない、ということではありません。実際、もしあなたが全く怒りを表さなかったら、あなたが真理を語っても相手には響かないでしょう。ただし、そこには赦しの恵みがいつも伴わなければなりません。それでこそ、肉に振りかけた塩のように、怒りが腐って悪くなるのを防げるのです。それでこそ真理と愛が共存できるのです。そもそも根底に、自分がキリストに赦されていることからくる、相手への赦しがあるからです。

「恵みの力」を知るには、何が必要でしょうか。第一に、謙虚さ《ヽヽヽ》です。もしあなたが今まで誰かを赦せないでいるなら、心の中で少なからず「私だったらあんなこと絶対にしない」と思っているからではないでしょうか。自分が誰かよりすぐれているとか、自分は比較的いい人間だ、という気持ちがある限り、赦すことは、不可能に近いでしょう。もしその人を、尊大に「上から目線」で見下ろしていたいなら、真理が愛を覆い隠してしまいます。相手を気遣わず、ただ批判するなら、そこに示されるのは軽蔑と辛辣さだけです。

しかし、愛をもって真理を語るには、謙虚という思いだけでなく、根本的な内面の喜びと確信という、心の豊かさもまた必要です。自分に自信が無く自己嫌悪で苦しんでいるなら、いつも相手に自分を認めてもらおう、喜んでもらおうとすることが第一になってしまうでしょう。ちょっとでも、相手の機嫌を損ねたら耐えられないでしょうし、それどころか相手の欠けを指摘し批判したり、相手がどれだけ自分を傷つけたかなどを説明したりすることもできません。対決することも赦すこともできないのです。納得はいかないまま、それを隠し、正直に話せないでいることになります。現状を維持し、相手と対決しようとはしません。この場合、愛が真理を覆い隠してしまいます。

ですから、わかっていただきたいのは、それまでの人生を覆すような、それでいて一貫してバランスよく「真理の力」と「愛の力」を正しく使いこなすには、深い謙虚さと同時に、心からの喜びと確信が必要なのです。どうしたら正しく使いこなせるのか、いや、この世界では私たちはその方法さえ手にすることができないでしょう。そもそも人間が自力でその二つを同時に使いこなすことはできません。神の恵みが何か、という経験が無ければ、人生に成功した人は自信に満ちあふれ、不正を犯した人々に対して寛容ではありません。逆に、失敗ばかりの人生を過ごした人は、謙虚にはなれても、確信と喜びに満ちているとは言えません。

しかし、福音は、私たちを一変させます。私たちはもう自分を、何がどれだけできたかという業績で評価しなくなります。そもそも、私たちがあまりにも悪と罪に汚れ、欠陥だらけなので、イエスが私たちのために死ななければならなかったのです。私たちが救いようのないほど失われていたので、神の子が命をかけて救いに来なければならないほどでした。私たちはあまりにも愛され、大切にされている、その証拠に、イエスは自らすすんでその命をかけたのです。全宇宙を支配する創造主の神は、そこまでするほど、この私たちを愛しているのです。だから福音によって、私たちは自分の存在価値を、ちりのようだと引き下げ謙虚になり、同時に、こんなに愛されていると天まで引き上げるのです。私たちは罪人ですが、同時に、キリストにあって完全に愛され、また受け入れられているのです。矛盾しているようですが、私たちは罪人であると同時に、キリストによって完全に愛され受け入れられているのです。

あなたは「恵みの力」をどうやって手に入れますか。自分で生み出すことのできない力です。しかし受け入れるなら、自分に反映され、他の人が見られるような力なのです。イエスが十字架の上で他の人のために死に、自分を殺した人たちを赦した、それだけ見るなら決して真似することができない赦す愛でしょう。しかし、そのイエスがあなたのために十字架で死に、あなたを赦して、あなたの罪を取り除いたと理解するなら、一切が変わるのです。イエスはあなたの心の奥底までも見通してもなお、あなたを自分のもとへ引き寄せるほど愛したのです。神の子であるほどの方が、あなたのためにそうしてくれたことを知って得る喜びと自由があります。だから、同じように結婚相手にその愛を示すことができるのです。その喜びと自由が、神の恵みを反映させる謙虚な思いと心の豊かさを生み出すからです。

究極的な力

結婚にみられる独特の力は、自分たちが何者であるかという真理を見せてくれる力、同時に、自分たちの過去を贖い、そのセルフイメージを愛によって癒す力があります。また、神がイエス・キリストを通して私たちのために何をしたかという恵みを、私たちに見せる力があります。エペソ書5章で、パウロは、イエスが私たちのために自身のいのちを捨てて、私たちの姿を美しく変えるため、高い代価を払って赦しを与えたと教えます。イエスが私たちのためにそうしたからこそ、私たちは他の人に同じことができるのです。

私たちの罪は、あなたが結婚相手に傷つけられたよりもはるかに深くイエスを傷つけました。

結婚相手によって苦しめられている気がするかもしれない私たちこそ、イエスを十字架につけ、しかし、それでもイエスは私たちを赦してくれたのです。

昔、ロシア皇帝に信頼された将軍の話ですが、怪我を負い瀕死の状態でした。死の床にある彼に、皇帝は、将軍のまだ若い息子を召し上げ、養育すると、約束しました。将軍の死後、皇帝はその約束を守りました。最高の住環境と教育が与えられました。その後、職務を与えられ、軍隊に入ったものの、この青年は賭け事に依存していました。負債が払いきれず、自分の連隊の資金を横領し始めました。ある晩テントの中で帳簿を見ていた彼は、自分の使い込みが見つかるのは時間の問題で、もはや会計担当者の目をごまかすことはできないことに気づきました。酒をあおって自殺しようとした彼は、拳銃を自分の横に置き、自殺する決心を促すため、もう何杯か酒を飲み干しました。しかし逆に酔いつぶれてしまいました。

その晩、皇帝は一兵士に変装して、野営地と兵卒たちの間を歩き回っていました。時々そうやって、自分の軍隊の士気を見極めるため、兵士たちの意見を直接聞こうとしていたのです。皇帝が息子のように世話をしている青年のテントに入ると、帳簿の上に突っ伏している彼を見つけました。そして、帳簿と彼を見て、事の次第を察したのです。

数時間後目を覚ました青年は、傍らの拳銃が無く、側に置いてある手紙を見つけました。驚いたことに、それは支払いの約束をした証書で、「私、皇帝は、この帳簿から見つかる差額分を埋め合わせるために、その全額を私個人の資金から支払う」と書いてありました。そして、皇帝の証印までしてありました。皇帝は、彼の罪も、その大きさも、明確に理解していました。しかし、皇帝は、その罪を覆うため、個人的に支払うと言ったのです。

たとえ、あなたの結婚相手が赦せないようなことをしたとしても、あなたはこう言えるのではないでしょうか。「あなたは私にひどいことをしたけれど、私はあなたを赦す。私こそイエス様にひどいことをしたのに、それでも私は赦されたから」。全宇宙の主が、あの皇帝が一兵士に変装したように、イエスという姿になってこの世界に来て、私たちの心深くにある罪を、その大きさを見つけました。それは何か抽象的な、単なる神話などではなく、実際にイエスという人物を死に追いやった私たちの罪という現実なのです。イエスが十字架上で、釘を打たれ、見下ろすと、そこにはイエスを否認する者、裏切る者など、イエスを見捨てた私たちがいました。イエスは私たちの罪を見て、その上で身代わりになったのです。

赦しを与えるという行為に、これ以上に強力な例を私は知りませんし、また、結婚関係において、心から完全に、自由に、罰を与えようとせずに、赦す力以外に必要なものも思いつきません。神の恵みを深く体験すること——自分が恵みによって救われた罪人であること——は、「真理の力」と「愛の力」を一緒に、あなたの結婚関係に働かせることができるのです。

そして、神の恵みを知り、またこの力を使うことによって、あなたは結婚相手が栄光に輝く姿に変えられていくのを助けていることになるのです。

キャシーと私は、結婚式の写真をベッドルームに飾っています。三十七年が経った今見比べると、写真の二人はずっと若々しく輝いて見えます。あの頃はまだ髪の毛があったし、何と言うか、二人とも生き生きとしていました。結婚式の司式で、華やかな装いで輝いている新郎新婦を見ると、私はつい、皮肉っぽくこう言いたくなるときがあります。「二人とも、よくお似合いだ！あとはここから落ちる一方だけだけどね。こんな姿はお互いもう二度と見られないよ」

しかし、究極的に考えると、そういうわけでもありません。二人が「真理の力」と「愛の力」を人生において「恵みの力」をもって使いこなすなら、霊的な友情を育みつつ、相手が新しく変えられていくその旅路に全存在で取り組むなら、もっとすばらしい互いの姿が見られるようになるはずです。そうすれば、歳月が経つに連れて、神の目には、あなたがたが、まるでカットされ磨かれてはめ込まれたダイヤモンドのように、互いをますます磨き輝かせていると映るのではないでしょうか。

ですから、私たちは勇気を失いません。たとい私たちの外なる人は衰えても、内なる人は日々新たにされています。今の時の軽い患難は、私たちのうちに働いて、測り知れない、重い永遠の栄光をもたらすからです。私たちは、見えるものにではなく、見えないものにこそ目を留めます。見えるものは一時的であり、見えないものはいつまでも続くからです。

（Ⅱコリント４・16〜18）

霊的な識別力は、神が自分の結婚相手のうちに見ているもののほんの一部でも見られるようにさせるし、それはまたとても心躍る経験です。この世界では年老いていても、私たちは、神の恵みによって、結婚のユニークな力を使い、お互いが内面からますます魅力的になっていくのを見るのです。互いに覆い合い、洗い合い、飾り合うのです。そしていつの日か、神が私たちのうちに見ているものがこの世界に明らかになります。

結婚式には、本当はこう言い合うべきではないでしょうか。「今日、あなたのすばらしい姿を前にして、いつの日か、私と一緒に神の前に立つあなたを思います。そのときのあなたはきっともっと美しく、今日の晴れ姿がかすんで見えるほどでしょう！」

第６章　互いに喜び合う

妻たちよ。あなたがたは、主に従うように、自分の夫に従いなさい。なぜなら、キリストは教会のかしらであって、ご自身がそのからだの救い主であられるように、夫は妻のかしらであるからです。……夫たちよ。キリストが教会を愛し、教会のためにご自身をささげられたように、あなたがたも、自分の妻を愛しなさい。

（エペソ人への手紙５・22～23、25）

この本は、ティムと私（キャシー）の意見をまとめたものですが、特にこの章は、私が執筆することになりました。男女というジェンダーの役割について葛藤し、またそういった問題についての実体験は、私のほうがよりあると思われたからです。あらゆる文化で、男性が「かしら」(headship) であるという考えが、女性を軽んじ、抑圧するような誤解を生み出してきました。そして、そういう扱いに最初に気づき、異論を唱えたのも、ほとんどの場合、女性たちでした。しかし創世記に書かれている呪いの影響を考えるなら、こういった現実は、それほど意外なことでもありません。

平等主義者、フェミニスト、伝統主義者、相補主義者《コンプリメンタリアン》〔1〕、その他の解釈や主義主張を自認するなら誰でも、結婚関係に見られる男女の違いを見過ごしにはできません。この問題に折り合いを付けないでいるのは、そこに歴然とあるものを、見て見ぬ振りをするということです。誰であれ、夫は妻に、妻は夫に、子どもたちは親に、どう接するべきか、という何らかの役割を前提に結婚します。その前提は、ほとんどの場合、個人の生育歴、現在住んでいる場所の社会的規範、周囲の結婚のあり方、あるいはフィクションの小説やドラマ、映画から仕入れた、様々な断片的な考えや印象から成り立っています。

結婚関係における性別役割《ジェンダーロール》というものが、議論を起こしやすい問題だということは否定できません。私自身、四十年以上、この論争のただ中に生きてきましたし、聖書の一部が、抑圧する側、される側、どちらの武器としても用いられるのを見てきました。また、「かしら」「従順」といった、とかく議論を起こしやすい言葉が、まずイエスを模範としてとらえられると、男女双方から正しく理解され、結婚関係に思いがけない癒しと成熟が与えられるのも見てきました。

さて、ご多分に漏れず私たち夫婦も、男女の役割が実生活の中でどう果たされるのか、ほとんど明確な意識をもたないまま結婚生活を始めました。神学校の授業で熱い議論を戦わせてきたにもかかわらず、結婚後、最初に赴任した教会への出勤初日、ティムがブリーフケース片手に「行ってきます」のキスをし、仕事に「出かけて行く」ことに、私は全く心の準備ができていませんでした。キッチンに一人取り残された私はこう思いました。「これから一日どう過ごせばいいの？」というのも、それまで私は、ほとんど男女平等の世界に生きてきたからでした。同じ講義を受け、同じ環境で成績を競い合う中で、神がなぜ私たちを男女として創造したか考えざるを得ない状況など、ほとんどありませんでした。そんな中、突然、現実的にも、聖書的にも、女性として、妻として、自分の役割を考えなくてはならない状況に立たされたのでした。

二人とも当初は、そういう状況に全く不慣れで無知でしたが、やがてわかってきたことがあります。つまり、神によって与えられたジェンダーロールに従う、ということは、私たち自身の内面を奥深く知るために、神から与えられた素晴らしい贈り物であるということ。また同時にそれは、まるでこの全宇宙をつかさどる神の、めくるめくダンスの中に加わらせてもらえるようなものだ、ということでした。もちろん、だからと言って、私が突然ひらひらのドレスを着るようになった、とか、ティムが車のメンテナンスに精を出すようになった、ということではありません。愛する人からもらったプレゼントの包みを開けずにいきなり突き返すことなど、普通はしません。神が明確に定めた結婚におけるジェンダーロール、というこの考えに、多少居心地の悪さを感じる読者もいるかもしれません。しかし、この章を読み終わる前に判断せず、神がどのような意図をもっていたのかについて考えていただきたいと思います。(1)

はじめに

ジェンダーロールについてまず語るには、もともと神が創造した秩序から、男女がどのように堕落してしまったか、私たちのジェンダーロールを取り戻すためにイエスが何をしたのか、について取り扱う必要があるでしょう。そうでないと、「権力」、「従順」「かしら」、「助け手」といった不穏な空気を生みやすいコンセプトを適切に取り扱えないからです。

初めて聖書にジェンダー（性差）が表れるのは、人間そのものについて扱われる箇所です。(2)「神のかたちとして彼を創造し、男と女とに彼らを創造された」（創世記1・27）。これは男性性や女性性が人間性に付随するというより、むしろそれらが人間性の本質を構成している、という意味です。神は、後に男女として区別された一般的な人類を創造したのではありません。むしろ私たちは、最初から男性と女性としてつくられました。私たちの体の細胞一つ一つには、XXかXYの刻印が押されています。神がデザインした本来の自分を無視し、人生の目的を達成するために神から与えられた能力に注意を払わないということは、つまり自分自身を本当に理解することにはつながらないということです。ポストモダニズムが掲げる、ジェンダーは単なる「社会的構成概念」だ、という考えが真理だとしたら、自分にとって良いと思えるものなら何でも選んでいいということになってしまいます。しかし、ジェンダーが私たちの人間性の中核だとしたら、明確な男女の役割を無視するとは、つまり、私たちの中核をも失いかねない、ということです。

また、創世記には、男性も女性も、完全に平等に創造されたことが示されています。神のかたちとして、平等に祝福され、地を「支配する」権利が与えられました。男性も女性も共に協力し合い、文明と文化を築き上げるという、神から与えられた責任を果たしていかなければならないのです。そして双方とも科学や芸術に携わり、家庭や共同体を築き上げるよう招かれています。(3)

男女を創造した直後、神は「ふえよ」「地を満たせ」と命じています。ここで神が、いのちを限りなく生み出していく、自身の創造性を、人類にも与えていることがわかります。しかし、この素晴らしい創造性は、明らかに男女双方がかかわらなければ起こりません。どちらの性も単体では不完全で、相互補完することによってのみ、いのちの創造がなされるのです。以上の聖書箇所は、その尊厳と価値において、男女は平等で、同時に相互補完的だということを強調しています。

神は、アダムが一人でいるのを見たとき、「よくない」と言いました。(4) 神は全世界で初めて、不十分なものを見つけました。そしてアダムの肉体からエバがつくられ、彼女を名付けたのもアダムでした。この二つの要素が、後に新約聖書で語られる、「かしら」としての夫の説明の基礎になります。(5) しかし、男性に権威が与えられているにもかかわらず、女性は、それによって予想される、「目下の者」として説明されているわけではありません。むしろ「彼にふさわしい助け手」と呼ばれています。（創世記2・18）

「助け手《helper》」という言葉は、ヘブル語「エゼル（ʿezer）」の訳語としては、最適とは言えません。一般的に「助け手」は、そもそも一人でもほとんど任務をこなせる人を手伝う、という意味が含まれます。しかし、「エゼル（ʿezer）」は、聖書中、ほとんどと言っていいほど、神自身を表し、また、戦いの命運を握る救援部隊や増援を意味します。ですから、聖書では誰かを「助ける」とは、自分の力で相手の欠けを補う、ということになります。[6] そういう意味で、女性は「強い助け手」として創造されたのでした。

「ふさわしい《suitable》」という言葉も、またあまり親切な訳語とは言えません。むしろ、字義どおりに言えば、いくつかの語句が合成され、「彼とは反対の」という意味合いの言葉になります。[7] 男の一部がとられ女が創造された、という創世記2章全体が強く示しているのは、男女は、お互いが無くては不完全だと言うことです。[8]

男女は互いに「相反する」もので、それはぴたりと合うパズルのピースのようなのです。全く同じでも、無作為に異なるのでもなく、互いに補い合い完成するために、違いを与えられたからです。華麗なダンスを二人で踊るために、それぞれが違うステップを踏めるような能力を与えられているのです。

創世記3章には、男女共に神に反抗し、エデンの園から追放されるという人間の堕落が描かれています。ここでまっさきに見られるのが、それまで見られた男女間の一致に訪れた悲惨な結果です。罪のなすり合いや、互いを指差し非難し合う空気が満ちています。(9) 互いの違いを補い合い一致するというより、互いの違いで相手に圧力を与え、搾取しようとする姿勢です。その結果、女性は偶像礼拝的な恋慕を夫にもち、男性は妻を愛し守るという行為を、自己中心的な欲望と搾取からするようになったのです。

三位一体のダンス

しかし、イエス・キリストの人間性、働きによって、私たちは、もともと男女間に見られた一致と愛が修復されていくのを見ることができます。イエスは、神の似姿を反映させる者、被造物を共に治める者として、女性の平等性を高め強調します。(10) そして、仕える「かしら」、補う「助け手」として、共に生きる男女の、本来の役割を贖い、取り戻しました。

ピリピ2・5〜11(11)は、神と同等ではありながら、自身とその栄光を無にして、仕える者の姿をとったイエスに感謝する内容で、古くから讃美歌として教会で歌われてきた箇所でもあります。イエスは、神であることを少しも損なうこと無く、しかしその特権を手放し、主人である神に仕えるために、死ぬという最も卑しい立場に身を置いたのです。この箇所で見られるのは、神の第一位格、第二位格〔2〕の双方に、平等の性質があることと、しかし同時に、私たちの救いのために、神の子の自発的な父への従属があった、ということです。この役割をイエスが喜んで受け入れたのは、全く自発的なもので、父に対する贈り物だったということを特に覚えてもらいたいのです。ここからわかるのは、結婚関係での私の従順とは、無理矢理強いられてする義務ではなく、私が自発的に相手に贈るものだということです。

ジェンダーロールの平等性を理解しようと葛藤していた私は、女性に与えられている従属的役割に対して苦い思いを抱いていましたが、この箇所は、それを一気に取り除いてくれました。五〇年代に育った世代が男女平等の立場を取ると言えるなら、まさに私の家庭がそうでした。母は当時珍しく大卒で、私は自分が男性と平等かどうかなど考えてみたことも無い家庭環境に育ちました。男女を区別すること自体、トイレに行くときを除いて、単に私の周囲に起こらなかったのです。ですからある意味で、フェミニスト運動そのものが私にとってはショッキングな出来事でした。差別され、虐待され、搾取され、無用とされ、劣等感にさいなまれる女性が実際にいるの？　という思いでした。そしてそういった問題に自分が無知だったことを思い知らされたのです。

とはいえ、男性と女性は「違うが平等」だと、クリスチャンが話しているのを初めて聞いたときも、それは、人種分離差別のモットー、「分離平等の原則」と、どこが違うのだろう、とも思いました。そんなわけで、「かしら」と「従順」という考えに最初に触れた経験は、私にとっては少々、学術的にも倫理的にも痛いものでした。幸いそんな私にピリピ２章を示してくれた、すばらしい先生との出会いに恵まれました。そしてわかったのです。神の第二位格としてキリストが父に従い、仕える者としての役割を果たしても、その尊厳と神性を損なわないなら（むしろ、より偉大な栄光へと導くものなら）、私が自分の結婚生活で、その「イエスの役割」を果たすよう求められたとしても、それは私に何の危害も及ぼさないということを。

　ピリピ２章は、「三位一体のダンス」が、まるでそこに見えるかのような、とても重要な箇所の一つです。子は父に従い、父はその贈り物を受け取り、しかし、その子を最も高い地位に引き上げます。それぞれが互いを喜ばせたい、高めたいと願っています。愛と尊敬が与えられ、受け入れられ、それが繰り返されます。第一コリント11・３でパウロは、ピリピ２章で示される父と子の関係が、夫と妻の関係に同じように適用できることを大胆に語ります。(12) 子は、強制されてでも劣等感からでもなく、自由に自発的に喜んで熱意をもって、父に従います。父の「かしら」という特質は、相互補完的な喜び、尊敬、愛の中に見られるものです。その能力や尊厳に不等性はありません。この三位一体のいのちを反映させるため、私たちにはあえて性差が与えられているのです。男性も女性も、三位一体の「ダンス」、つまり愛に満ちた自己犠牲的な権威と、愛に満ちた大胆な従順、という関係性を反映させるよう招かれているのです。子は従順な役割を果たし、その中で彼の弱さではなく偉大さが示されます。パウロが、結婚の「神秘性」は、私たちの救いにおける神そのものに対する洞察を与える、と言っている理由の一つです（エペソ5・32）。C・S・ルイスによると、「キリストと教会がイメージされるとき、単なる自然の事象ではなく、むしろ生き生きとした、私たちの支配も及ばぬ、また、私たちの知識を大幅に超えた、圧倒されるような現実の反映として、私たちは男性と女性という問題を扱っている」[13]のです。

では、なぜ「かしら」？

自分の役割における「従順性」を理解することが、私の価値をおとしめたり、傷つけたりしないとわかったことは、私にとって大きな励みでした。私は、フェミニズム運動初期の、熱に浮かされたような時代に育ちましたが、個人的に弁護や保護の必要を感じたことはありませんでした。また、「あえて喜んで従う」、「従順を選ぶ」、という考えもさっぱりわかりませんでしたし、私の周囲では誰もその選択を理解したり、奨励したりしていませんでした。[14]

しかし、さらに大きなステップが私には必要でした。それは男性も、同様に、そのジェンダーロールの中に「従順さ」が必要とされる、と理解することでした。なぜなら、彼らは「仕えるリーダー（servant leader）」となるよう招かれているからです。

私たちの社会では普通、その地位によって、様々な優遇制度を受けられます。マイレージがたまればプラチナメンバーになり、ファーストクラスにアップグレードでき、飲食も荷物のチェックインも無料で優先されます。大口銀行口座保有者は、優先的に窓口業務に案内されます。

しかし三位一体のダンスでは、最も自分を犠牲にして相手の利益を追求した者が最も偉大なのです。そういう意味で、イエスは、「かしら」と「権威」について、再説明、いやもっと言えば、正しく説明した、と言えるのです。少なくとも、この世の価値観ではなく、彼の、この説明によって生きる者には、「かしら」と「権威」がもっていた毒性は取り去られました。

ヨハネ13・1～17で、イエスが死の前夜に、「権威」と「かしら」を説明し直しながら、弟子たちの足を洗った箇所は有名です。

イエスは彼らの足を洗い終わり、上着をつけて、再び席に着いて、彼らに言われた。「わたしがあなたがたに何をしたか、わかりますか。あなたがたは私を先生とも主とも呼んでいます。あなたがたがそういうのはよい。わたしはそのような者だからです。それで、主であり師であるこのわたしが、あなたがたの足を洗ったのですから、あなたがたもまた互いに足を洗い合うべきです。わたしがあなたがたにしたとおりに、あなたがたもするように、わたしはあなたがたに模範を示したのです。まことに、まことに、あなたがたに告げます。しもべはその主人にまさらず、遣わされた者は遣わした者にまさるものではありません。

（12～16節）

主人自身がしもべとなり、弟子たちの足を洗う。それは権威やリーダーシップとは、主人がしもべになり、自身のエゴに死に、他者を愛し仕えるという解釈を示す、最も劇的な行為でした。イエスは、すべての権威は、仕える権威だと言いました。権力を示す者は、自分を喜ばせるのではなく、他者に仕えるという姿勢をもってのみ達成できる、と。世の権力者が仕えられることを期待するようにではなく、イエスはむしろ仕えるために、また、本当の「権威」と「かしら」という立場を成立させるために、そのいのちをかけてこの世に来たのです。

福音書を書いた弟子たちは、以上のようなことを全く理解していなかったことを、赤裸々に告白しています。十字架の死の直前でさえ、誰がイエスの右や左に座れるか、もうすぐイエスがこの世を統治する中での自分たちの権力ある地位について議論していたからです。イエスは、「権威」と「かしら」という意味での地位について、明確に説明しています。つまり、この世では、支配者や権威者がその権威をもって他者を「統治」するが、あなたがたはそうではない、と。リーダーシップを与えられた者は、すべての者のしもべにならなくてはならないのです。「仕えられるためではなく、仕えるために来られた」主人のように……。[15]復活があり、聖霊が降《くだ》ってから、このイエスの言葉は弟子たちの心にようやく染み込みました。パウロがエペソの人たちに向けて書いた頃には、イエスと教会の関係は、夫と妻の関係の模範とまでされていました。私たち、教会が、すべてにおいてキリストに従うように、妻たちが「すべてのことについて」夫に従うことは、もはや脅威ではなくなったのです。というのも、どんな行動に夫が倣えばいいか今や明白だからです。夫の模範とは誰でしょうか。その権威と権力を、愛する者のために、自分のいのちをも投げ出すほどの愛で仕えるしもべ、救い主です。

このイエスを見るとき、すべての権威の独裁主義が葬られ、従順と謙遜に栄光が与えられます。キリストの従順は、その品位をおとしめるどころか、「それゆえ神は、この方を高く上げて、すべての名にまさる名をお与えに」なったと書かれているような、究極的な栄光を彼に与えるのです。では、夫は妻に自分以上の栄光が与えられるよう、仕えてくれる妻をいたわっている、と言えるのでしょうか。順番はわかりませんが、私が言えることはただ、妻の役割が、教会のキリストへの従順になぞらえられるとしたら、私にとって、怖いものはもう何も無いということです。

というのも、結婚関係においては、男女とも「イエスの役割」を果たせるからです。つまり、権威を犠牲にして仕えるイエス、自己を犠牲にして従うイエス、という二種類の役割です。私たちのジェンダーロールを受容し、その中で役割を果たしていくことは、この世の常識からは、かけ離れた概念を明確に示していくことにつながるのです。そして、これはクリスチャンの結婚関係で実際に示されなければ、理解されることはありません。

互いを喜ぶ

さて、神が女性に、特に夫の「助け手」という役割を与えたということから、神が男女両方に、明確に区別された能力を与えていると考えられます。それは、それぞれの欠けを補うために必要とされる能力です。はっきりとわかる特徴は、身体的特徴で、女性が子どもを産み育てられること、いろいろな程度があるものの、はっきりとはわからない特徴が、身体的特徴に伴う感情的、心理的特徴です。

あるフェミニストの仮説が、ジェンダーロールについての聖書の教えと重なる部分があるのは驚きです。つまり、男性と女性とでは、異なった方法で問題を解決し、合意を得、リーダーシップを発揮していく、違う種類の力がある、というものです。ニューヨークタイムズの興味深い論説記事「女性が音楽をつくりあげるとき」で挙げられたケーススタディーは、女性の指揮者や音楽ディレクターが、男性指揮者とは異なる方法でオーケストラを指揮するとき、以上に挙げた身体的、感情的、心理的という三つの性差における特徴が、どのような意味をもつかを示しています。[16]ここでは、女性のマネージメントスタイルは、ある意味、男性よりも「良い」とされ、女性指揮者に導かれる演奏者たちは「長期的に見て、より良い演奏をする」と言われています。もちろん一部の読者は、この記者を逆性差別主義者だと受け止めました。しかし、ここで重要なのは、同じタスクに対する、男女それぞれのアプローチが根本的に異なっている、ということです。そしてその事実が、過去二十年間、私たちが考え、感じ、行動し、働き、関係を築く上で見られてきた性差として、様々な実験研究により証明されたということです。

もはやこういった男女の性差に目をつぶってはいられないことを示したのは、フェミニズム研究初期のキャロル・ギリガンによる一九八二年発表『違う声で（*In a Different Voice*）』です。出版したハーバード大学は、「改革を起こす小さな一冊」と紹介しました。それまで社会科学の定説では、性差の表面的現象しか扱ってこなかった流れの中、ギリガンは、女性の心理的発達、動機、倫理的理解は、男性のそれらとは異なると主張しました。[17]ギリガンは、男性が、自分を周囲から分離させていくことで成熟するのに対し、女性は周囲に結びつくことで成熟すると考えました。[18]

世界の様々な基準から見て一般的に、男性は「自立」し「送り出す」という能力をもっています。彼らの視点は外に向かい、何かを始めようとします。罪の影響下でこの能力が偶像化されると男性至上主義におちいり、逆にすっかり否定されると、男性至上主義に反抗するようになります。つまり前者は過度な男らしさ、後者は男らしさの全否定という罪におちいるのです。

また、同様の基準から一般的に全体を見ると、女性は「相互依存」、また「受容」する能力をもっています。内省的な視点をもち、他者を養育する力があります。しかし罪の影響を受けると、このような傾向は、対象に「依存」し過ぎて、その執着が偶像化されるか、逆に女性らしさが全否定され、女性性に反抗する個人主義を貫くようになります。前者は女性らしさの過度な強調、後者は女性らしさの拒絶という罪におちいるのです。

三位一体のダンスというコンセプトは、そのような男女観の違いを、また他人との違いを理解する助けになります。私たち自身が、そのような、互いを気遣いながらステップを踏む三位一体の似姿につくられているからです。[19]

残念ながら、生まれつきの男女差をほとんど否定する人たちは（医学的科学的研究が社会学的、心理学的研究に加わったので、以前よりも減ったとはいえ）、結局、女性を守ろうと彼らが努力しているところで、最も女性の価値をおとしめてしまいます。支配的で横柄な、（つまり罪深い）男性的言動は、この世界でトップにのし上がりたいタイプには普通だと見られるでしょう。となると、女性は、女性的な資質を捨て、「彼らの一人」になるため、男性らしい仮面をつけなければなりません。女性がこの世界に与える力を少し例に挙げれば、女性らしいリーダーシップ、創造力、洞察力で、それらは、ビジネス、恋愛関係、教会のミニストリーの中においてさえ、今や失われつつあります。そして過去三十年間、哲学者、社会学者の多くが「他者の問題」について研究してきました。[20]

自己のアイデンティティーを、他者との比較から説明するのは自然な行為です。しかし、こういうプロセスが、自分たちとは違う他者を排除し軽視することで、自動的に、人の自己肯定感や個性を強化することにつながるのも否めません。自己正当化／自己弁護しようとする罪深い衝動、自分たちとは違う考え、感情、行動をもつ人たちを蔑視する危険性が、自分たちにはあるということを、クリスチャンは知っておく必要があります。個人的、人種的、階級的なプライドは、神から人の心が離れていることから自然に生まれます。つまり、自分の力を証明し、特別で優秀な自分の業績によるアイデンティティーを勝ち取らなければならないという必要から生まれるのです。

「他者の排除」が最も行われやすい場所、それは男女間においてでしょう。異性である相手を愛することは、なかなか難しいのです。誤解、怒りの爆発、そして涙の連続。男性は、飲み物片手に集まると、女性たちの弱点をおもしろおかしく話し、軽視する傾向があるでしょう。女性は、その仕返しに、男性がいかに見かけ倒しであるか、その弱点をあげつらいます。「まったく男って！」「女っていうのは！」と、ある種のトーンで聞いたこと、言ったことの無い人など、おそらくいないのではないでしょうか。そしてもちろん、性差のギャップは、埋められない溝のようにも思えます。お互いを理解するなど、しょせん無理な話だ、と。そもそも人間の心の基本的《デフォルト》なモードは、自己正当化です。互いの性を自分より劣っていると決めてかかるなら、理解し合えなくて当然です。しかし男性と女性の「特殊な特権」(21)が失われ、またこれを否定するなら、互いにどう関係性をもったらいいかわからなくなり、また他者を好ましいとは思えなくなってしまいます。

しかし、ここにこそ、クリスチャンの結婚観が適用されるのです。聖書の結婚観は、男女観の埋められない溝を扱います。結婚は、むしろ他者である異性を、完全に受けとめ喜ぶことにあります。私たちは、互いに受け入れはしますが、異性としての相手の「他者性」に葛藤します。そのプロセスの中で、他のどんな方法でも与えられない方法で、成長し、人として花開いていくのです。なぜなら、創世記で男性と女性は、互いを「埋め合わせる正反対」として、つまり全く違う、そして完全になるために、互いを必要とする存在として、示されているからです。私には、同性愛の友人が男女ともにいますが、そのほとんどから、同性愛に惹かれた理由の一つとして、異性とつきあうよりもずっと楽だからだ、と聞きました。それは確かに本当だろうと、私も思います。同性同士なら、「他者性」を理解し、喜ぶ必要は、さほどないからです。しかし、結婚した夫婦に対する神の計画は、「他者性」を受け入れ、喜ぶということで、夫婦に一致を与えるということです。そして、それは、男女間にしか起こりえないのです。(22)

この世界は、原子レベルでさえ、プラスとマイナスが引き合う力で成り立っているのです。異質な他者を喜ぶことは、つまり、世界を成立させることにつながっているのです。

十字架と他者

しかし実際の結婚生活で起こる、性差からくる衝突には、激しいものがあります。相手が単に自分とは違うだけではなく、彼の、あるいは彼女のもつ、その違いが、自分には全く理解できないという事態です。この壁にぶつかると、心の奥深くに潜む罪が動きだし、単に個性の違いを、倫理観の違いにまで拡大し、そこに注目しようとします。男性は、女性の「相互依存」という必要を、「何においても依存的」と見なし、女性は男性の「独立独歩」という必要を、「純粋なエゴ」と位置づけます。夫や妻は、日常的に内在する、互いの性差に対する蔑視を深めていき、その結果、互いの間には、距離が生まれるようになります。

しかしイエスが私たちに与えるのは、このような状況を変える行動パターンと力です。『排他と抱擁（*Exclusion and Embrace*）』の著者、ミロスラフ・ヴォルフは、聖書の神は、「他者」つまり、私たちを喜ぶ、と書いています。ある神学者を引用して、彼はこう言っています。

> キリストの十字架（神の愛）とは、他者のため、罪人（頑固に反抗する者）のためである。三位一体において、相互に自己犠牲を払う姿は、キリストが、この世界が神に反抗する中で、自

己犠牲を払った姿に反映される。この自己犠牲の行為が、キリストを信じる者たちを、神の愛によって与えられる永遠の命へと導く。[23]

キリストは、究極の「他者」、罪深い人間の存在を、喜び、受け入れました。私たちを単に裁きの場に引き渡して、排除するようなことはしなかったのです。むしろ、私たちの罪のために、自ら十字架にかかり死にました。「他者」を愛する、しかも、敵意をもった「他者」を愛するには、犠牲を強いられます。つまり時に、裏切られ、拒絶され、攻撃される、という犠牲です。[24] そんな「他者」からは、離れることが一番簡単な道でしょう。しかしイエスはそうしませんでした。他者である私たちを喜び、愛し、彼との新しい関係、一致へと導きました。

恵みにあふれた、罪を覆い尽くすほどの愛が与えられたことを知ると、それが信じる者にとって、アイデンティティーの土台になります。キリストの福音に自分のアイデンティティーを見出す者は、もはや優越感を抱いたり、他者を排除してアイデンティティーを得る必要はなくなります。キリストにある、深い安心が与えられているからです。キリストにあって、自分は何者なのかを実感すると、人が生まれながら持ち合わせている、自分とは根本的に違う他者を蔑視したくなる衝動から解放されるのです。すると、自分とは違う他者を排除することから、他者を喜ぶよう変えられていきます。その変化は、全く理解できない、時に頭にくるような違いをもつ結婚相手に向かうときにこそ明白です。

これは、聖書的結婚観に見られるすばらしさの一部ではないでしょうか。一組の男女が、互いを喜び合う、という献身と犠牲を約束する。それはほとんどの場合、楽しいことばかりではなく、簡単でもありません。しかし、他のどんな経験よりも、私たちを成長させ成熟させます。そして、ついには男女の溝を埋める、最高の相性という深い一致を生み出すことができるのです。どちらの収入が多いか、どちらがどれだけ子育てに時間を割いているか、など関係ありません。男性が外で働き、女性が家にいる、というのはどちらかと言えば、歴史上、かなり最近の現象です。何世紀もの間、夫と妻は、（そして、しばしば子どもたちも）畑や店で一緒に働いてきました。労働における家族の役割分担は、表向きには、それぞれの結婚や社会によって異なります。しかし、優しく仕える「かしら」としての夫の権威と、強く恵みにあふれる妻の「従順」は、そもそも創造された本来の私たちの姿へと修復してくれるのです。

家庭で互いを喜ぶ

こう言葉にすれば簡単ですが、実際、結婚関係の中で、どうすれば互いを喜び合うことができるのでしょう。

まず、「かしら」と「従順」という関係を練習できる、安全な場所を見つける必要があるでしょう。私がこう言うのは、生まれながらの罪により、男性が女性を支配する（創世記３・16）という神の警告を、十分承知しているつもりだからです。[25] だからこそ、結婚関係で違いを認め合うジェンダーロールを実現したいと願う女性にとっては、強い助け手としての彼女を必要とする、真摯に仕えるリーダーになる可能性をもつ夫を見つけることはとても重要です。

映画やテレビのアクションシーンで「絶対にマネをしないでください」という字幕が出てくることがありますが、[26] ジェンダーロールについては、反対にこう言えるでしょう。「マネしてください。ただし家庭において、および信仰を同じくするコミュニティーである教会においてのみ」。[27] 罪人である私たちが、与えられた神からの財産と、創造されたジェンダーロールという賜物を取り戻そうとするなら、悔い改めと赦しといった助けが与えられる、（あるいは、与える必要に迫られる）場所だけが安全です。

「かしら」や「従順」を、聖書とは正反対にとらえ、おもに攻撃の武器としてねじまげ、振り回す男性によって苦しめられてきた女性のひどい虐待体験を、私は決して無視したり、軽視したりしません。教会はこういう苦しみを見過ごすとか、低く見積もることがあってはなりません。しかし、同時にそういう中で、大切な論点を見失わないようにしたいのです。虐待に立ち向かうのが重要なのはもちろんですが、ここでは、イエスが言葉でも行動でも表したジェンダーロールを正しく受容することを強調したいのです。

家庭は、だからこそ、修復され贖われた人間社会のための入り口、とも言えるのです。その中で、私たちは、それぞれのジェンダーロールによって、自身についてのより深い理解と、他者と深く融合する関係に導かれていくのを経験します。[28] 結婚をそのような宣教という枠組みの中で見るとき、妻は夫に「従い」、夫は妻を「導く」よう勧められています。

また、夫婦は、結婚におけるジェンダーロールについて、聖書が示す驚くべき一面を理解する必要があります。夫が仕えるリーダーで、家庭における究極的な責任と権威をもつという原則は明確ですが、聖書には日常の言動に、それらがどう表されるべきかについての細かい説明はほとんどなされていません。妻は家庭におさまり、外で働くべきではないのでしょうか。妻が芸術や科学の分野に進出してはいけないのでしょうか。夫は、洗濯掃除をしないでいいということでしょうか。男性が家計をやりくりし、女性が子育ての責任を負うということでしょうか。伝統的にはそう考えられがちかもしれませんが、聖書のどこにもそのようなことは示されてはいません。聖書には男性女性がしなければいけないこと、してはいけないことのリストはありません。そういう具体的な指示が全くないのは、聖書がすべての時代、すべての文化に向けて書かれたのであれば、むしろ当然です。古代農業文化の夫や妻の役割が書かれていれば、現代に適用させるのは困難ですし、聖書はそうしていません。

これがどういうことかというと、厳格な文化的ジェンダーロールには、聖書による保証が無いということです。クリスチャンは、何が男性的で、何が女性的かという、聖書によるステレオタイプを決めることはできないのです。もちろん、感情表現、関係性、決断力に違いがあることは多数発表されていますが、そのような違いは、個人によって、また文化によって異なった形で表現されるのです。北米で権威的父親と見なされる男性が、むしろ消極的だと見なされる文化圏もあるでしょう。私たちは、それぞれのジェンダーロールを敬い、正しく表現する方法を見出す必要が確かにあるでしょうが、原則に従う義務を掲げながらも、その具体的な表現について、聖書は自由を与えるのです。(29)

ティムがウェストミンスター神学校で教鞭をとるため、フィラデルフィアに転居したとき、私たちは初めて（そして多分最後の）家を購入しました。その後間もなく、彼一人の収入で生活費とローンを払い続けるのは難しいと判断して、私が出版社の編集者としてパートタイムで働くことになりました。毎朝仕事に出て行かなければならない私に対して、日常の、また夏期のスケジュールは柔軟だったティムが、「ミスターママ」として子どもの迎えや夏休み中の子どもの世話を担当しました。一見して、私たちの結婚は、役割がひっくり返った、あるいは、少なくともジェンダーロールを否定しているかのようでしたが、実際はそうではありませんでした。外見的には、誰が何をするかはだいぶ変わりましたが、それでも私はティムが教師として働く上で、強い助け手であり続けました。

ここまで私が語ったことに対して、二種類の反対意見が想像できます。一つは、もっと説明が欲しいタイプから。「こんなことより、もっと具体的なガイドが欲しいのですが！　夫は、妻は、つまり具体的に何をすればいいんですか？　妻がしていいこと、夫がしてはいけないことを詳しく教えてください！」残念ながら、聖書はあえて具体的な答えを与えていません。伝統的な考えに立つ夫婦が「我が家ではずっとこうしてきた」と単純なパターンにおちいらないためです。夫婦は、それぞれ違う環境、あるいは違う年代に生まれ育った、全く違う二人です。リーダーと助け手の基本的な役割には拘束力がありますが、それがどう表現されるかについては、それぞれの夫婦によって考えられ、結果が出されなければならないのです。こういう決断のプロセスは、性差をどのように考え、敬うかということについて理解する鍵になります。

次に、「かしら」としての男性という考えに、何とも言えない痛みを感じる女性もいるでしょう。「男性と女性には大きな違いがあるのはわかるけれど、どうして男性がリードできるのですか。男女という性差がありながら、その尊厳の上では平等だと言うなら、夫が『かしら』だというのはなぜですか？」これに対する真摯な答えは、単純に「私たちにはわからない」です。神の子であるイエスが、なぜ従い、仕えたのでしょうか（ピリピ２・４）。なぜ、父なる神ではなかったのでしょうか。それは私たちにはわかりません。しかし、それが神の弱さではなく、偉大さを示すものだということはわかります。

そして一つ目にも当てはまると思われる、もっと具体的な答えが、二つ目の疑問に対してはあると思います。仕えるリーダー、強い助け手という役割に自分を従わせる、ということ自体が、私たちの性差を尊ぶことになるからです。

家庭とその機能において、聖書は、私たちがその男女の違いという賜物を反映させることを教えます。私たちの役割は、つねにチームワークとして果たされます。妻たちには、熱心に相手を励まし、サポートすること（Iペテロ3・1～2、4）、子どもを養い育て、家庭を支えること（テトス2・4～5）が、より熱心に頻繁に勧められています。夫たちには、家庭を導き、養い、守ること、しかし、教育や子育てから完全に手を引かないように（Iテモテ3・4、5・8）、より熱心に頻繁に勧められています。

これらの賜物は、一般的に見て、ある人には多く与えられている場合、そうでない場合があるかもしれません。しかし、私たちのジェンダーロールを神からの賜物として受け入れるなら、自分の弱点を否定するよりも、改善し育てようと努力しようと思えるのではないでしょうか。例えば、私たち夫婦はそれぞれ、主導権を握る妻と消極的な夫、という家庭背景で育ったので、新婚当初は、自分たちが慣れ親しんだ、そういう家庭を目指す基準がありました。そのような先入観があったので、「かしら」としての権威をティムに譲ることは、私にとっては（そしてティムにとってその責任を引き受けることは）荒波に逆らうほど難しいことでした。同様に、私が、育てる、支えるという自分の役割を無視して、夫の「かしら」という役割を奪わないように助けることは、ティムにとっては新しく難しい経験でした。

ですからティムは、仕えるリーダーとして、「導く」という部分について、特に学ばなければなりませんでした。これが神から与えられた役割なのだと理解することが、彼を成熟させ、強くしました。しかし、ある男性たちは、むしろ仕えるリーダーの「仕える」部分について、より学ばなければならないでしょう。そしてその役割に従う、という姿勢が彼らにとって大きな賜物になるのです。（ジェンダーロールが具体的な結婚生活の日常の決断にどう関係しているかについてのさらなる考察については、付録を参照）

互いを喜び合うことからもたらされる知恵

結婚生活で聖書の男女観に従うと、自分自身の深い内面、主に男性らしさや女性らしさについて、より考えさせられると同時に、バランス感覚が養われ、人としての幅が与えられます。異性である相手の性質によって、確かに多少「すり減らされる」かもしれませんが、それぞれにしかできない方法で仕えながら、またそれが、互いをさらに強く柔軟にさせるのです。ティムが好んでする話ですが、何年も結婚生活をしていると、様々な状況に彼が反応しようとするとき、本能的に妻の私がどう反応するかも、まるでそこにいるかのようにわかると言うのです。「その瞬間、自分自身にこう尋ねるのです。『キャシーのいつもする反応のほうが、私のそれよりも賢く適切だろうか？』　そうすることで、私がその状況に反応する選択肢がだいぶ増えていると言うことがわかるのです。人生の様々なことに対する彼女の視点を教えられてきたおかげで、今や私には、より幅広い選択肢が与えられたのです」

ですから、結婚は、明確に性差を意識している男女のためでも、あるいは意識していない男女のためでも、あるのです。どちらにしろ、互いの視野が深められ、人としての幅が広がるからです。

ティムのある部分、例えば他者の気分を害するようなことはしたくない、と気を遣うところなどは、それほどはっきりと男性らしさが前面に出るところではありません。けれども他の部分では、彼はうんざりするほど男らしいのです。時々私は彼に「何か怒っているでしょう？」と聞きますが、彼は「全然怒っていないよ」と言います。それなのに、三日後、私の所に来てこう言うのです。「君の言ったとおりだった。僕はすごく怒っていて、すねていた」これを聞いて私は、「いい大人が、なぜ自分の感情に、そんなにも疎くいられるのかしら？」と思うのです。彼は、どちらかと言えば、物事の外側を見る傾向があり、自分の内面や感情を見ることが苦手です。敬意をもってではありますが、私はそれを何年もかけて彼に教え続けなければならなかったのです。しかし、あるときは「あなたは感情ぬきに判断するのが得意だから、この件については、あなたがリードしてね」と言うこともあります。

もちろん、これを「まさに鈍感な男性と感情的な女性、というステレオタイプだ」とする反対意見もあるでしょう。でもそれは、実は、ステレオタイプではなく、私たち自身、つまり、ティムと私、そのものなのです。そもそもステレオタイプとは何でしょう？　バランスの悪い、欠けだらけの男性らしさと女性らしさ、それこそが、ステレオタイプなのではないでしょうか。しかし夫と妻は、そういうお互いを完成させるためにいるのです。パウロが「大きな謎」と言ったように、私にとって、全くの「他人」である相手が、どこか深い部分で、私自身の欠けを埋めてくれているのです。私が彼にとってもそうであるように。

もちろん、この相手は、あなたとは全く違う人間です。行動も、考えも、どう機能するかも、全く違います。あるときには、彼と向き合うことが、ただストレスで気が進まないというだけでなく、とにかく全く理解できない、ということもあります。けれども、それは実は、より深いレベルで、自分自身を発見するプロセスなのです。彼を見るとき、そこにいるのは自分の半分です。神が私を完成させようと用意した片方が、目の前にいるのです。完成される結果生まれるのは、個人としての安心感です。そもそも堕落前までは、アダムとエバは、裸でもお互いに恥ずかしいと思いませんでした。不安も秘密もありません。罪が入り破壊されてしまったゆえに、今では私たちが経験したことの無い、原始的な一致と調和が、そこにはあったのです。結婚を互いの欠けを補い、完成させるものと見るなら、従順は必要不可欠なのです。

ジェンダーロールについて、相手がまだよくわかっていない場合

双方が結婚におけるジェンダーロールを理解する必要があるのはともかく、もし相手が、まだその役割について間違った解釈をもっているとしたらどうでしょう。公然となされる不公平や虐待に対抗し、自分を守るためにも、一般的な男女均等、平等主義を取り入れるほうが無難ではないでしょうか。

罪によってすべてが歪んでしまったのは事実ですが、ジェンダーロール自体を投げ捨ててしまうこととの何が問題なのでしょうか。それは以下のような考えに基づいています。「聖書に示されるジェンダーロールはどれも、そもそも創世の話と結び合わされているので、それに触れないわけにはいかない。もっと言えば、私たちに与えられた役割が三位一体の神の関係性に根ざしているのなら、神が結婚の中に意図した奥義について明らかにしたことを改ざんするようなことがあってはならない」

これに対しては、まずは、クリスチャンではない相手と結婚している信者についての新約聖書の箇所を参考にできるでしょう。しかし、たとえクリスチャン同士と思われる夫婦であっても、「かしら」である夫に「従順」であるよう求めるジェンダーロールを、どうしても受け入れられない妻がいる場合は、どうしたらいいでしょう。忠実に教会生活を送る夫が、聖書を誤読して、妻の意見、働き、あるいは彼女の存在自体を認めない、とか、軽んじるような場合は、どうしたらいいでしょう。

私自身は、そういう立場に立ったことはありませんが、似たような、あるいはもっと過酷な状況に立たされた友人を知っています。何より、私自身も、罪人と結婚している罪人なので、いつも完全に正しく自分のジェンダーロールを果たしているわけでもありません。

カウンセリングでよく言われる、「あなたが支配できるのは、他人ではなく自分自身だけ」という考えには納得させられます。変えられるのは、他の誰でもなく、自分自身の行動だけだからです。聖書的なジェンダーロールを実現させたいなら、相手の了承は実は必要ではありません。「かしら」としての夫、「助け手」として従う妻、のどちらも、実はしもべとして仕える働きなので、相手の了承を得なくても、いつでも始めることができるのです。

これは、だいたい、行動として現れる前に、態度の変化から始まります。夫は、妻が霊的に（彼女がどのライフステージにいるかにかかわらず）花開くよう、助けるため力を注ぐようになります。それは例えば、今までしたこともなかったような、日常的に祈ることかもしれません。あるいは、夫の男尊女卑的態度に拒否反応を抱く妻が、夫から大切に扱われないことを根に持ち続けるかわりに、恵みをもって、従順さを示していくことかもしれません。

夫婦が共に、そのジェンダーロールをどのように実現させていくかは、両者共、積極的に取り組んでいる場合、それぞれの夫婦によって違います。夫婦の片方しか積極的に取り組もうとしないような難しい状況でどのように神の栄光を現していくかについても、夫婦によって異なります。もし今、「神に従ってきたのに何も変わらない」、とあなたが不満の絶えない日常を送っているからといって、「神に従うのをやめる」、ことにしても、それで何かが変わるでしょうか。

まずは、結婚関係において、あなたが「イエスの役割」に生きるよう招かれているとはどういうことか、考えることから始めてみてはどうでしょうか。

第７章　独身と結婚

私たちがニューヨーク、マンハッタンに移り、新しい教会を始めた頃に集まった人たちの八割以上が独身者でした。最初こそ驚いたものの、実はそれはマンハッタンという都市部の人口統計が、私たちの教会に単純に反映されているということにすぐ気がつきました。ほぼ独身者という聴衆に対して最初の数ヵ月、結婚や家庭に関して話す必要はあまりないだろうと私は思っていたのですが、すぐに思い直し、一九九一年の晩夏から秋にかけて、結婚についてのメッセージを九回連続で語ることにしました。この本の主な内容は、そのメッセージからきています。

なぜ私が思い直して、わざわざ独身者に対して結婚について語ろうと思ったかと言うと、バランスのとれた結婚観を学ぶことは、彼らが独身者として生活していくために、実は不可欠ではないかと思ったからです。また、バランスのとれた結婚観が無いということは、独身者に「何が何でも結婚したい」、あるいは、逆に「全く結婚したくない」と思わせることになり、そのような考え方は彼らの人生に歪みを与えると思われたからです。

第一コリント７章で、パウロは、「あなたがたが妻に結ばれているなら、解かれたいと考えてはいけません。妻に結ばれていないのなら、妻を得たいと思ってはいけません。しかし、たといあなたが結婚したからといって、罪を犯すのではありません。ただ、それらの人々は、その身に苦難を招くでしょう。私はあなたがたを、そのようなめに会わせたくないのです。……私は次のことを言いたいのです。時は縮まっています」（7章27〜29節）と言っています。これは、表面的には非常にわかりにくい箇所で、エペソ5・21以下に見られる理想的な結婚観とは、かなり大きな違いがあるように感じられます。これを書いたときのパウロに、何か落ち込むようなことがあったからなのでしょうか。あるいは、当時イエスがもうすぐ再臨する（「時は縮まっています」）という状況から生まれた結婚観だったかと言えば、歴史的に見てそうではなかったのは明らかです。

しかし、すぐにパウロはこうも書いています。

　今からは、妻のある者は妻の無い者のようにしていなさい。泣く者は泣かない者のように、喜ぶ者は喜ばない者のように、買う者は所有しない者のようにしていなさい。世の富を用いる者は用いすぎないようにしなさい。この世の有様は過ぎ去るからです。

（Iコリント7・29〜31）[1]

実はこの「時が縮まっている」という言葉の背景に、パウロの洗練された歴史観が見られます。

彼はここで「時代の重複」について教えているのです。[2]旧約聖書の預言者たちは、救世主（メシヤ）が、古い秩序と「すばやい死と少しの至福」[1]に満ちた世界を終わらせる、と説きました。その後すべてが正しくされ、死も滅びも消え去る神の国が到来する、と。しかし、イエスが現れたとき、彼は自らをそのメシヤだと呼びつつも、王座に昇ることなく、人々を驚かせました。代わりに彼が向かったのは、十字架でした。裁きを下すためではなく、受けるために来たのです。しかしそれこそ、イエスが神の国をもたらしたということでした。私たちは悔い改めと信仰をもって、その国に今入るのです（ヨハネ3・3、5）。神の主権が、今私たちの上に及び、神との、また互いとの関係を回復させ、癒します（ルカ11・20、12・32）。しかし、この現実の世界は、それで終わりません。滅びと病と死の世界に、私たちはまだ生き続けています。つまり、これが「時代の重複」です。すべての被造物を新生させる神の力、つまり神の国は、この古い世界にキリストが最初に来ることで、もたらされましたが、まだ完成に至っていないのです。古い秩序はまだ残っていますが、残り時間は定められ、終盤の段階に来ているのです。まさにパウロの言うように「過ぎ去る」世界です。

以上を私たちはどのように適用できるでしょうか。まだ社会的、物質的なこの世界は続いていて、私たちはその中に生きています。明日のことについても考える必要があります。一方で、神が約束している将来の世界に対する確信は、私たちがこの地上でかかわるあらゆることに対する姿勢を大きく変えるのです。成功に喜びながらも、喜びすぎることなく、失敗に悲しみながらも、意気消沈しすぎることはないのです。私たちの将来に対する本当の喜びは、神によって保証されているからです。私たちは世の富を楽しんでもいいのですが、「用いすぎる」（Iコリント7・31）、つまり夢中になりすぎてはならないのです。(3)

こう考えると、私たちの結婚や家庭に対する姿勢はどう変わるでしょうか。パウロは、既婚、独身、どちらもいい状態だと言います。つまり、結婚しているということを喜びすぎる、あるいは、独身でいることに失望しすぎたりすべきでないということです。キリストこそ私たちを本当に満足させることができる唯一の伴侶であり、神の家族こそが本当に私たちを喜ばせ、満たすことができるからです。

独身の良さ

そういった背景から、独身や結婚についてのパウロの説明が、どれだけ革新的かがよくわかると思います。スタンレー・ハワーワスは、生き方の選択肢の一つとして独身を初めて認めた宗教は、キリスト教ではないかと言います。「キリスト教とユダヤ教（その他すべての伝統的宗教）との違いは、前者が独身者の生活を一つの生き方として歓迎したという点である」(4)と述べています。ほとんどすべての古代宗教や文化が、家族と子孫を残すことを究極の価値と見なします。家の名誉以外に名誉は無く、家系を離れては、存在意義も遺産も長く存続しなかったのです。子孫が無い個人は滅びることになる、つまり将来はありません。将来への希望は、おもに子孫を絶やさないことでした。古代文化では、長い独身期間は、成人として半人前としか見なされなかったのです。しかし、キリスト教を始めたイエス・キリストと、その代表的な神学者、使徒パウロはどちらも生涯独身でした。完ぺきな人間でもあったイエスが独身だったのなら（ヘブル４・15、一ペテロ２・22）、独身の成人が、既婚者と比べて未完成、あるいは半人前だとは、もはや見なされません。第一コリント7章でパウロが、独身は神から祝福されたよい状態だとするのは、実際多くの場合において、既婚よりも独身が有利だと言うことです。この革命的とも言える姿勢で、初代教会は信徒に結婚を奨励せず（パウロの手紙にも見られるように）、貧しい未亡人が再婚しなくていいように組織的に援助しました。社会歴史学者の見解はこうです。

クリスチャンの未亡人は優遇されました。対して、異教徒の未亡人は再婚への大きな社会的圧力を受けました。皇帝アウグストゥスは、二年以内に再婚できない未亡人に罰金を科すほどでした。反対に、キリスト教会では未亡人は尊敬され、再婚は奨励されるどころか、むしろ思いとどまらせようとした節もありました。教会は貧しい未亡人を支援する体制を整えてはいるものの、再婚する、しない、は彼女自身の決断によるものでした（再婚しない未亡人は、隣人の手伝い、世話などを積極的に行い、社会奉仕に励んだのです）(5)。

なぜ初代教会は、このような姿勢をとったのでしょう。キリスト教の福音と将来の神の国への希望があるので、結婚そのものを偶像化しなかったからです。当時、子孫を生み出さない人生を送ることほど社会的に逸脱した行為はありませんでした。子孫をもつことは、成人にとって唯一の人生意義でした。子孫が先祖を将来も覚え続けるからです。また次世代によって老後の世話が提供されます。クリスチャンの独身者は、そういう意味で、私たちの将来は家族や子孫ではなく、神によって保証されていると宣言しているようなものでした。

このようにクリスチャンの独身者という存在は当時、生きる希望が家族ではなく、神にあることを表していました。神から教会という本当の家族を、そして、キリストにある父母兄弟姉妹が与えられることによって、その将来は保証されました。しかし究極的には、クリスチャンが相続する財産とは、この世界が全く新しくされる、つまり神の国が満ちること以外にありません。ハワーワスは、クリスチャンの希望は、伴侶や子どもがいない独身者に、満たされた人生を与えるだけでなく、人々が恐れずに結婚し、この暗い世の中に子を生み育てることをも促すと言います。「クリスチャンにとって、子どもは希望そのものではなく、むしろ希望を示すしるしなのだ。

……神がまだこの世を見捨ててはいない、という希望の。……」(6)

欧米のキリスト教会は、残念ながら、独身の良さを把握しきれていないようです。むしろ、独身生活に「クリスチャンとしての人生、プランB」というレッテルまで張っています。「良きことのために独身とされ」という記事を書いたペイジ・ベントン・ブラウンは、教会が独身について「説明」しようとする典型的な例を、いくつか挙げています。

- 「神だけに満足できるようになったら、配偶者を与えてくれるだろう」――まるで自分の満足感によって神の祝福が獲得できるかのような説明。
- 「相手に求める条件が高すぎる」――まるで神が私たちの変わりやすい気分や必要にイライラし、より広範囲な条件を必要としているかのような説明。
- 「独身であることで、主の働きに専念できる」――まるで奉仕のためには殉教者のような姿勢が必要で、そのために結婚してはいけないような説明。
- 「誰かすばらしい相手と結婚する前に、まず自分が神によってすばらしい人に変えられなければならない」――まるで聖化が完成してからの、二次的祝福として神が結婚を与えるような説明。

このような説明の背後には、結婚の準備が十分にできていない人には、独身生活は権利が剝奪されている状態だ、という前提が存在します。ブラウンは、パウロの第一コリントの箇所から反論し、こう書いています。「私が独身なのは、霊的に未成熟だから、まだ伴侶を得る資格がないとか、逆に霊的に十分成熟しているから、もう伴侶は必要ない、という理由からではありません。神があふれんばかりに私を豊かに祝福してくださっている、この今の状態が、私にとって最善だからこそ、独身なのです」[7] これこそ、他の宗教観、世界観とは全く違う、独身生活をよしとした、使徒パウロの姿勢と理論にかなうものではないでしょうか。

結婚の特徴「最後（究極）から二番目」

では現代の独身についての見方はどんなものでしょうか。欧米以外の文化背景をもつ伝統的社会では、まだ家族や子孫に希望をおく強い社会的プレッシャーが存在します。とはいえ、欧米文化でも結婚に対するプレッシャーが全くないというわけではありません。前述したように、欧米では完ぺきな相性の伴侶を見つけて、霊的にも感情的にも満たされようとする「終末的ロマンス」に希望をおく傾向があります。「真実の愛」を見つける二人がハッピーエンドで終わる、まるでディズニー映画のような、ありふれたラブストーリーが巷にあふれています。そこには、この世で大事なのは真実の愛と結婚を手に入れることだ、というメッセージが込められています。それ以外のすべては、物語の中心ではないのです。伝統的文化、欧米文化どちらにしろ、独身を、まるで目を背けたいような、未完成な人間の状態だと見なす傾向があるのです。

しかし、新約聖書には、違うメッセージが見られます。実際、第一コリント7章からエペソ5章を見ると、表面的には結婚を高く評価しているように見えますが、さらにそれよりも独身を評価する見方があるのに気づかされます。今までも見てきたように、エペソ5章は、究極的には結婚は、セックスや社会的な安定、個人的な充足のためではないと言います。結婚はむしろ、主である神との一致、究極的な愛の関係が、人間的なレベルで反映されるためにつくられたものなのです。将来現れる神の国のしるしであり、前味でもあります。

だからこそ、結婚をどれだけ高く評価しても、それは「最後（究極）から二番目」でしかないのです。それは、私たちの魂に必要な「本当の結婚」、私たちの心に必要な「本当の家族」とは何かを示しています。この、「最後から二番目」という結婚の立場を認めずに、結婚生活を送る夫婦のたどる道は困難を極めます。最高の結婚と思えるものでさえ、それ自体では私たちの魂に神が残した空虚を埋めることはできないのです。今の、キリストとの深く満たされる愛の関係、また将来のキリストとの完全な愛の関係に対する希望が無いと、夫婦は互いによって満たされようとし、それが人生でいつも不健全な問題として現れるのです。

しかし、独身者も、この「最後から二番目」という結婚観を認識しなければなりません。イエスとの深く満たされる愛の関係を築こうとしないなら、理想の結婚像に期待を膨らませすぎて、同じように不健全な問題を生み出します。

キリストの花嫁であるという立場に憩い喜べるようになると、「満たされない」、とか「何かが足りない」、という絶望感を感じずに独身生活を送ることができます。そしてこの、キリストの花嫁であるという立場に憩い喜ぶ霊的なプロジェクトには、すぐに取りかかったほうがよいのです。独身生活で抱く歪んだ結婚観は、後に与えられるかもしれない結婚生活においても同じように機能し、偶像になりがちだからです。だから待つ必要はありません。まず心を占めている理想の結婚観、家庭像を引き下ろし、神を第一とし、今与えられている良き独身生活を楽しむのです。

男女の「完成性」と独身

男女はそれだけでは完成されず、互いを必要とする、という本著の前半の論理を前提とすると、独身期間が長いのはいい状態だと捉えられるでしょうか？　その答えは繰り返しになりますが、キリストにある希望と、クリスチャンコミュニティー内での経験にかかっている、です。クリスチャンの独身者は、教会という神の家族の中で、「後継者」や「家族」を得るように、兄弟は姉妹を、姉妹は兄弟を得るのです。

クリスチャンが抱く希望は、教会に、単なるクラブや、関心を共有する組織以上のものを見出します。福音を信じ、クリスチャン同士の関係を築いていくという経験は、他のどんな関係――それが血筋、人種、国家的なアイデンティティーによるものだとしても――さらに強いものです。（エペソ2章、Ｉペテロ２・９～10）キリストの十字架という、恵みによる深い悔い改めと救いの経験は、世界や自分自身についての最も基本的な私の信念が、今や他のクリスチャンと同じ立場にあることです。私は、血のつながる肉親、兄弟、隣人、そして自分自身の民族、及び人種グループを愛してはいますが、もはや私たちは、現実に対する直感や信念を最も深いレベルでは共有していません。つまり、第一に私はクリスチャンであって、人種的に何人であるかはその次にくるのです。ヨーロッパ系か、ラテン系か、アジア系かは、クリスチャンであることの次にきます。私はティム・ケラーである前に、一クリスチャンなのです。

だからと言って、民族的背景を捨てて何か他のものになろうというわけでもありません。私がもしイエスを信じるアジア人なら、アジア系クリスチャンであって、ラテン系クリスチャンではありません。基本的な信仰は、他のクリスチャンと同じですが、私の心と考えが生き生きと働く上で決定的な習慣の多くは、私が住んでいる文化に生きる人たちと共有しています。聖書も、家族の信仰が何であれ、彼らに対する愛と配慮を強く勧めます。しかし、最終的には、福音が他の信仰者との関係を生み出し、それがクリスチャンの究極的な家族としての教会（Ⅰペテロ4・17）と国民（Ⅰペテロ2・9〜10）を形成するのです。

これは親密なクリスチャンコミュニティーにいる独身者が、家族内での異性間の関係、特に兄弟姉妹という関係を通して、独特で豊かな経験ができるということです。(8) 私個人の経験から言えば、すべての文化や性質に共通する、具体的で細かい「男らしさ」や「女らしさ」の特徴といったものは、今まで一つも見たことがありません。伝統的に「男らしさ」や「女らしさ」を定義したり、また現代文化がアプローチするように、男女の違いを否定し、押し隠したりするのでもなく、それぞれのクリスチャンコミュニティーにおいて、世代、文化、人々、場所によって現れる、男性と女性の必然的な違いに配慮し、感謝しあうことを提案したいと思います。

そういうものが現れるのを待つこと、知ること、互いに話し合うことは大切です。世代、文化、場所に特有の、個別の偶像があるかどうかを見きわめるためにも、です。同世代、文化、場所にいる男女が、それぞれもっている力に目を留めると、どのようなコミュニケーションをとり、決断をくだすのか、リーダーシップのスタイル、生活における優先順位、そしてワークライフバランスをどのように捉えているかなどに、一度でも気づくと、まず互いを尊重し感謝を表せるようになります。福音が無ければ、人はその性質、文化、性差をもとに倫理観を形成します。それらをもとに、優越感やセルフエスティーム（自己肯定感）を高め、自分の価値をその業績で得ようとするので、男女共に互いの性差による傾向を軽蔑し、見下し合うのです。本当に福音に立つなら、そのような姿勢は取り除かれるはずです。

前章でキャシーが指摘したように、結婚関係では何年にもわたり、異性である結婚相手がどのように習慣的に物事を判断し、人間関係や状況に反応するかを学ぶことを強いられます。すると少しずつ、ある状況に相手がどのように反応するか、本能的に見分けられるようになり、その言動が賢いかどうか判断し、独身時代には決してしようとしなかったそのやり方を、自分も試してみるようになります。「男女間エンリッチメント（充実、拡充）」とでも呼べるこのような方法が、男女を互いに補い、神の似姿を反映できるようにするのです。（創世記1・26〜28）しかし、こういう補い合いが、結婚した夫婦にしかできないというわけではありません。神が私たちに何を教えようとしているか、私たちのうちに何をかたちづくり、成長させようとしているかについてやり取りできるような深い関係は、親密なクリスチャンコミュニティーであれば、自然に起こりうることです。兄弟姉妹が、このようなお互いのためにかかわる「相互ミニストリー」(9)に励まされるような環境では、「男女間エンリッチメント」のような現象は、もちろん結婚ほど親密なものではないですが、ごく自然に見られます。そしてそういう協力関係が、結婚にくらべて見劣りするというわけでもありません。というのも、結婚における協力関係は、一人の異性との関係に限定されるからです。結婚関係においては、異性との友情が広がりすぎるのは、やはりある程度限定されるべきでしょう。しかしながら、クリスチャンコミュニティー内の独身者は、同性、異性共に、既婚者より幅広い友人関係をもてるのです。

結婚を求めることの利点

独身に対するクリスチャンの視点は、かなり独特です。伝統的社会と違って、キリスト教が独身を良いとするのは、彼らも神の国によって永遠に続く遺産と相続権を与えられるからです。セックスとロマンスにまみれた欧米社会に対して、クリスチャンが独身を良いととらえるのは、キリストとの一致が私たちの内面にある深い求めを満たすことができるからです。

しかし同時に、コミットメント（献身）を敵視するポストモダン世界に対して、キリスト教は、結婚自体を恐れたり避けたりしません。欧米社会では人々は、個人主義、恐れ、そして他者のために選択の余地が限定されることへの、ほとんど憎悪と言ってもいいものに深く影響を受けて生きています。現代に生きる多くの独身者は、明確に「結婚したいのにできなくて惨めで寂しい」と認識しているわけではなく、むしろほとんど無意識に、恐れから「どちらかといえば、それほど結婚したいわけではない」という、漠然とした孤独感と不幸の中にいます。

なぜなら、伝統的社会が結婚という偶像をつくりだした（家族や民族を偶像化する）のに対し、現代社会は自立という偶像をつくりだす（個人的な選択や幸福を偶像化する）からです。伝統的な結婚への動機は、社会的義務、安定、地位の確立でしたが、現代的な動機は、個人的充足感です。どちらの動機ももちろん、その一部は必要ですが、福音によって心と考えが変えられないなら、その動機が究極の動機になってしまう傾向があります。

ニューヨークで働いていて気づいた、非常に興味深い社会学的現象があります。私の教会のクリスチャン独身者は北米の伝統的文化が根付いた地方で育てられ、「結婚するまで一人前とは言えない」と言われ育ってきました。しかしニューヨークに移ってきて、「プロとして成功し、ありのままの自分を受け入れてくれるような相手を見つけるまで結婚すべきではない」というメッセージを周囲から受け続けます。彼らは最初、結婚への欲求を植え付けられ、次に結婚を極度に恐れる文化に出会ったのです。結婚への憧れと恐れの両方が心に植え付けられ、時にそれらが互いにせめぎあう状態におちいるのです。

結婚への恐れは、ほとんど病気のように症状が現れます。現代社会では、独身者が完ぺき主義になり、将来の結婚相手候補と出会っても、全く満足できない現象として現れます。残念ながら、完ぺき主義は、ジェンダーロールのステレオタイプを生みます。つまり経験的にも科学的にも立証されるように、男性が外見的完ぺきさを女性に求めるのに対し、女性が経済的安定を男性に求める傾向を生みます。完ぺきな相性の相手を見つけたいと言う場合、それはほとんどが性的、経済的要因に支配された考え中心だと言うことです。結果、現代の男女交際は、非常にあからさまな自己アピールの形をとるのです。交際相手、パートナー、伴侶を見つけたいなら、見た目を磨き、経済的に成功しなければならないのです。しかし、外見的に、あるいは経済的に条件のいい相手が欲しいと思うのは、自分のセルフエスティーム（自己肯定感）を高めるためにほかなりません。

　もちろん多くの例外があることを念頭に置きながらも、クリスチャンの独身者は、同じように考える傾向があるのではないでしょうか。彼らにとっても、外見、洗練度、経済的、社会的地位によって、ほとんどの結婚相手候補が一日で不合格になるからです。これはクリスチャンの独身者が性的魅力、経済力という現代文化の偶像に影響されている一側面と言えるでしょう。最も表面的な部分で、見るからに「美しい」相手を求めているのです。[10]

　前述したように、結婚を、犠牲的な奉仕と霊的な友情を通して、互いに将来の栄光の姿に変えられるための助け合いなのだという見方で、結婚相手を探すとしたらどう違うでしょう。結婚の使命とは、実に独特で深い方法で、互いにその罪を教え合い、愛をもって真理を語る相手を通して、罪から押し出され、互いを成長させ合うことだと考えたらどうでしょう。互いの人生に働く、神の栄光に目を留めて、相手と恋愛をしたらどう違うでしょう。皮肉なことに、こういう結婚観は、ゆくゆくは信じられないほどの個人的充足を与えるものですが、現代人が期待するような犠牲のない表面的な方法では与えられません。しかし、いつかは息をのむほどはっきりと個人的に成長し（エペソ5・25〜27）、愛、平和、喜び、希望を生むのです（コロサイ1章、ガラテヤ5章、第一コリント13章）。

ほとんどの場合、独身者は相性が合う、頭脳明晰、容姿端麗という相手を探しているでしょうが、独身を「本当の人生が始まる前の忍耐の時」、とか、「惨めな時期」だと見なす独身者もいます。前者は、過去に出会った結婚相手候補者のすべてを、恐れや完ぺき主義で拒否してきた人たちです。後者は、愛されたいと思いすぎて他者から敬遠されてしまい、時には自暴自棄になり、最悪の相手と結婚してしまうこともあります。前者のタイプと後者のタイプの二人が交際を始めると、非常に難しい交際になることは否めません。

ペイジ・ブラウンは、独身についての記事の最後の部分で独特なクリスチャンのバランス感覚をこう説明しています。

直視しましょう。独身であることは、本質的に何か劣っている状態ではありません。……けれども私は結婚したい。だから、そのように毎日祈ります。もしかしたら、二、三年のうちに誰かと出会って結婚するかもしれない。あるいは、この先ずっと誰とも交際しないかもしれない……どちらにしろ、神様は私に最善を与えてくれるのです。[11]

バランスがとれていると思いませんか。

デートの歴史

だとしたら、結婚相手を探したいと思っている独身者にどんなガイドが役立つでしょうか。まず、歴史的に男女交際がどのように考えられてきたかを少し見てみましょう。[12] 古代から十八、十九世紀までのアメリカでは、結婚は普通、第三者の仲介を通して決められてきました。ジェーン・オースティンの小説に見られるように、もちろん、恋愛結婚も存在しましたが、恋愛は結婚する様々な理由の一つであって、それだけが理由にはなりませんでした。顕著なのは、社会的、経済的動機です。家族同士のつながりが目的で結婚することもありました。家や子どもを養える相手と結婚しなければならなかったのです。

しかし十九世紀後半になると、恋愛という動機が社会的に広がり、「求愛」(calling/courtship)というシステムが普及しました。男性が女性の家に招かれ、玄関前のポーチや庭で時間を過ごします。つまり、男性が女性の家に招かれ、家族の中にいる彼女を見る機会が与えられます。また、家族も彼と知り合うことができます。興味深いことに、男性を招くことができるのは、若い女性に与えられた特権でした。[13]

二十世紀に入ると現代の「デート」文化が始まりました。一九一四年に初めて「デート」という言葉が公に使われました。(14)今度は、男性が家庭に招かれるのではなく、女性を家の外に連れ出すようになりました。娯楽を共有する中で彼女を知るためです。これが社会的現象として定着すると、交際というプロセスのすべてが個別化され、家庭という文脈から切り離されました。同時に、友情を育み、互いの性格を知り合うことから、お金を使う、周囲からカップルとして認識される、楽しみを共有するといったことに、恋愛の目的が変わっていきました。

最後の社会的変化は、つい最近のことです。二十一世紀になって間もない頃、「フックアップ」文化というものが現れました。当初、この変化について書かれた「ニューヨークタイムスマガジン」の記事では、十代の若者が異性について感じる難しさ、不快感、デートという行為自体が、互いに気を遣いコミュニケーションを取り合って自分とは違う誰かとうまくやっていくことを学ばければならない、実に面倒な作業だと感じていることを示していました。

つまり彼らは、結婚関係を築く、という難しいけれど、やりがいのあるプロセスの、前段階として、自分もかかわらなければならないものとして、デートの本質についてある意味正しく認識していたということです。しかし、その面倒な作業をすべて省いて、出会った相手とすぐにセックスするという新しい方法が生まれました。フックアップとは、単純に人間関係を築く以前に性的関係をもつということです。その後で、デートをする関係に発展するかもしれないし、しないかもしれない。けれども、それはフックアップする上での条件ではないのです。[15]
フックアップ文化が現れて、独身者は、どのように異性と出会い結婚するかという文化的基準を失いました。それに対して、多くの伝統的、宗教コミュニティーでは、家庭やコミュニティーが協力して結婚をサポートするというシステムを復活させ始めました。例えば、正統派ユダヤ教では、友人や親族から適当と思われる相手を紹介してもらい、実際に合うかどうかを見定めるために交際するシドゥクという伝統的習慣があります。[16]ある福音主義クリスチャンの間では、以前は当たり前だった交際形態に戻そうとしています。例えば父親が娘の相手を選んで交際のプロセスを指示する、父親主導の交際が提案されたほどです。
そういった「昔に戻る」交際には、ほとんどの場合、多くの問題が浮上します。伝統的社会特有の偶像を考慮せず、人類史上のある特定の瞬間だけを捉えて制度化しようとするからです。そのためには、なぜ「求愛／コートシップ」形式がいいのか、もっと歴史をさかのぼって家族同士の取り決めによる結婚はどうなのか、といったことまで考慮する必要があります。また、そういう形式は、お互いをよく知る親しい安定したコミュニティーの存在が前提です。ローレン・ウィナーはこう言っています。「例えば、大学院入学のために地方から引っ越してきたばかりの二十六歳と、小さい町で育ち地元の短大卒、地元の書店勤めの二十六歳の場合、彼女たちの恋愛にかかわるコミュニティーの役割は異なる」[17]

ウィナーはまた「知り合ってからの紹介」という方法をとっているカップルについても触れています。正統派ユダヤ教の男性と女性がお互いに気になったら、それを知った上で友人にシドゥクという機会を自分たちのために設けてもらい、交際を始めるケースです。すでに惹かれ合っている二人が知人に頼み、きっかけをつくってもらうことから「知り合ってからの紹介」と名付けたのです。[18]

以上のような例を紹介したのは、この混乱した時代に、クリスチャンとしてはどう行動できるのかを考える上でも、非常に興味深い方法だと思ったからです。私たちは現代、とても流動的な時代の中、昔のような伝統的な近所付き合い、親戚付き合いといった社会的ネットワークの影響が薄れつつある中に生きています。そのような環境で、昔のアプローチを、そのまま現実に適用することができるのでしょうか。性的、経済的条件ではなく、相手の内面に焦点を絞る方法に戻ることができるでしょうか。個人的充足から、コミュニティーを築くという目的に戻れるでしょうか。個人の結婚に、もっとコミュニティーがかかわることができるようになるのでしょうか。そのための具体的指針を以下に記したいと思います。

結婚を考えている人への具体的なアドバイス

結婚を考えない時期もあることを理解する――誰とも交際していない、あるいは結婚の話が全く出ない時期が、人生にはあります。いつも「誰かとつきあっている」必要がある人は多分、結婚や恋愛自体を偶像として礼拝しているのです。人生の大事な時期、例えば就職、入学、親の死といった、感情的にも時間的にも、心身ともにすり減らされるような時期は、交際を始めるのにあまり適切とは言えません。人生のそういうストレスにさらされ、エネルギーが奪われている状態では、結婚を前向きに考えることはできないでしょう。そのような状況での判断は、あまり明瞭ではないからです。癒しの時期、人生の再編成の時期には、恋愛や結婚よりも、クリスチャンの友情が必要なのです。

「独身の賜物」を理解する――パウロはⅠコリント7・7で独身を賜物と言っています。これを、結婚に全く興味も欲求も湧かない状態を指していると理解する人が多くいます。だとすると、独身の賜物は、結婚に関して感情的葛藤も不安も願いも無い経験だと言うことになります。「私にはそんな賜物無いなあ」と冗談まじりにいう人が多いのはそのせいです。しかし、ここでパウロの意図を見きわめることが非常に重要なのは、恋愛への欲求が全く無いのは、神からの賜物だと早合点してしまう可能性があるからです。結婚に興味がもてないのは、自己中心な心、友情を育めない性格、異性への軽蔑など、良くない理由も数多く存在するからです。

パウロはその書簡で「賜物」を常に、他者を建て上げる能力として使いました。つまり、独身の賜物は、何となくストレスの無い状態を指しているのではありません。独身の「賜物」とは、パウロにとって、独身だからこそその働きに専念できる自由でした。おそらく、パウロは私たちが今日抱えているような独身者ゆえの「感情的葛藤」を、同じように経験していたかもしれません。もしかしたら、結婚を望んでいたのかもしれません。しかしパウロは独身だったからこそ、神と人に仕えられる能力を見つけ、その上、最も効率的にミニストリーに取り組める（スケジュールの柔軟さなど）という、独身としての特徴をも発見し生かしたのです。[19]

だとしたら、「独身の賜物」とパウロが言うものは、全く葛藤が無い状態でも、惨めさに浸りきる経験でもありません。独身であるからこそ、人生において、ミニストリーにおいて、実り豊かな時期なのです。この時期もちろん葛藤はあるかもしれません。しかし、その葛藤があるにもかかわらず、霊的成長を助けられ、他者にとっても励みになる存在になれる点が重要です。独身の賜物は、ごく少数の選ばれた人のためのものでも、一生続くと決めつけていいものでもありません。むしろ、誰にでも与えられている、ある一定の期間の恵みと言えるのです。

年を重ねるごとに、結婚について真剣に考える——デートという経験を広範囲に考えると、両極に分けられます。一つは、ある特定の人と時間を過ごすために、様々な娯楽やイベントに一緒に出かけるというパターン。もう一つは、パーティーや映画、コンサートなど自分の行きたいイベントに行くために、同伴する相手が必要だというパターンです。特に若いときには後者が自然でしょうし、将来の結婚相手として同伴者を選ぶことなど、ほとんど無いでしょう。しかし、年齢が上がるにつれ、ほとんどの場合「もしデートするなら、自分との真剣な交際、結婚を前提としているだろう」と考える傾向が、ますます強くなります。ある程度の年齢に達しても、まだ後者の期待が強いなら、その関係が問題を生むのは当然です。交際を真剣に考えている人と、ただの友達として楽しんでいるだけの人、という痛々しい交際になってしまうからです。

それらを踏まえてアドバイスするなら、第一に、年齢に合った振る舞いをすること。ティーンエイジャーなら、結婚関係の中でのみ満たされるべきもの、つまり、「もう何年か先になってからしか満たされない、感情的身体的欲求を目覚めさせ」ようとするべきではありません。[20]一方で、もし三十代で独身なら、娯楽中心に同年代の異性とデートを重ねることは、相手の感情を弄ぶことになると気づくべきです。年齢を重ねるほど、一緒に出かける回数が頻繁になるほど、そういう行動をとり続けるなら、その関係は結婚を前提としていると、早めに双方とも確認し合う必要があるのです。

信仰を共有しない人と感情的に深くかかわることを自制する——よく議論の的となる問題です

が、ここまで読み進めてきた読者にとっては驚くべきことではないでしょう。聖書のどこを見ても、クリスチャンはクリスチャンと結婚することが前提とされています。例えば、Ⅰコリント７・39で、パウロは「妻は夫が生きている間は夫に縛られています。しかし、もし夫が死んだなら、自分の願う人と結婚する自由があります。ただ主に属する人でなければいけません[2]」と書いています。また、Ⅱコリント６・14など他の箇所にもこの原則が引き合いに出されていますが、それは当然のことです。旧約聖書では、ユダヤ人以外の誰かと会ってすぐに結婚することを禁じる箇所が多くあるので、ユダヤ人同士の結婚が勧められているように見えますが、民数記12章でモーセがユダヤ人以外の女性と結婚していることからも分かるように、神が懸念しているのは、同じ人種かどうかではなく、同じ信仰であるかということなのです。

信仰を共有しない人との結婚を思いとどまらせる、というクリスチャンの考えを、心が狭いと多くの人が思うでしょう。しかし、この聖書的ルールは、しっかりとした根拠があってのことなのです。相手が、あなたの信じているキリスト教信仰を共有しない場合、彼／彼女は、実は、あなたの内面から表れる、その信仰さえ理解することができないのです。イエスを中心として生きるあなたを、つまり、本当のあなたを相手は理解できません。あなたの生活の源、することすべての本当の動機を理解してもらえないのです。前章で述べたように、結婚前には相手を完全に知ることはできません。しかし、キリストにある信仰を共有する二人が結婚すると、それぞれが互いの根本的な心の動機、人生観について深く豊かに知るようになります。しかし、あなたにとって一番深い所にある心の核となる信仰を共有しない人と結婚すると、あなたが繰り返し行う選択や決心は、相手にとって全く理解できないものになるのです。自分にとって人生の一番大切な部分が、相手にとって、永遠に不透明で謎めいたままになってしまいます。

結婚の親密さがすばらしいのは、いつかあなたを、ありのままのあなたとして受け入れ、理解してくれる誰かが、今目の前にいるということです。相手に対して、何も隠す必要がありません。その相手はいつも理解しようと模索してくれ、実際に理解できる人であるべきです。しかし、信仰者でなければ、心の中心まで理解することはできません。

信仰を共有しない人と結婚した場合、たどる道は二つです。一つは、相手に自分を正直に表せなくなっていく道です。普通、健全な信仰生活をしていると、人はすべてをキリストと福音に結びつけて考えます。どんな映画を見てもキリストを思い浮かべます。クリスチャンとしての信仰の原理に立って、人生の様々な決断を下します。その日読んだ聖書箇所を思いめぐらします。そういったことを当たり前のようにして過ごし、分かち合うと、相手を「またそれか」とうんざりさせ、あるいは傷ついたとさえ感じさせるかもしれません。「信仰とやらに、君がそんなに夢中だったとは思いもしなかった」と言われたら、もはやすべて隠さざるを得なくなるのです。

もう一つは、もっと悪い可能性ですが、キリストをあなたの心の中心から追い出してしまう道です。自分のキリストへの熱意を、あえて冷まさなければならないのです。クリスチャンとしての信仰が、日々の生活にどう関係しているかについて、わざと考えないようにします。心でも頭でも、キリストを格下げします。キリストを中心にすると、相手から孤立したように感じるからです。

　この二つの可能性はもちろん、両方ともひどい結果を生みます。だからこそ、キリスト教信仰を共有しない人とは結婚しないような意識をまずもつべきなのです。

もっとも総合的な視点をもって、相手の「魅力」を見つける——結婚に関するパウロのⅠコリント７・９がよく誤解されるのは、「情の燃える」よりは結婚するほうがよい、という点です。この箇所が否定的にとらえられることが多いのは、「自制できず、衝動をコントロールできないなら、結婚したほうがいいだろう」と言われているような気がするからでしょう。しかし、パウロは、実は否定的ではなく、誰かに情熱的な魅力を感じたら、その人と結婚すべきだというのです。

「愛のための結婚」に対しても肯定的です。聖書学者ロイ・チャンパとブライアン・ロズナーによると、パウロが否定しているのは、当時の禁欲的な、つまり仕事や子孫、相続のためだけに結婚するという結婚観でした。しかし、また、当時の異教徒たちが教えていたように、性的欲求は、結婚外の関係でも得られるという教えも否定し、むしろ、結婚関係の中においてのみ満たされるべき情熱なのだと説いたのです。だからこそパウロは、結婚する上で相手に魅力を感じるかどうかを重視したのです。[21]

しかし本書で結婚の使命について取り扱ってきたことから、もう少し踏み込んで考えてみましょう。性的魅力は結婚関係において確かに必要なものですが、もっと深い魅力を感じて始まった関係だと、それはだんだんと薄れるのではなく、むしろ増していくものなのです。それを、「総合的な魅力」と呼びます。それはどんなものでしょう。

一つは、相手の「性格」や「御霊の賜物」（ガラテヤ5・22以降）に惹かれるということです。アメリカ初期の哲学者ジョナサン・エドワーズは、「真の徳」――福音から来る満足、平安、喜び――が見られるとき、その人は本当に美しいと言います。今まで、結婚は、神がつくろうとしている栄光に満ちた個性豊かな姿に、互いが変えられていくのを助け合う手段だと学んできました。つまり結婚した相手に、こう言えるのです。「あなたが変えられているのがよくわかるし、（正直に言うと、今はまだそこに達してはいないけれど）将来そうなる姿を想像できるし、その姿に私は魅力を感じるのだ」と。

究極的に言うと、相手はあなたの「ミュトス（語り伝えられるもの）」の一部とでも言えるでしょう。C・S・ルイスはそれを、好きな本、音楽、場所、記憶などをつなげる「秘密の糸」と呼びました。何かをきっかけに、「どうしようもない懐かしさ」を覚え、神だけが与えられる喜びを感じさせられるのです。レナード・バーンスタインは、ベートーベンの交響曲第五番を聞くたびに、神はいるのだという確信を得た（彼自身は不可知論者ではありましたが）と言います。しかし、その曲は私には同じ効果はありません。しかし、そういう天国や未来の神の国に対する憧れや懐かしさ、憧憬を思わせる何かが、誰にでもあるのです（多くは「もっと何か欲しいのに得られない苦い憧れ」と受け取るかもしれませんが）。

それが、あるとき、同じような「ミュトス」の糸をもつ誰かに出会い、相手がその糸の一部になります。わかりにくいコンセプトかもしれませんが、しかし、これこそ将来の結婚相手に探し求めるべき「総合的な魅力」と言えるものです。性格、使命、将来への展望、ミュトスなどではなく、外見や経済的安定などを条件に相手を求める人が多すぎます。しかしそういう条件で結婚すると、実際は相手にそれほどの敬意をもっていない自分を発見するのです。「総合的な魅力」とは、まず「お金、見た目、第一印象」などといった基本的条件を意識的に取りのけることで、見出せるようになります。（もちろん恐れていたように）それまでの条件では、全く眼中に入らなかった人に魅力を感じるようになるでしょう。

感情が燃え上がるにまかせない——昔の求愛アプローチの良かった点は、男女が家族や教会、コミュニティーなど、より自然な環境でお互いの姿を見ることができた点でした。性格や「総合的な魅力」を、時間をかけて見きわめることができました。現代のデートや、まずセックスから始まるフックアップというアプローチは、すぐに恋愛感情だけに執着しやすくなります。前述したように、そういう経験は、相手が本当はどんな人なのか見きわめられないようにする傾向があります。一生続く愛とは、ほんの一時、感じられる情熱的な愛とは違うのです。それは、感情が冷めるという避けられない時期でさえ、喜んで、あふれんばかりに相手に与える犠牲的な奉仕を生み出す愛です。そういう愛は、相手の性格、将来、人生における使命などの「総合的な魅力」から生まれるのです。デートし始めたばかりの時期は、これほどの感情は無いと思えるくらいの深い恋愛感情があふれることがありますが、ローレン・ウィナーはこう表現しています。

「恋に落ちる」と、人は相手に気配りを欠かしません。しかし気を配っているつもりでも、実際は逆のことをしています。気配りではなく、欲張りになるのです。まるでひなたぼっこしているように、愛する相手のぬくもりを喜ぶのは、相手を自分の栄光のために利用し、そこに投影されている幸せな自分の姿に酔っているからなのです。……これはクリスチャンの愛とは正反対です。つまり、「すべて自分中心」という愛です。愛する人さえ偶像化する――まさに恋の始めの、のぼせた状態ですが――のは、「すべて自己中心」そのものです。たとえ、表面的には「すべて彼／彼女中心」に見えても、です。相手を、神に創造され、贖われた個人として真剣に扱わず、むしろ完ぺきで立派で卓越した、そして何より「私の必要」を満たしてくれる唯一の人だと思ってしまうからです。[22]

こういった、のぼせ上がった状態がすぐに終わり、むしろ瞬く間に相手を苦々しく敵視するようになること自体、そもそも「総合的な魅力」を感じていなかった証拠です。現代の恋愛は、互いの深刻な欠点に盲目になることから、むしろ互いの長所に気づかず、幻滅し、嫌悪する方向に傾いているようです。

そういう現代社会に生きる私たちはどうしたらいいのでしょうか。私は何組ものカップルのカウンセリングをする中で、結婚前に何年か同棲したほうがいいという意見をよく聞きました。前の章で述べてきたこと、つまり、同棲したカップルのほうが、結婚後離婚率が高いという統計を指摘しても、彼らは容易に信じようとはしません。しかし同時に気がつかされたのは、現代の「デート」が、基本的にはレジャーや娯楽にでかけ、性的関係をもつことの繰り返しでしかなく、だからこそ同棲に行き着くのは、彼らにとってそうする以外、互いの日常を知り合うことができないからだということでした。

しかし、クリスチャンのカップルであれば、コミュニティーの中で、昔のように互いの世界を知る機会をもてます。教会というコミュニティーの中で、ボランティア活動、バイブルスタディー、イベント、礼拝などに出かけ、相手の「玄関ポーチ」に出て相手と知り合っているのです。

信仰を共有するコミュニティー以外では見られない方法です。

感情的に燃え上がった時期が終わったのかどうか確かめるための方法の一つは、以下のようなことを自問することです。大きなけんかを無事に解決できたか。互いに悔い改め、赦すというプロセスを繰り返しているか。相手を愛するからこそ、自分のやり方を変えられることを相手に示したか。こういう質問に、ノーと答えるカップルが二通りいます。前者は、けんかをしたことが全く無い人たち。まだ恋愛感情のピークの時期が終わっていないのです。後者は、浮き沈みのある関係を経て、解決できない問題でけんかを繰り返している人たちです。彼らは、悔い改め、赦し、変化のための基本的なスキルさえまだ学んでいません。どちらの場合も結婚の準備ができているとは言えません。

恋に盲目になることと、一気に恋愛感情が高まるのを避けるための一番いい方法は、結婚前にセックスをしないと決めることです。次章でそのためのクリスチャンの理由と古代の性倫理のための聖書の原則を見ることにします。しかし、具体的に言えることは、性的関係は、相手がどんな人かをよく確かめる前に、その相手に対して深い感情を生み出すきっかけとなります。恋愛感情よりも前に、友情をあたためることをまず優先することを勧めます。(23)

あなたにコミットしない（関係に誠実でない）**人と、夫婦のような親密さをもたない**——すぐに感情が燃え上がり互いに夢中になるカップルがいる一方で、どちらか片方が結婚に気が進まず、なかなか決心しようとしないカップルもいます。何年も同じような関係のまま、結婚に向けて関係が深まらず一向に進展しないようであれば、それは決心しない側が（結婚関係ほどではないけれど）ある程度の深い関係の中で得られるものに満足し、それ以上すすんで、わざわざ結婚という最終段階に進む必要を感じていない場合です。

キャシーと私は大学時代からそういう現象があるのを見てきました。私たちがそれを「安い彼女症候群」と呼んでいるのは、ほとんどの場合、男性より女性のほうが結婚に関心が強いからです。長く一緒に時間を過ごすと、男性にとってそれは、どこかにでかける女性の同伴者（彼が必要なとき）、女性の話し相手（彼が話したいとき）、頼れる相談相手（彼が悩みを打ち明けてすっきりしたいとき）がいるということです。セックスしないということは一線を越えていないのだから、別につきあっているわけではないと公言します。もし彼女が彼を問いただしたら、こう抗議さえするでしょう。「君が僕にとって友達以上だなんて言った覚えはないけど！」　でも、実際友達以上の関係なのだから、これはずいぶん不公平な言い分です。彼は男性の友人から得られる以上のもの、つまり結婚関係で得られるすばらしい輝きの一部を、その関係にコミットしないで経験しているようなものです。一方で彼女は少しずつ萎縮し、内面から気力を失っていくのです。

そういう現象を理解できてよかったと安心しながら、私たちはこれが自分たちに当てはまるとは思ってもみませんでした。

しかし私たちの関係にもその時がやってきました。知り合って何年か経ち、全く同じようなことが起こっていると察知したキャシーが、我が家では「豚に真珠スピーチ事件」として記憶されている事件を起こしました。その頃、私たちは何でも話し合える心からの親友でしたが、私自身は以前の失恋の痛手をまだ引きずっていました。キャシーは忍耐強く、理解もありましたが、あるときついに限界が来てこう言ったのです。「はっきり言うけど、もうこれ以上耐えられないわ。いつか、あなたが私をただの友人から、彼女として見てくれるようになる、とずっと期待していたのよ。でも毎日、あなたは私をただの友人としてしか見ていないし、それは私には、『君には何かが足りない、やっぱり受け入れられない』って言われているような気がするの。そう言っているつもりがあなたには無いとわかっているわ。でも、いつかあなたが、私を恋人として見てくれるだろうと期待しながらこのまま待ち続けるなんて、私にはできないわ。自分のことを真珠だとか、あなたのことを豚だとか言うつもりは無いけれど、イエス様が弟子たちに『豚の前に真珠を投げてはならない』と言った理由の一つは、豚には真珠の価値がわからないからじゃない？豚にとっては、真珠だってただの小石よ。もし私があなたにとってそれほどの価値がないなら、『いつか、いつか』、なんて期待しながらあなたと一緒にいて、あなたの前に私を差し出し続けるようなことはしたくない。もう無理。あなたが意図しようとしまいと、これ以上あなたから拒絶され続けるなんて耐えられない」

はっきりと、そう彼女に言われたのです。私は、はっとして、それからしばらく自分の内面を深く探られました。そして二週間後決心したのです。

コミュニティーからの多くの助言を得て従う――昔の求愛のパターンは、友人や家族親戚からの助言が、結婚相手候補を選択する上で大きな前提でした。最近のクリスチャンコミュニティーでは、特に父親同士の助言が多すぎて、ほとんどお見合い結婚のようなシステムが復活しているところも見受けられます。しかし、正統派ユダヤ教コミュニティーでさえ、故郷から離れて何年も経つ独身者には、以前の方法がそれほど有効ではないと認識しています。加えて、多くの独身クリスチャンは、信仰そのものにあまり理解の無い両親がいて、そういう人たちからの助言はあまり役に立ちません。そういう背景がありながらも、基本的原則は、正しく重要です。つまり、結婚は個人的な、あるいは一方的な決断であってはならないという原則です。結婚の決断とは、あまりにも重要で、それに対する私たちの個人的な認識は、あまりにも簡単に偏りがちです。独身者にとって役立つ、知恵のある既婚者は、コミュニティー内に多く存在するはずです。独身者は、結婚を願うプロセス一つ一つにおいて、コミュニティーからの意見をよく聞く必要があります。

さらに言うなら、クリスチャンのコミュニティーは、いわばこれまで、いつか健全で幸せな結婚関係をもてるよう、独身者を守り育ててきた存在です。クリスチャンの結婚は、そういう意味で共同体的意味合いをもつべきなのです。既婚者は、独身者や他の既婚者と結婚について分かち合う機会を探し求めるべきです。クリスチャンは互いに親切にもてなし合いなさい（Ｉペテロ４・９）とありますが、何もそれは家庭に招くだけではありません。同じ家族の一員として（ローマ12・10にあるように）、自分の生活を、正直にありのままの自分を見せるよう招かれています。「結婚した人々ができることの一つは、独身者に結婚の現実を見せることです。つまり、甘い明るい部分だけでなく、困難でまだ格闘中の部分も含めて伝えることです」[24]。それがどんなに大きな影響力をもつことでしょうか。独身者は、結婚が単に満たされる関係だというだけでなく、どんなに難しいか、同時に、どんなに栄光に満ちているかについて知らなければならないのです。独身者が結婚とは何かを本当に理解するには、既婚者から教えてもらうしかないのです。

結婚は、神から教会への贈り物です。クリスチャンの結婚を通して、罪、恵み、回復という福音の物語が、教会内でも世の中においても人々の目に入り、耳に届けられるのです。クリスチャンの結婚は、福音をはっきりと示すからこそ大切なのです。そしてそのコミュニティーは、祝福され、強く結ばれた結婚関係が築かれることに関心を寄せ、またそれは、コミュニティー内の独身者の結婚にも、大いに注目を向けているということなのです。独身者は、結婚の選択は個人の自由だと言わんばかりに振る舞うべきではないのです。

第８章　セックスと結婚

それゆえ、人は父と母を離れ、その妻と結ばれ、ふたりは一体となる。（エペソ５・31）

結婚について語るのに、セックスを避けては通れません。結婚と性がどうかかわっているかについて、次のような二つのレベルで見てみることにします。まず土台として、なぜ神は、結婚したカップルだけにセックスを制限するのか、という聖書的性倫理の基本的原則を理解すること。そして、その聖書的原則を理解し了承した上で、この土台に立って、独身者であれ既婚者であれ、クリスチャンとして具体的にどう生きればいいのかを考えていきます。

「セックスは単なる欲求だ」という見方への反論

性に関して歴史上多くの見方が存在してきた中に、それは「自然な欲求」だ、とするものがあります。つまり、「かつて様々なタブーに縛られてきたが、実はセックスは、食欲のように自然で必要な欲求と変わりないということがわかってきた。だとしたら、必要に応じて欲求を満たす自由があるべきだ。いろいろなものを試食し、『新しい刺激的な味』を探し求めてはいけない理由などあるだろうか。そういう欲求を満たすことを禁じたり、何年も制限したりすることは、食事をさせないのと同じくらい不健康（そして実践不可能）だ」、といった見方です。

また、もっと否定的で、古代思想の一部と深く結びついているものもあります。つまり、「セックスは卑しい、『肉体的』性質の一部で、人間の気高く、理性的で、より『霊的な』性質とは区別される。品位を落とす汚れた行為で、人類の繁殖のための必要悪でしかない」という見方です。これは世界中で今なお強い影響力をもっています。

セックスを、「避けようがない衝動」とする第一の見方、「必要悪」と見なす第二の見方に対して、「自分自身になる」「自分を見つける」ための道と考え、自己表現の究極的な方法とするのが、現代に顕著な第三の見方です。夫婦として家庭を築きたいと願うのは、あくまでも本人の自由で、どんな形で追い求めようと、セックスはまず、個人の満足と自己実現のためにある、という見方です。

一般的に聖書的な原則は、セックスを人の品位を落とす汚れた行為だとする、第二の見方と考えられていますが、それは全くの誤りです。聖書の原則は、以上三つの、どの見方とも根本的に異なります。

性欲はただの欲求ではないかと言われれば、確かにそうかもしれませんが、だからといって食欲や睡眠欲などと同じ種類の欲求だと言えるでしょうか。しかもどんなに激しい食欲や睡眠欲でさえ、単に満たされればいいというものでもないでしょう。必要以上の食欲を自制できず、日常的に葛藤している人が多くいるのは知られていますが、実はそれ以上に性的衝動に葛藤している人への助けが必要とされているのはあまり知られていません。なぜなら、セックスは私たちの体だけでなく、心、内面にも大きな影響を与えるからです。罪とは、そもそももっとも顕著な心の障害（disorder）だと言えますが、だからこそ、罪はセックスにも大きな影響を及ぼします。現代に生きる私たちのセックスへの情熱や欲求は、非常に歪んでいます。実際、全生涯にわたって自分を与える行為であるセックスを、罪に汚れた心は自分を与えるためではなく、自己中心的な目的のために利用します。聖書が性に関する規範を多く設けているのは、私たちが正しく性を扱えるよう導くためなのです。(1)

ですから、キリスト教的性倫理を要約するなら「セックスは結婚した夫婦間でのみ用いられるためのものである」と言えるのです。

「セックスは汚い」という見方に対する反論

さて、セックスは本当に汚らわしくて私たちの品位を落とすのでしょうか。いいえ。聖書を中心とするキリスト教は、この世界で最も肉体に肯定的な宗教です。神が物質と肉体をつくり、それを見て「よしとされた」とあるほどです（創世記1・31）。イエス・キリストにあって、神自身が実際に人間の体を取り（今も栄光の体をもっていますが）、いつか私たちすべてに、完全な、復活の体を与えようとしていると教えるのです。神が性をつくり、初めに男と女を互いのために与えたのです。聖書には優れた愛の歌があり、性的な情熱や喜びを祝う歌を歌います。もしもセックスがそれ自体悪だとか、汚れていると言う人がいたら、私たちは聖書をもって、それに反論できるのです。

さらに神は、夫婦間でのセックスに制限するだけでなく、むしろ強く命じさえします（Ⅰコリント7・3〜5）。箴言では夫たちは、その妻の乳房で喜びに満たされて、性愛に酔いしれることをむしろ奨励されています（箴言5・19。参照、申命記24・5）。雅歌は、こうした結婚における性愛の楽しみを実に露骨に表現しているのです。旧約聖書学者トレンパー・ロングマンはこう書いています。

雅歌を通じて描かれる女性の役割は、とりわけその時代的背景に照らして見るとき、実に驚愕に値する。雅歌を歌い上げていく詩の数々において優勢なのは男性ではなく、女性なのだ。求め、追いかけ、手ほどきをするのは、彼女だ。雅歌5・10〜16で、彼女は愛する相手の肉体的な魅力を大胆に叫んでいる〔「その腕は、タルシシュの宝石をはめ込んだ金の棒。からだは、サファイヤでおおった象牙の細工」（14節）〕……ほとんどの英訳聖書がこの節では二の足を踏んでいる。原語のヘブル語は極めてエロティックであり、訳者たちはその明白な意味を伝える気になれないからだ。……これは、彼らのセックスのための前奏だ。シーツの下で、はにかみ、恥じらう、機械的な動きなどない。むしろ、二人は互いの前に立ち、興奮して、何も恥ずかしがらず、ただお互いの性を喜んでいる。……(2)

聖書は、性に厳しい人たちには目のやり場に困るような本なのです。

「はっきり言ってセックスは個人的な問題だ」という見方に対する反論

単なる欲求でないなら、セックスは何よりもまず、個人的な幸福と達成感を得るための手段なのでしょうか。そうではありません。しかし、だからといってセックスには喜びなどなくていいとか、義務に過ぎない、というわけでもありません。聖書における性は、何よりも神を知り、共同体を建て上げるための方法であり、個人的な達成感のためより、そうした目的のためにまず用いられることで、ゆくゆくは個人が想像できないほどの素晴らしい達成感が得られるものだと考えられています。[3]

聖書で最初に明らかにセックスに関して言及されるのは、有名な創世記2・24の一節で、エペソ5章でパウロも引用しているものです。男と女は「結ばれ」て「一体」となります。何気なく読めば、肉体的な一体性のことだけを取り上げているような印象を与える一文です。しかし、そこにはもっと深い意味が込められています。聖書には、「すべての肉なるもの」が、地上でその道を乱していた（創世記6・12）、とか、神が自身の霊を「すべての肉」（新改訳は「すべての人」）に注ぐ、という表現があります。それは、体だけが罪を犯したとか、神が自身の霊をすべての体に与えるというだけの意味ではありません。むしろ神は、自身の霊を、すべての「人格」に与えようとしていたのです。「肉」は提喩であって、あるものの一部をもって全体を提示するという（私たちが「頭数を数える」《counting noses》というような）話法なのです。

言い換えれば、結婚とは、二人の間に見られるとても深い結合で、その深さゆえ、二人は事実上、新しい一人の人格になる、ということです。「結ばれる」という言葉（昔の訳では「粘着する」）は、「拘束力のある契約を交わす」という意味があります。この契約は、二人の人生のあらゆる部分を一致させます。二つの人生が、法的・社会的・経済的に一つに溶け合っていきます。それぞれの独立性のほとんどは失われていきます。愛をもって、お互いに自分のすべてを与え合うのです。結婚を「一つの肉」と表現するのは、セックスが人格的で法的な結合のしるしであり、また、それを達成させる手段でもあるからです。聖書は、誰かと喜んで、感情的・人格的・社会的・経済的・法的に結ばれたいと思わない限り、肉体的にだけ結ばれることがないように、と言います。結婚するということは、自分の自由を制限していくことなので、肉体的にだけ裸を見せ合い無防備になるのに、その他の点については見せ合わない、という関係にならないようにと言うのです。

だから、ひとたび結婚生活に百％かかわると決心したら、結婚における一致を、長く深く維持していくための一つの方法がセックスだと言えるのです。旧約聖書には、「契約更新の儀式」がしばしば見られます。神が自身の民と契約関係に入るとき、契約を一緒に読み上げ更新するという、契約について思い起こす機会を定期的にもつよう命じました。これは人々が生活の中でその信仰を維持するために、無くてはならないものでした。

結婚の誓約にも同じことが言えます。結婚式で厳粛な誓約を誓います。聖書は、結婚相手を「契約の連れ合い」と言います（箴言２・17）。互いに心から誓い合うすばらしい日でしょう。しかし、時が経つにつれ、その思いをもう一度燃え上がらせ、献身を新たにする必要が生じてくるのです。あなたにとって、相手の存在がどれほどの意味をもつのかを思い出し、あなた自身を相手に与えるための機会がなくてはならないのです。夫と妻のセックスは、そのためのユニークな方法なのです。

と考えると、まさにセックスは、人が自分のすべてを、もう一人の人に与えるための方法として、神が創造した最も力強いものではないでしょうか。二人が互いに「私は、完全に、永久に、あなただけのものです」と言い合うために、神が制定した手段なのです。セックスを通して互いに伝えられるのは、それ以下であってはならないのです。

聖書によると、契約は、無防備で親密になれる安全な場所を提供してくれるからこそ、セックスのために不可欠なのです。しかし同時に、セックスもまた、その契約を維持するために不可欠です。その契約を更新するための、いわば儀式のようなものだからです。

「結び合わせる行為」としてのセックス

一般的に使徒パウロは、セックスについて否定的な見解をもっていたと考えられていますが、実際に彼の言葉を綿密に調べると、そういう考えには無理があることがわかります。

Ⅰコリント6・7以下で、パウロはクリスチャンが売春婦とセックスをすることを禁じていますが、その理由が際立っています。

遊女と交われば、一つからだになることを知らないのですか。「ふたりは一つの肉となる」[1]と言われているからです。……不品行を避けなさい。……あなたがたは、もはや自分自身のものではない……あなたがたは、代価を払って買い取られたのです。ですから自分のからだをもって、神の栄光を現しなさい。

（Ｉコリント６・16、18、20）

どういうことでしょうか。明らかに、パウロにとって「一つの肉」とは、単なるセックスの結合とは違うことを意味しています。そうでなければ、「あなたが遊女と肉体的に交わったとき、遊女と肉体的に一つとなったのだと知らないのですか」と、同じ意味の言葉を繰り返しているに過ぎなくなります。明らかにここでパウロは、「一つの肉」とは「一つの人格」になることとして理解していたのです。「一つの肉」とは、人生のすべてのレベルで、男女が人格的に結び合わされるということです。だからパウロは、セックスが本来反映するはずの人格的な一致無しに、ただ肉体的にだけ一体となろうとするすさまじさを酷評しているのです。[4]

著書『キリスト教思想における男女関係』でＤ・Ｓ・ベイリーは、新約聖書とパウロのセックス観が、哲学史上、いかに革命的で前代未聞だったかを毅然と論じています。

ここにある〔パウロの〕思想はどんな前例からも恩恵を受けず、一世紀までの基準から見ると全く例外的な、人間の性に関する心理学的洞察を表している。使徒パウロは、性交を……生殖器官特有の運動でしかない、という考えを否定する。反対に、性交は自己開示、自己献身というユニークな記号で構成される、その人の人格全体にかかわり、表現する行為だと主張しているのである。[5]

要するに、パウロは、あらゆるセックスが二人を結び合わせる行為であるはずだから、遊女とのセックスは間違っている、と言いたいのです。自分の人生すべてを懸けてかかわるつもりのない人に、肉体的にだけかかわることは、明らかに間違っていると主張するのです。C・S・ルイスは、結婚という契約の無いセックスを、飲み込みも消化もせずに食べ物を味わうことになぞらえました。まさに言い得て妙です。

「献身を示す手段」としてのセックス

近代の性革命は、結婚までの純潔という考えを、非現実的で滑稽だと見なします。[6] 事実、多くの人々が心理学的に不健全で有害だと信じています。しかし現代人がどれだけ疑ってかかっても、これこそ疑問の余地なく、一教派のみならず全教会が——正教会、カトリック、プロテスタントの——ずっと変わらず教えてきたことです。

聖書が結婚前の純潔を教えるのは、セックスを卑下するのでなく、高貴なものと見るからで、結婚外のセックスが倫理的に間違っているだけでなく、個人的にも有害だと見なすからです。契約を交わし、契約の更新を体験することの一部としてのセックスが神の意図なら、それは「献身の思いを新たにさせてくれる手段」ではないでしょうか。

そのように、自分の人生すべてを懸けるために神によって定められた手段だからこそ、たとえセックスが間違って用いられたとしても、相手との深い結びつきを一瞬でも感じさせて当然なのです。故意に不能になるとか、行為の最中でも本来の衝動を感じまいとするのでないかぎり、肉体的に一つになる中で人格的にも相手と絡み合わされ一つになるよう感じさせられるのです。だからこそ、情熱的なセックスの最中に、思わず「これからもずっと愛しているよ」などと大それたことを言いたくなるのです。そういう経験は、法的に結婚していなくても、簡単に、まるで結婚しているような絆や、相手にも自分に対する義務があるかのように感じさせます。しかし実際は、法的にも社会的にも倫理的にも何の責任もなく、相手には翌朝あなたに連絡する義務さえありません。このずれが、性的関係をもちながらも二人が結婚していない場合に、嫉妬や傷心や強迫観念を生み出していくのです。別れが耐え難いほどつらい経験になるのです。しかし、誰かと

（どうにかしてでも）つながっていると感じられるからという理由で、不健全な関係にとどまり続ける人は多いのです。

また、結婚せずセックスをするということは、相手を思い、相手から信頼してもらえるというセックスの力に、自ら心をかたくなにさせるということです。たとえいつか結婚できたとしても、契約を思い起こし更新させる、というセックスの力は、あなたの中でだんだんと失われていくのです。それは皮肉にも、本来セックスがもつ力を逆転させ、相手に対する献身や信頼をだんだんと失わせてしまうのです。

具体的な純潔

独身者として、仮に、キリスト教倫理を適用して純潔を実践しようと決心したらどうなるでしょうか。まず難しいことでしょうし、その決心の対極にある文化の中にあっては、なおさらです。しかし、以下のような助けを得られるなら、実現不可能ではありません。

第一に、人生にはイエスの「伴侶のような愛」が必要です。セックスが、全人生を懸けた関係内に限定されるのは、それが、キリストを通していつか経験できる、神と完全に結び合わされる喜びのほんの前味だからです。地上における男女間のどんなに熱狂的な愛でさえ、その究極の喜びがどんなものかの、ほんの手がかりに過ぎません（ローマ7・1〜6、エペソ5・22以下）。そうわかるだけでも大きな助けになります。どうすることもできないように思える性的な情熱に身をゆだねる理由の一つは、その瞬間に、私たちの心が「すばらしい恋人とのセックスこそ、私を心から満たしてくれるはず」という嘘を信じているからです。

誘惑を退けるためには、自分で自分に真理を語らなければなりません。恋愛関係で満たされようとする、私たちの魂が無限に求めるものは、決してセックスで満たされなどしない、ということを、自分に言い聞かさなければならないのです。あの罪が入り、キリストとの完ぺきな関係を失ったときに生まれた、私たちの心の中にある空虚を満たせるのは、顔と顔を合わせてキリストと再会することだけなのです。しかし、私たちは将来のキリストとの再会、その完全な愛を体験するまで、待っているだけではありません。聖書は、キリストの愛を知的に理解する信仰だけでなく、今、実際に、祈りを通して体験できると言います（ローマ五・五、エペソ3・17以下）。

また、そのために独身者は、クリスチャンコミュニティーを必要としています。つまり、結婚への期待や恐怖にとらわれすぎない仲間がいるクリスチャンコミュニティーの中で生きる必要があります。そこでは独身の仲間たちが、結婚相手をこの世の条件――美しさや財産といった――で選ばないのです。独身者に自分が不必要な存在だと思わせない、また、家族を偶像視することのないクリスチャンファミリーに囲まれて生活することも、独身者にとって大切です。

こういうコミュニティーのもう一つの特徴は、セックスが人生や人間関係にどんな役割を果たしているか、聖書から自由にオープンに話し合えることです。独身者も既婚者も、聖書がどう教えているかをよく考える機会が増えれば増えるほど、そう生きるためのサポートを独身者は一層感じられるようになるでしょう。性的関係をもたないけれど、親密な恋愛関係を求める独身者は、同じゴールを目指す仲間がいる大きなコミュニティーを必要としているのです。

最後の二段落をざっと読んで、こういう反対の声を上げる人もいるでしょう。「しかし、そんな教会はどこにもないですよ」。おおむねそのとおりですし、牧師として率直に告白させてもらえれば、私自身の教会もそういうコミュニティーを目指して、独身者を励ましては、さらに失敗することが多い、といったサイクルをくり返しています。読者の皆さんにはぜひ、ご自分の教会でこうした条件を整えるか、こうしたコミュニティーであることを最優先するような新しい教会を始めていただきたいと願っています。

最後に、セックスについての考えと欲求とについて、バランス感覚をもつことを勧めます。セックスについての強い思考や夢想は、どんなものでも汚らわしく罪深いと感じてしまうクリスチャンもいれば、逆に耽《ふけ》り放題という人たちもいます。福音は、律法主義でも反律法主義でもありません。クリスチャンは神に従うことによって救われるのではありませんが、本当の救いとは、その感謝から神に従いたいと思わされるのです。これは、思考と誘惑にどうアプローチしたらいいかという、絶妙なバランス感覚を生み出します。例えば、マルチン・ルターは、性欲についてくり返してこう言いました。「あなたは鳥が自分の頭の上を飛ばないようにすることはできないが、あなたの髪の毛の中に巣を作ることを止めさせられる」。性的な考えが湧き上がるのを止めることは不可能で、自然であり、避けられない、とルターは言いたかったのですが、同時にその考えに対して私たちがどう行動するのかという責任はあるのです。その考えに耽り、楽しみ、居座ってしまってはいけないのです。

そして、もし私たちが性的な間違いを犯しそうなとき、恵みの福音を自らの良心に言い聞かせます。その福音とは、罪を軽く扱うことも、自分にむち打ち罪責感にもがき苦しむことも、よしとしません。過去の過ちが赦され清められるという、福音の力を理解することは、大きな助けです。過去の未解決の羞恥心や罪悪感から、現在の過度な幻想がかき立てられていることが少なくないからです。

自問自答

究極的には、クリスチャン独身者がキリスト教的性倫理を具体的に実践するマニュアルはありません。実践には確信が必要です。有名な小説『ジェーン・エア』で、ジェーンはロチェスター氏と恋に落ちますが、彼は既婚者で、その心病んだ妻が屋敷の屋根裏に住んでいることを知ります。にもかかわらず、彼はジェーンに愛人として自分と一緒に暮らして欲しいと迫るのです。これが彼女の心に、激しい嵐——すさまじい葛藤を引き起こすのです。

……彼が語っているあいだに、わたしの良心と理性は、わたしに背いて敵側につき、彼に逆らうのは罪悪である、とわたしを非難した。良心と理性は、感情にも劣らぬくらい大きな声でどなった。そして、感情は狂気のごとく喚《わめ》いていた。「おお、承諾なさい！」と感情は言った。「あの方の不幸を考えなさい。あの方の危険を思いなさい——ただ一人、とり残されたときの、彼の様子を見なさい。彼のひたむきな性質を忘れてはいけない。絶望のあとにくる、無鉄砲さを考えてみなさい。——あの方を、なだめてあげなさい。救ってあげなさい。愛してあげなさい。あの人を愛していると言いなさい。あの人のものになりますと言いなさい。この世で、誰が、おまえのような者を心にかけてくれるだろう？　また、どこにおまえの行為で傷つけられる人がいるだろう？」〔2〕

ジェーンは自分の内面にある、様々な余裕や能力を見分けようとしています。良心があり、理性があり、感情があり、そしてそれらが一度に立ち上がって、ロチェスター氏の願いを叶えるべきだと主張しています。彼は孤独で不幸だ――ジェーンなら彼を慰めることができる。彼はお金持ちでジェーンに夢中だ――これまで苦労してきたのだから、ジェーンにはその権利がある。しかし、それらすべての声にジェーンは抵抗します。

けれども答えは、なおもひるまず、たじろがなかった。「わたしは自分が大事だ。孤独であればあるほど、友もなく庇護もなければないほど、ますますわたしは自分を尊重する。わたしは、神によって与えられ、人間によって認められた法律を守ろう。わたしは、自分が正気で狂ってはいないとき――いまのわたしのように――わたしが受け入れた道徳を守ろう。法律や道徳は、誘惑のないときのためにあるのではない。肉体と魂が、法律や道徳の峻厳に対して反逆したとき、そのようなときのためにあるのだ。法律や道徳は厳酷なものである。それは侵されてはならぬ。もし自分一個の便宜のために、それを破ってもいいものなら、その価値はどこにあろう？　それは価値あるものだ――わたしは、いつも、そう信じてきた。もしいま、それが信じられないならば、それはわたしの精神に異常があるからだ――完全に異常がある証拠だ。血管に血が駆けめぐり、心臓は鼓動がかぞえきれぬほど早くうってくる。以前からいだいていた意見や決心だけが、このようなときにわたしの堅く守るべき唯一のものだ。そこにわたしは、しっかりと足を据えなければならぬ」
そしてわたしは、そのように、しっかりと足を据えた。〔3〕

『ジェーン・エア』は何度も映画やテレビドラマ化されてきましたが、私が知っている限り、この場面でロチェスター氏が強く懇願しても、ジェーン自身の自問自答が描かれることは、今までほとんどありませんでした。そこでは、ジェーンが「私は自分を大事にするわ」などと言って抵抗するだけなのです。ですから今どきの視聴者は、ジェーンがその気高い自尊心を固守するため誘惑を退けたと錯覚し、ロチェスター氏の愛人になるのが不道徳だというのでなく、そんなことで自分の品位を落としたくはない、と言っているように思えるのです。確かに私が見てきた限り、映画版はどれも、彼女が自分の内面を見て、二流の立場に甘んじることを拒絶するだけの内なる自信と自尊心を見出した、という印象を与えています。

しかしここで彼女が、どう抵抗しているのかに注目してください。自分の心を探って、何かの力を得たのではなく、そこに激しい葛藤以外何もないことに気づいた彼女は、自分の心の声を無視して、神の声に意識を向けるのです。神の道徳律法は、その瞬間、彼女にとって頭でも心でも理解できないものでした。到底納得できない不公平なものに思えました。しかし彼女は言います。もし道徳が自分にとって不都合なとき、破れるものなら、道徳には一体どんな価値があるのか、と。もし、神の言葉が自分にとって納得できる、とか、得になりそうな場合にだけ従うものなら、それは本当の服従とは言えないのです。従うとは、あなたが相手に同意できない場合でも、自分に対する権威をその人に委譲するということです。神の律法は、誘惑のとき――「肉体と魂が、法律や道徳の峻厳に対して反逆したとき」――のためにあるのです。

ですから、自分の感情や直感ではなく、神の言葉にジェーンは自分の足を置いたのです。私は、クリスチャンの独身者が誘惑についてすべき自問自答として、これ以上に明瞭で雄弁な例を見たことがありません。あなたの足をどこにどのように置けばいいか、学ぶことの大切さを思わされます。

結婚における性愛の大切さ

さて、聖書はセックスを結婚に限定しているので、夫婦にセックスを楽しみ、頻繁にするよう教える箇所があちこちにあっても不思議ではありません。すでに言及したのは、雅歌と箴言5・19の、目から鱗が落ちるような、夫たちに自分の妻の体を楽しむよう勧める箇所です。Ⅰコリント7・3～5では、パウロは驚くほどの率直さで、夫婦の性的関係の大切さと現実性について語っています。

夫は自分の妻に対して義務を果たし、同様に妻も自分の夫に対して義務を果たしなさい。妻は自分のからだに関する権利を持ってはおらず、それは夫のものです。同様に夫も自分のからだについての権利を持ってはおらず、それは妻のものです。互いの権利を奪い取ってはいけません。ただし、祈りに専心するために、合意の上でしばらく離れていて、また再びいっしょになるというのならかまいません。あなたがたが自制力を欠くとき、サタンの誘惑にかからないためです。

(Iコリント7・3〜5)

ここに、女性が自分の夫の合法的な所有物であると考えられていた時代に、「夫のからだは自分だけのものではなく、妻のものでもある」と言ったパウロの革新的な主張が見られます。「それは夫が自分の妻以外の誰とも性的関係をもたないという否定的義務と、妻にセックスの喜びと満足を提供するといった結婚の本分を果たす積極的義務があることを伝えている」(7)のです。これは、伝統的な二重基準《ダブルスタンダード》――すなわち、男性は複数のセックスの相手がいることを期待され、許容されていたのに、女性が同じことをしたら軽蔑された――に対する大打撃でした。前述の主張(妻のからだも夫のものである)と一対にして、パウロは、男女それぞれの配偶者が相互的性的関係の権利をもっているのだと教えていたのです。それまで、このようなことが主張されたことはなかったのです。

現代の読者はこの箇所を読んでも、現代的な人権の観点から納得するでしょうが、それはパウロが言おうとしていることとは全く違うのです。パウロは、結婚における性的満足について、驚くほど積極的な見方を私たちに与えます。コリントのクリスチャンが生活していたローマ文化は、「男は、合法的に跡継ぎを得るために結婚するのであり、性的歓びは婚外に見出すのが一般的だ」とされていましたが、専門家によると「パウロは、要するに、〈結婚の目的は、その家の名と財産と厳かな儀式とを継承し継続させる、合法的な後継者の生殖だ〉という異教的思想に対して、性的欲求を相互に満足させるものだという結婚の再定義を試みている」のでした。[8] つまり、パウロは、クリスチャン夫婦に対して、相互的で満足できる性的関係は、二人の結婚生活にとってかけがえの無い一部だ、と言っているのです。実際、この段落は、セックスが頻繁にもたれ、相互的であるべきだと教えているのです。どちらかが相手との性的関係を断つことは許されなかったのです。

性愛的な結婚

私は特にⅠコリント7章のこの部分は、非常に具体的な助けだと思います。夫婦はどちらも、セックスの歓びを得ようとする以上に、与えようとすることに最大限心を注ぐべきです。つまり、セックスの最大の歓びは、「相手の歓びを目にする」という歓びであるべきなのです。歓喜を与えることが最大の歓喜であるという境地にあなたが達するとき、聖書の原則に従って行動していることになるのです。

本章のためのリサーチをしていたとき、昔キャシーとした会話を思い出しました。新婚の頃のけんかはあまり覚えていないのですが、ちょうどその頃セックスがだんだんつらくなっていたことが書き留めてあった覚え書きが、いくつか出てきました。それについて、キャシーも、セックスの最中に絶頂《オルガスム》を感じなかったら、二人とも失敗したような気になったと言っていました。彼女に「どうだった」と聞いて、「痛かった」と言われると、私は途方に暮れ、彼女も同じ気持ちでした。希望の光が見えてくるまで、何と多くの失敗の山を越えてきたことか。キャシーはその経験をこう書き留めています。

私たちは、特に二人が同時に達するオルガスムはすばらしいということがわかってきた。でも、たとえそれがなくても、一つになるという経験だけで生まれる、畏怖、驚異、安心、歓喜という感情は、深い感動と満足を呼ぶ。そして、どうしたらうまくいくかばかりに気を取られることから解放され、セックスを通して、ただ単純に愛を表現し合うようになったときから、すべてが前に進み始めた。どれだけうまくできたか、どれだけ得られたかを、気にすることもやめた。そして私たちは「お互いに何かを与えるだけになるには、どうしたらいいだろう」と問い始めた。

これは、現実に多くの夫婦が直面している、典型的な問題に密接な関係があるでしょう。つまり、片方が相手よりも、もっと頻繁にセックスしたいという場合です。歓びを得ることでなく与えることがセックスの目的なら、したいと思う相手にセックスを贈り物として与えることができるのではないでしょうか。それも、れっきとした愛の行為です。「いやいや。感情の高まりも無いのに、そんなことをするものではない」などと中傷されるようなものではありません。愛する人に欲しいものを贈ることのどこがいけないのでしょう。

これに関係しているのは、満足できるセックスの雰囲気《TPO》とは何かを巡って、多くの夫婦が経験している不和です。万国共通だとは言いませんが、男性として正直に言えば、私にとって雰囲気はあまり関係ありません。正直なところ、いつでも、どこでも、できるのです。けれども、それでは、妻にとってとても大切なことに、私自身は無頓着だ、ということがわかるようになりました。雰囲気？　ああ、キャンドルとかそういう？　そして、もちろん、キャシーは他の多くの女性と同様、「キャンドルとかそういう」もののことを雰囲気だと言っているわけではないのです。ぬくもりや会話などの親密感が欲しい、気持ちの準備が必要だと言うことです。かなり時間がかかりはしましたが、私は二人の間の、そういう違いを学ばされました。だから、セックスに関しては、お互いに非常に忍耐をもつことを学ばされました。私たちが、性的にもお互いを満足させられるようになるには何年もかかりましたが、その甲斐はあったと思います。

試金石としてのセックス

聖書は、セックスを高く評価します。それは、夫婦にとって、互いと、また神との一致のしるしであり封印です。だから、セックスがなければわからなかったような、「ベッドで明らかになる」問題に直面しても驚くべきではないのです。過去の関係にまつわる後ろめたさ、恐れ、怒りがあるかもしれません。現在の関係の中でも、不信感、軽蔑、あるいは未解決の問題が現れ始めているかもしれません。セックスはあまりにも力強く、かつ繊細なので、そういう問題にふたをしてしまうわけにはいかなくなるのです。結婚関係がいい状態でないかぎり、セックスは機能しません。ですから、表面下に何が隠されているのかに注意を向けるのです。「セックスの相性が合わない」とは、実は、単に技術不足などといったことではないのです。むしろそれは、結婚関係におけるもっと深い問題を表す兆候かもしれません。その問題が取り扱われてはじめて、セックスにおける親密度が深まるということは少なくありません。

結婚における根本的な法則は、時が前進していく、ということであり、また、ルイス・スミーデスが言ったように、たった一人と言うより、まるで全く違う複数の人と結婚したようなものだということです。時間、子ども、病気、加齢などの変化に伴い、最初は簡単に思えた性的親密さを、新しい状況に適用させるため、工夫と忍耐が必要になってくるのです。こうした変化に向き合わず順応しようともしないなら、性生活は荒んでいきます。キャシーと私はよく、夫婦のセックスをエンジンのオイルに例えます。それが無いと、可動部分の摩擦熱でモーターが焼けてしまうのです。喜びと愛に満ちたセックスがなければ、夫婦間の摩擦が怒りや憤慨、頑なさや失望をもたらします。もはや二人を一つに結びつけるための接合剤として機能せず、むしろ引き裂く力となってしまうこともあるのです。自身の性生活に取り組むことを決して諦めてはいけません。

セックスの栄光

セックスは栄光に満ちています。たとえ聖書が無くても、それくらい私たちには分かります。セックスは、崇敬《アドレイション》の言葉を促し、文字どおり、喜びと賛美の叫びを引き起こします。聖書を見れば、なぜこれが現実なのか分かります。ヨハネ17章は、永遠の昔から父と子と聖霊が、互いに崇敬と栄光を現し、互いへの崇高な献身をもって生き、愛と喜びをお互いの心にずっと注ぎ続けていることが示されています（参照　ヨハネ1・18、17・5、21、24〜25）。一人の男性と一人の女性とのセックスは父と子の間の愛を指し示します（Iコリント11・3）。それは、三位一体の神のいのちそのものの中にある、喜びに満ちた自己犠牲と、愛の楽しみの反映とも言えます。

また、セックスが栄光に満ちているのは、三位一体の喜びを反映しているからだけでなく、天国において——神とお互いとの、愛に満ちた関係の中で——得られる、永遠の喜びを示しているからでもあります。ローマ7・1以下では、最高の結婚は、私たちが愛するキリストと、深く、無限に満たされる、最終的な一致を指し示していると言われています。

よく、男女のセックスは、自分の体から抜け出るような体験だと言われますが、もっともです。それは、何よりも、恍惚として、息をのむようで、大胆不敵で、想像すらつかないような姿、つまり、私たちの将来そのものだからです。

エピローグ

結婚は、単なる人間の愛の一つの形として成り立っているわけではありません。恋愛感情や友情でも、あるいは単なる義務感や奉仕の精神の表れというわけでもありません。むしろ、以上のすべてを含み、かつ、それ以上なのです。そう考えると圧倒されそうですが、そのような一見不可能な要求に応えるだけの力は、一体どこからくるのでしょうか。

十七世紀のクリスチャン詩人、ジョージ・ハーバートは、愛についての詩を三篇残していますが、最も有名なのは最後の、タイトルもそのまま「愛（三）」というものです。

愛は私を招き入れたが、私のたましいはためらった
ちりと罪に汚れていたから
愛はすぐにきづき、ためらう私を見ていた
戸口を入ったその時から
私に近づき、優しくたずねた

何をためらっているのかと
「ここにふさわしくない客ですから」私は答えた
愛は言った「おまえは十分ふさわしい」
「私が？　冷淡で、恩知らずな私が？　ああ
私にはあなたを見上げることができません」
愛は私の手を取り、ほほえみながら言った
「わたしが、その目をつくったのでは？」
「そのとおりです、主よ。しかし、私はそれを汚しました。
どうか私の恥が受けるにふさわしい報いを与えてください」
「おまえは知らないのか」と愛は言う
「誰がその恥を担ったのか」
「わが主よ、それではあなたに仕えさせてください」
「まず座りなさい」と愛は言う
「味わうのです、わたしの肉を」
そこで、私は座って、食べた

愛は詩人を歓迎しますが、彼はその罪悪感と罪ゆえに「ためらい」、戸口で尻込みしてしまいます。しかし、愛には何でもお見通しです。彼の躊躇を見て、「何かお困りですか」と聞いてくる昔の宿屋の主人のように、優しい言葉で近づきます。客は、大事なもの、つまり愛される価値そのものが自分には足りないのだと答えます。主人は、現実的に、しかし確信をもって、自分がその価値を用意するつもりであることを告げます。愛すべき存在だからというのではなく、むしろ愛すべき存在とするために、その客に愛を示そうと言うのです。

客は、自信無さげに、自分は愛を見上げることさえできないのだ、と答えます。

謎の人物は、そこで正体を明かします。「わたしはあなたのその目のつくり主だ。知っているだろう。そして、わたしはその目を、わたしを見させるためにつくったのだ」。客は彼を主と呼んでいることから、その愛が誰かやっと気づいたようです。しかし、まだ望みをもてないでいます。

「この恥知らずを放っておいてください」

「信じないとでも？　その恥をわたしが負ったのだと」

こうなってはもう、客の心の奥深くにある恐れや疑いでさえ、返す言葉がありません。そして、主は優しくも断固として、席に着くよう言います。そして今、世界の主であり、弟子たちの足を洗った方は、本来はテーブルに着く資格も無い者に愛をこめて給仕するのです。

「わたしの肉を味わってごらんなさい」
「そこで、私は座り、食べた」(1)

フランスの哲学者・作家・活動家のシモーヌ・ヴェイユは、ユダヤ人の不可知論者でした。しかし、一九三八年のある日、ジョージ・ハーバートのこの詩について黙想しているうちに、キリストの愛に圧倒されるような強烈な経験をしました。その瞬間について、彼女はこう書いています。「キリスト自身が下ってきて、私をとらえたもうた」(2)。そのときから、彼女はクリスチャンであることを公言するようになります。彼女は、そんな体験を期待したり求めたりしていたわけでもなく、神秘体験についての本を読んだこともありませんでした。ユダヤ人の不可知論者として、このようなキリスト観を抱くとは思ってもいなかったのです。にもかかわらず、この詩を通して、キリストの十字架の犠牲は、彼女にとって現実になりました。「私に対するキリストの突然の支配に……私は、愛されている者の微笑の中によみとれる愛とよく似た愛の存在を、苦しみを通して感じ取っただけでございました」と言っています(3)。

本書で、ルイス・ザンペリーニの回心、つまり彼にキリストの愛があふれ出て、何年もの間自分を拷問にかけた人々を、突如として赦せるようになったことに触れた際、霊的な成長はいつもこのように働くとは限らないと釘を刺しました。同じことをシモーヌ・ヴェイユについても言わなければなりません。ハーバートの詩は霊的芸術として際立っています。いつも深い感動をもたらすでしょうし、私も個人的に、この詩が自分の心に力強く働いたことを認めますが、しかし、もしあなたが、たった一度だけの、自分の疑いや恐れをことごとく取り去ってくれるような、霊的出会いを期待して、この詩に向かうなら、間違いなく期待外れに終わります。

とはいえ、一日の終わりに、思わず歌いたくなるような結婚の大いなる土台になるのは、やはりキリストの愛です。キリストを受け入れた人の中には、まるで自分の固い心を突然覆うほどにあふれてくるようなキリストの愛を体験する人もいるでしょう。逆に、それは霧雨か霞のように、優しくじわじわと染み入るような経験をする人もいます。しかし、いずれの場合も、その心は、キリストの愛によって潤される地面のようになり、人の、どんな愛をも、成長させるのです。

愛する者たち。私たちは互いに愛し合いましょう。愛は神から出ているのです。……愛のない者は神を知りません。神は愛だからです。……私たちが神を愛したのではなく、神が私たちを愛し、私たちの罪のために、宥めのささげ物としての御子を遣わされました。ここに愛があるのです。愛する者たち。神がこれほどまでに私たちを愛してくださったのなら、私たちもまた、互いに愛し合うべきです。いまだかつて神を見た者はいません。私たちが互いに愛し合うなら、神は私たちのうちにとどまり、神の愛が私たちのうちに全うされるのです。

（Ⅰヨハネ4・7、8、10〜12）

付　録――意思決定とジェンダーロール

ティムと私（キャシー）は、日常的なものから複雑なケースまで、以下のような原則に基づいて様々な決断をしてきました。この四つのガイドラインに私たちは助けられてきたので、読者の皆さんの参考にしていただければと思います。

夫の権威は（御子の私たちへの権威のように）、**決して自分自身を喜ばせるためではなく、妻の関心事に仕えるためにのみ用いられる**――「かしら」であるとは、夫が単純に「何でも決定する」とか、意見が合わない場合、自分のやり方を押し通していいということではありません。なぜでしょうか。イエスは決して自分を喜ばせることはしなかったからです。（ローマ15・2～3）。仕えるリーダーとは、自分の願いや必要を犠牲にして、パートナーを喜ばせ建て上げなければなりません（エペソ5・21以下）。

妻は決して素直に従うだけであってはならず、自分に与えられているすべての力を用いて

夫を力づけるべきである――妻は夫の、最も信頼できる友であり助言者（夫もまた妻にとってはそうであるように）です（箴言２・17）。相手を包容する「補い合い」は、与え、また、与えられるという行為が繰り返されるのが必然です。互いを補い合うとは、夫と妻が互いに耳を傾け、自分たちの意見をつくり上げていくことです。「補い合う」とは簡単ではありません。お互いに練られ、豊かにされ、高め合うまでには、愛ゆえの衝突も（箴言27・17）、柔和や穏やかさで表現されるもの（Ｉペテロ三・３～５）でなければならないでしょう。二人が話し合うとき、妻はそのすべての賜物と手段を使い表現し、夫は（賢明な経営者のように）妻の専門的知識を前に、自分の（あまり事情に通じていない）意見の引き際をわきまえる必要があります。

妻は自分の夫に無条件に服従すべきではない――どんな人間も、他の人間に無条件に服従すべきではありません。ペテロが言ったように、「人に従うより、神に従うべき」（使徒５・29）だからです。つまり、妻は、神が禁じていることをしている（薬物を売るとか妻に暴力を振るうような）夫に従ったり助けたりするべきではありません。例えば、もし夫が妻を殴るなら、彼女が夫に与えるべき「強力な助け」とは、心で夫を愛し赦しつつ、警察に通報することです。相手の罪を前にしても、穏便に済まそうとする、あるいは、見過ごすことなどは、決して親切でも愛でもありません。

夫の「かしら」としての役割が当然とされるのは、自分の妻や家族に仕える目的のために用いられる場合だけである――「聖書によると、夫も妻もお互いに自分を犠牲にして仕えるべきなのでは？」と言う人もいるでしょうが、子なるキリストが自身の「かしら」、父なる神に従うことも、私たちが「かしら」であるキリストに従うことも明白です。(1) しかし、平等に尊厳をもち存在する人間が相互に仕える場合、この「かしら」という権威はどのように機能するのでしょうか。「かしら」が妻の意見を却下できるのは、彼女の選択が彼女自身や家族にとって破壊的行為となることを確信できた場合だけです。夫は、自分の「かしら」としての役割を、自己中心的に――購入する車の色を決める、リモコンを優先的に使う、妻に「家にいて子どもたちを見ていて」と頼まれた夜に、男友達と遊びに出かける、など――自分のしたいことのためには使わないのです。

これは、男女双方から最も誤解されているところです。「仕えるリーダー」の役割なんて考えもしないか考えたくもないのか、男性であるからには特権があるのだと信じ込んでいる男性がいます。そうした誤解の犠牲になる女性は少なくなく、逆に自分の地位をおとしめるような考えには一切耳を貸そうとしない女性もいます。

しかし、結婚関係には、たった「二票」しかありません。どちらかが譲らずに、どうして前に進めるでしょう。ほとんどの場合、二人の間の緊張状態は、片方が自分のしたいことより、相手のそれを優先させることで打開できます。妻は夫のリーダーシップを尊重しようとし、夫は逆に妻を喜ばせようとするのです。もしこれが健全に機能し、聖書的な土台をもとに結婚関係が築かれているなら、お互いの意見が有無を言わさず「却下」されることなど、ほとんどないでしょう。

しかし、双方の同意なしに、何らかの決断を下さなければならない場合はどうでしょうか。誰かが決断する権利をもたなければなりませんが、同時にその決断の責任の大半を負わなければならないのです。

これは、聖書が言う「かしら」である夫が、説明責任《アカウンタビリティ》を負わなければならないケースです。そうなった場合、両者共に自分たちの役割に「専念」します。夫婦のどちらも教養がある場合、決断を下したがるのは、大抵夫より妻であることが多いので混乱を招きやすいのですが、そういうときこそ、あの贖いのドラマを思い出し、自分もその演者となるのです。子が自ら進んで神であること、つまり「かしら」であることを父に明け渡し、こう言ったのです。「わたしの願いではなく、あなたのみこころが、なりますように」と。

一九八〇年代の終わり頃、私たち家族は、ティムが常勤の教授職に就いていたフィラデルフィアの、非常に暮らしやすい郊外で、快適に暮らしていました。その後、ニューヨークに移って新しい教会を開拓しないかとの打診を受けました。ティムはその提案に興奮しましたが、私は青ざめました。やんちゃな三人の息子をマンハッタンで育てることなど想像できませんでした。それだけではなく、マンハッタンについてちょっとでも知っている人なら誰でも、そんな計画が成功するとは当時考えられなかったのです。またそれは、ティムにとって単に九時から五時までの仕事としてできるようなものではないことを思い、私は、家族も、また家族での時間のほとんども、犠牲になるだろうと予想しました。

ティムがその招きを受けたがっていることは分かっていましたが、それが正しい選択なのかどうか私は真剣に悩んでいました。自分の強い疑問をティムにぶつけてみたところ、彼はこう返しました。「そうか。もし君が行きたくないなら、行かなくてもいい」。けれども私はこう答えました。「そうじゃない、そんなことはしないで。この決断を私に押しつけないで。それでは責任放棄だわ。もしあなたが正しいと思うなら、最終決断をするというリーダーシップを取るべきだわ。この袋小路を突破するのは、あなたの仕事よ。私の仕事は、喜んであなたの決断を支援できるようになるまで、神様と向き合うことなの」

ティムは結局ニューヨークに行くと決断して、リディーマー長老教会を開拓しました。子どもたちも含めて家族全体が、彼のこの決断を、それまでの中でも最も「男らしい」決断の一つだったと考えています。というのも、実は非常に不安だったにもかかわらず、彼自身が神からの招きを感じてそうしたからでした。その時点ではまだ、ティムと私は二人とも、自分の役割にまだ居心地の悪さを覚えていましたが、自分のジェンダーロールを、私たちをつくった造り主《デザイナー》からの贈り物として受け入れた今では、神が私たちのうちに、また、私たちを通して働くことが、はっきりとわかります。

こんなとき、なぜ女性は従わなければならないのでしょうか。「女性にはそれほど決断力が無いから」という「伝統主義」的解答は拒まなければなりません。実際には、夫よりも決断力のある妻は多いのです。それなのにどうして、女性には従うという役割が与えられているのでしょうか。前述したように、答えは別の質問になります。「なぜ、キリストは、人となって、自身の権威を父に明け渡したのでしょうか」。私たちはその答えを知りませんが、そこに、キリストの優柔不断さではなく、偉大さという特徴を見るのです。女性は、そういうキリストに従うよう召されています。しかし、これも忘れないでください。権威を適切に引き受けることは、それを明け渡すのと同じくらい大変なことなのです。

原注

序文

（1）本書は、ニューヨーク、リディーマー長老教会での宣教初期、一九九一年秋に、私（ティム）が行った説教シリーズに基づいたものですが、大部分は、私たち夫婦が三十七年間相互に交わした経験、会話、思索、研究、教育、カウンセリングなどから成り立っています。妻キャシーと私は、結婚を理解しようというプロセスを共に歩んできましたし、この九回連続説教シリーズでさえ、キリストにある結婚について理解しようとした私たちの努力の賜物です。私は単にそれを報告する代表者にしかすぎません。

（2）十二歳のとき、キャシーはC・S・ルイスに手紙を書き、彼からもらった返事を自分のナルニアシリーズの内側に張り付けていました。ルイスからの四通のキャシー・クリスティー宛返信は、*Letters to Children* と、*Letters of C. S. Lewis* の第三巻に収録されています。

（3）『痛みの問題』（中村妙子訳、新教出版社、二〇〇四年）一九一～一九三頁。面白いことに、ルイスそのものが私たち二人にとっての「秘密の糸」になりました。

（4）“How Firm a Foundation”――John Rippon によって一七八七年に作詞されたもの。

（5）本書では、男女の役割（ジェンダーロール）の違いと、セクシャリティの問題という、教会と現代社会との中でも、最も議論を引き起こす二つの問題を扱わないわけにはいきません。これから主に取り上げる聖書箇所（エペソ書5章と創世記2章）が、その神学的な議論の言わば戦場です。そこに「かしら」と「助け手」といった、その意味や意義について気が遠くなるほど長い論争を呼んだ用語が出てきますが、具体的に、「夫婦間の男女の役割に区別があるのか」、また、「妻は夫に最終的な権威を委ねるべきか」、という議論です。第二の議論は、同性婚にかかわる問題です。この点については、聖書においてほとんど議論の余地はありません。聖書は異性愛を強く支持し、同性愛を禁じています。実際、後述するとおり、聖書による結婚の主な目的の一つは異性間の親密な関係ですが、現代社会は、同性同士が結婚できる権利を与えるべきだという主張がますます広がりつつあります。

こうした論点について何の前提も持たずに結婚について語ることはできません。中立なままでいられるという選択肢はありません。私たちの立場は、男性のリーダーシップ、男女の役割の違い、および異性愛、という、慎重な表現をとりつつも、伝統的なキリスト教的理解に立つものです。脚注を使いながら、私たちの立場の根拠となる、聖書の主張と立場を挙げていきますが、それを中心に議論を深めるわけではありません。本書はそう主張するために完ぺきな証拠を並べて、すばらしい反論や、それぞれの論点に答えるために書かれたものでは無いからです。むしろ、私たちの目的は、私たちの主張をできるだけ詳細に説明し、次にその考えをどうやって実際に生かせるかを示すことです。そうすることで、読者がこうした意見に納得し、本書において示そうとしている結婚生活の具体的なイメージを思い浮かべるうちに、それなら試してみたいと興味をもってもらうことだからです。

（6）この部分については主に第7、8章でより詳しく扱います。

（7）私が、ここで取り上げた考え、つまり性と結婚について、聖書が一貫しており、非常に賢明だという考え方が、現代社会において専ら非難の的であることは、十分承知しています。ジェニファー・ナストの*Unprotected Texts: The Bible's Surprising Contradictions About Sex and Desire* (Harper One, 2011) は、その一例です。ナストは、聖書が一夫多妻と売春を（旧約聖書の数カ所で）受け入れている場合と、（新約聖書の数カ所では）禁じている場合がある、と論じます。また全体的に聖書は、性と結婚について、首尾一貫していない、一定のガイダンスを提供してはいない、と結論づけています。

例えば、彼女は序章でこう書いています。「聖書は売春に反対していない。少なくとも、一貫して反対してはいない。例えば、聖書の族長ユダは商用旅行中に遊女に声をかけることをためらわなかった。……ユダが怒ったのは、ただ、この『遊女』が実は自分の嫁タマルであると知ったときだった。……聖書は遊女とか売春に反対しているのだろうか。必ずしもそうではない。……」(p. 3)。しかしそうした行動があったと記しているからというだけで、聖書記者がそれを奨励していることにはなりません。ヘブライ文学者ロバート・アルターが、著書*The Art of Biblical Narrative* (Perseus Books, 1981) で、創世記38章が次の章（ヨセフが自分の主人の妻と寝るのを拒んだ箇所）と強く結びついている点について非常に詳しく検証していることを、ナストは知らないようです。アルターはこう結論づけます。「ユダからヨセフの物語に戻ると（創世記39章）、性的な自制心の無さによる恥さらしの話から、性的な自制という、敗北に見えて、究極的な勝利の話――ヨセフとポティファルの妻――への鋭い対比に引き込まれるのだ」(pp. 9-10)。アルターは、ヘブライ文学のおそらく最も有力な専門家として、創世記の著者が「売春に反対していない」などとは決して言いません。語り手は、意図的にユダの振る舞いをヨセフと対比させて、次章では結婚外でのセックスを「そのような大きな悪事」および「神に罪を犯すこと」と呼んでいるのです（創世記39・

9)。物語において売春と一夫多妻が関係者全員に言葉に尽くせぬ悲惨をもたらしているのに、こうした根拠から、創世記が売春や一夫多妻を見逃すなどということは、物語の読み方を習得する上で初歩的な間違いを犯しているのだと思います。

私は、ナストが取り上げる箇所を、四十年間個人的に研究し、また公に教えてきましたが、一節ごとに、ナストの読み方を論駁できるような、もはや常識とも言えるすばらしい研究が、数えきれないほどなされています。奇妙なことに、ナストは読者にその主張の根拠となるヒントをほとんど示さず、リベラルから保守派まで、聖書の学識者が全員一致して彼女の意見に反対している箇所（その創世記38章の解釈のような）の根拠を示す脚注をただの一箇所も提供していません。私はこれが、性について聖書の知恵を攻撃する論者や書物、記事のほとんどすべてに共通することに気づきました。

第1章

（1）アダムはエバを見たとき、突然、詩を口にしますが、それはこの出来事の重要性とエバに対するアダムの心からの力強い反応を示すために表された非常に印象深い行動でした。アダムが初めて口にした言葉は訳しにくいものです。文字どおりに訳すと「これ――このときだ」。ＮＩＶの訳〔"At last!"〕は単純に「今だ」という意味にとっています〔新改訳も「今や」です〕。ＮＲＳＶは、より良い訳で、"This at last—is bone of my bones and flesh of my flesh!"〔「これこそ、ついに、わが骨の骨、わが肉の肉」〕としています〔新改訳欄外参照〕。

（2）この段落の題材は、W. Bradford Wilcox, ed., *The State of Our Union: Marriage in America*, 2009 (The National

Marriage Project, University of Virginia)　および、*The Marriage Index: A Proposal to Establish Leading Marriage Indicators* (Institute for American Values and the National Center on African American Marriages and Parenting, 2009) です。両報告書は、ウェブサイトからＰＤＦ形式で読むことができます。

それぞれ http://www.stateofourunions.org/、および、http://www.americanvalues.org/（以上、Wilcox）、また、http://www.hamptonu.edu/ncaamp/ (American Values) で見つけることができます。

（3）一九七〇年には初婚の七七パーセントがそのまま続いていましたが、今日では六一パーセントだけです（*The Marriage Index*, 5）。見方を変えれば、今日では、結婚総数の四五パーセントが破局や離婚に終わっているのです（*The State of Our Union*, 78）。

（4）*The Marriage Index*, 5.

（5）"The Decline of Marriage and the Rise of New Families" (Pew Research Center Report, November 18, 2010). アクセスは、http://www.pewsocialtrends.org/2010/11/18/the-decline-of-marriage-and-rise-of-new-families/2/ より。

（6）Wilcox, *The State of Our Union*, 84.

（7）Mindy E. Scott, et al., "Young Adult Attitudes about Relationships and Marriage: Times May Have Changed, but Expectations Remain High," in *Child Trends: Research Brief* (Publication #2009-30, July 2009). 同書の扉を参照。http://www.childtrends.org/wp-content/uploads/2009/07/Child_Trends-2009_07_08_RB_YoungAdultAttitudes.pdf でアクセスできます。

（8）David Popenoe and Barbara Dafoe Whitehead, *The State of Our Unions: 2002—Why Men Won't Commit* (National Marriage Project), 11.

(9) Ibid., 85.

(10) Ibid. 結婚前に同棲する人は、結婚式まで同棲しない人よりも離婚に終わる確率が高くなります。しかし、そうなる理由については一致した意見はありません。同棲中の経験が、結婚してからの関係悪化につながるような悪習慣を生むからだ、という説もあります。結婚前の同棲を選択する人はそうでない人とは違う特徴があり、同棲そのものよりも、もともともつ特徴自体が後に破局を引き起こすのだ、という説もあります。どれも最終的な結論にとってはたいした差にはなりません。同棲に積極的であることは、後の結婚関係の脆さと関係しているからです。原因はどうあれ、同棲の願望や選択は将来の結婚関係を強める可能性を低くするのです。

(11) "Your Chance of Divorce May Be Much Lower than You Think," in Wilcox, *The State of Our Union, 2009*, 80.

(12) Popenoe, *The State of Our Union*, p. 7. 結婚よりも一緒に暮らしたほうがいいとしてあげられる十の理由の一つが、「彼らは妻を持つ前にマイホームを手にしたいのだ」(number 9) とあります。

(13) "The Surprising Economic Benefits of Marriage"〔「結婚の意外な経済上の利益」〕の出典は、Wilcox, *The State of Our Unions*, 86.

(14) Ibid., 87.

(15) http://answers.yahoo.com/question/index?qid=20090823-064213AAoKwvq〔現在は削除されています〕

(16) Adam Sternburgh, "A Brutally Candid Oral History of Breaking Up," *New York Times Magazine*, March 11, 2011.

(17) Ibid.

(18) Linda Waite, et al., *Does Divorce Make People Happy? Findings from a Study of Unhappy Marriages* (American

Values Institute, 2002). http://www.americanvalues.org/UnhappyMarriages.pdf を参照。

（19）「本調査で明らかになったのは、結婚がうまくいかず離婚した標準的な成人が、心理的な幸福を指す十二の個別基準で評価した際、うまくいかないながらも離婚せずにいる既婚成人よりも不幸だと感じている、という事実である。離婚は一般的に、抑鬱状態の症状を減少させたり、自己評価を高めたり、支配感を強めたりはしない。これは、人種や年齢、男女、収入別に見ても同じである。……こうした結果は、離婚の利点が高く評価されすぎてきたことを示している」とリンダ・J・ウェイトは言います。*Does Divorce Make People Happy?* のプレスリリース（www.americanvalues.org/html/r-unhappy_ii.html）より。

（20）"The Decline of Marriage" (2010 Pew Center report). この報告書は、既婚者の八四パーセントが自分の家庭生活に非常に満足しているという結論を出しています。それに対し、同棲者は七一パーセント、独身者は六六パーセント、離婚したか別居している人は五〇パーセントです。

（21）Wilcox, *The State of Our Union*, 101.

（22）参照、"Teen Attitudes about Marriage and Family" in Wilcox, *The State of Our Unions*, 113. しかし、驚くべきことに、結婚前に同棲することが「いい考え」だと思う十代の数は、増加から減少傾向に転じ始めています。同報告はこう結論しています。「男子も女子も、結婚に代わる選択肢、とりわけ未婚の親になるというライフスタイルをますます受け入れるようになってはいるが、最新のデータは結婚前の同棲の受容において意外な低下傾向を見せている」（p. 112）

（23）John Witte, Jr., *From Sacrament to Contract: Marriage, Religion, and Law in the Western Tradition* (Louisville: John Knox Press, 1997), 209.

(24) ウィッテの次の記事を参照。"God's Joust, God's Justice: An Illustration from the History of Marriage Law" in *Christian Perspectives on Legal Thought*, ed. M. McConnell (New Haven: Yale University Press, 2001), 406ff.

(25) W. Bradford Wilcox. *Why Marriage Matters: Twenty-six Conclusions from the Social Sciences*, 3rd ed. (Institute for American Values, 2011). 同書の結論の一つは次のとおりです。「結婚は、人を人格的に成熟させ、その意識を危険で反社会的、あるいは自己中心的な活動から背を向けさせ、家族の必要に向かわせるのに特に重要だと思われる」。参照、http://www.americanvalues.org/bookstore/pub.php?pub=81#.UjlvCsa-2m4

(26) *New York Times*, December 31, 2010, http://www.nytimes.com/2011/01/02/weekinreview/02parkerpope.html

(27) Popenoe and Whitehead, *The State of Our Unions*. 以下のサイトでアクセスできます。http://www.freerepublic.com/focus/fr/773847/posts

(28) Sternburgh, "A Brutally Candid Oral History."

(29) Ibid., 13.

(30) Ibid., 15.

(31) Ibid., 17.

(32) Ibid., 17.

(33) Sara Lipton, "Those Manly Men of Yore," *New York Times*, June 17, 2011.

(34) Popenoe and Whitehead, *The State of Our Unions*, 14.

(35) Ibid.

(36) John Tierney, "The Big City: Picky, Picky, Picky." *New York Times*, February 12, 1995.

（37）Christopher Lasch, *Haven in a Heartless World: The Family Besieged* (New York, Basic Books, 1977). ラッシュは、人格と共同体とを創造する伝統的な結婚理解と、自律した個々人の個人的な必要を充足させる「癒しのための」結婚理解とを最初に対照させた一人です。

（38）Tierney, "Picky, Picky, Picky."

（39）C. S. Lewis, *The Four Loves* (New York: Harcourt, 1960), 123.〔邦訳文は、C・S・ルイス『影の国に別れを告げて　C・S・ルイスの一日一章』（中村妙子訳、新教出版社、一九九〇年）二六九～二七〇頁〕

（40）Stanley Hauerwas, "Sex and Politics: Bertrand Russell and 'Human Sexuality,'" *Christian Century*, April 19, 1978, 417-422. http://www.religion-online.org/showarticle.asp?title=1797 で入手できます。

（41）incurvatus in se は、「自分自身の内部に向けて曲げられている」の意のラテン語で、マルチン・ルターが罪人の性質を表現するために用いたものです。ルターのローマ書注解で、原罪と通常の罪性を表現して何度も使っていますので、参照してください。結婚における第一の問題が自己中心性であるというテーマについては、第2章「結婚を育てる力」で更に詳述します。

（42）Denis de Rougemont, *Love in the Western World* (New York: Harper and Row, 1956), 300. Quoted in Diogenes Allen, *Love: Christian Romance, Marriage, Friendship* (Eugene, OR, Wipf and Stock, 2006), 96.〔邦訳は以下を参照。ドニ・ド・ルージュモン『愛について――エロスとアガペ』上下、平凡社ライブラリー（鈴木健郎、川村克己共訳、岩波書店、一九五九年）四三八頁〕

（43）Ernest Becker, *The Denial of Death* (New York: Free Press, 1973), 160.〔邦訳文は、アーネスト・ベッカー『死の拒絶』（今防人訳、平凡社、一九八九年）二五八～二六〇頁〕

(44) Ibid., 167. 私は『偽りの神々』(廣橋麻子訳、いのちのことば社、二〇一二年)で、ベッカーの分析を応用して、聖書のヤコブとラケルとレアの物語を精読してみました。第2章「愛こそすべて?」を参照。

(45) この一例のような、本書を通して登場する夫婦の例話は、私個人の経験からきたもので、私の教会の牧会カウンセリングミニストリーからの実例ではありません。

(46) 例えば、Sharon Jayson, "Many Say Marriage is Becoming Obsolete" *USA Today*, November 11, 2010.

(47) Rashida Jones, speaking to E! Reported at http://ohnotheydidnt.livejournal.com/57296861.html

(48) 「オープンな結婚」がほとんどの場合、成功例がなく、実際はその反対であるという話をいくらでも耳にします。特にニーナ・オニールが世を去ったとき、そう実感させられたのです。オニールは、『開かれた結婚　カップルのための新しいライフスタイル』〔Nena O'Neill, *Open Marriage: A New Life Style for Couples*, (M. Evans and Company, 1972)、ニーナ・オニール、ジョージ・オニール『オープン・マリッジ――新しい結婚生活』坂根厳夫、徳田喜三郎訳、河出書房新社、一九七五年〕という、十四カ国語で三千五百万部以上を売り上げた画期的な本を共著した人物です。同書は、試験的な提案を繰り返します。「私たちは結婚外のセックスを勧めているのではないが、そうすることを拒むべきだと言っているのでもない。あなたの選択次第なのだ」。この主張は、有名な文章――「夫婦のみでのセックスなどは閉ざされた結婚の邪神(the false god of closed marriage)だ」――とともに、七〇年代にポピュラーだった心理学の学説に裏付けられて、多くの既婚読者たちに、自分の配偶者とは別のパートナーとのセックスへの保証書を与えてしまったのでした。ニューヨークタイムズ誌に掲載されたオニールの訃報では、同書の「大胆な提案は、勇気があるというよりも、痛々しいほど世間知らずだったように〔今にしてみると〕思える」と書かれています。『開かれた結婚』刊行後数年して、オニールは「ニューヨークタイムズ」にこう語っています。「結婚外のセックスそのものは非常に注意を要するコンセプトだと思います。一般的とは言えないし、そうだと証明されることも今後ないでしょう」。彼女は、開かれた結婚に挑戦しようとした多くの夫婦がその挫折に気づき、親密さを破壊する嫉妬と裏切りという感情を抱くに至った事実に触れています。（以上の引用は、Margalit Fox, "Nena O'Neill, 82, an Author of 'Open Marriage,' Is Dead," *New York Times*, March 26, 2006 から）言い換えれば、一夫一婦制に反対する考えが支持される一方で、それを証明する実験結果もしくはケーススタディーとしての証拠は皆無なのです。

(49) Elissa Strauss, "Is Non-Monogamy the Secret to a Lasting Marriage?" Posted June 1, 2011, at http://www.slate.com/blogs/xx_factor/2011/06/01/marriage_confidential_is_nonmonogamy_the_secret_to_marital_happiness.html.

(50) 例えば、ニューヨークタイムズ・マガジン二〇一一年六月三十日号の、マーク・オッペンハイマーの記事「既婚、不誠実だけど」で、彼はセックス相談のコラムを書いているダン・サヴェージがこう言っているのを引用しています。「安全なセックス、性病予防、安定した心理状態、（妊娠した場合の）父親が誰かという問題を考えれば、一夫一婦制が勝っているとは認める。しかし一夫一婦制をとる人も、四分の一くらいは妥協して一夫一婦制の問題点を認める必要があると思う」

(51) 例えば、Dr. Neil Clark Warren, "On Second Thought, Don't Get Married," at huffingtonpost.com/dr-neil-clark-warren/on-second-thought-don't-ge_b_888874.html を参照。

(52) これは挑発的な宣言に思えるかも知れませんがそうではありません。社会史の本はどれも、結婚がその原点を「有史以前」にもっていると教えるでしょう。言い換えれば、人類は結婚などなかった時代を思い出せないのです。何かしらの遠く離れた文化や少数民族が結婚なしに存在している事例を挙げようとする努力は何度も試みられてきましたが、そんな努力で広く成功例と見なされたものは一つとしてありません。一例は、中国南部にいる少数民族、モスオ族（納族《なぞく》）についてある人々が述べてきた議論です。モスオ族では、結婚した夫婦が同じ家にいっしょに住むことはありません。兄弟姉妹はひとつ世帯で住み、その姉妹の子どもたちを育てます。男性は自分の子ではなく、自分の姉妹の子どもたち（甥や姪）を養い育てることを最大の責務としているのです。こんな家族の取り決めは極めて特殊ですが、これは結婚や家族の風習が存在していないとか、強制的に押しつけられたものだということを意味しません。父親たちは、自分の子どもたちと同じ世帯に住んではいなくとも、その人生の一部であることは明白です。女性たちは自分の伴侶との長期にわたる関係を形成します。夫婦の中には同居するものもいるのです。二〇〇九年の報告書、Tami Blumenfield , "The Na of Southern China: Debunking the Myths" を参照（web.pdx.edu/~tblu2/Na/myths.pdf)。

（53） P. T. O'Brien, *The Letter to the Ephesians* (Grand Rapids, MI: Eerdmans, 1999), 109-10. 私は本書を通じて、オブライエンのエペソ書5章の釈義をほぼ踏襲しています。特に、パウロの「多くの奥義があるのではなく、一つの奥義に幾つかの側面があるのだ」という信念は正しいと信じています（pp. 433-4)。「奥義〔秘密〕は……結婚そのものではなく、クリスチャンの結婚に反映される、キリストと教会との結合なのである。……〔結婚〕は花婿〔キリスト〕と花嫁〔教会〕との間で分かち合われる麗しさを小規模ながらも再生産する。そして、それを通して、福音の奥義のすべてがその正体を現すのだ」(p. 434)

（54） G. W. Knight, "Husbands and Wives as Analogues of Christ and the Church: Ephesians 5:21-33 and Colossians

3:18-19," in *Recovering Biblical Manhood and Womanhood: A Response to Evangelical Feminism*, eds. J. Piper and W. Grudem (Wheaton, IL: Crossway, 1991), 176. O'Brien, *Ephesians*, 434n に引用されている。

(55) Robert Letham, *The Holy Trinity: In Scripture, History, Theology, and Worship* (Phillipsburg, NJ: Presbyterian and Reformed, 2004), 456.

(56) O'Brien, *Ephesians*, 434.

第2章

(1) エペソ5・21は、「信仰を同じくするならクリスチャンは皆、誰しもお互いに従うべきだ」、という意味なのでしょうか。あるいは、これは以下に続く「主題」への伏線であって、クリスチャンなら、それぞれの様々な役割、社会的な立場において、上に立つ権威に従うべきだ、ということなのでしょうか。P・T・オブライエン（*The Letter to the Ephesians* [Grand Rapids, MI: Eerdmans, 1999], 436）をはじめとする学者たちは、後者の解釈を支持する説得力のある根拠を示しています。21節は、パウロがこれから述べる以下の文章のいわば序文的まとめで、以降、夫婦、親子、そして主人と奴隷の間の関係における具体的なアドバイスを示していくというものです。例えば、21節は、夫婦について（22～32節）だけでなく、親子関係についての段落への導入でもあります。親が子に従うというあり方は、子が親に従うそれとは明らかに違います。ここでのポイントは、夫と妻が同等であることを論じる上で、両者の違いを「平等にする」ために21節を使ってはならない、ということです。妻が夫に従うのと全く同じように、夫が妻に従うわけではありません。（第6章を読んでください）。

その一方で、私たちはその反対の間違いを犯して、夫婦として互いに負っている義務、その中に見られる健全な相互依存的関係を見落としてしまってはならないのです。ピリピ2・1〜3は、すべてのクリスチャンに、自分自身の利益ではなく相手の利益を考えなさいと言っています。クリスチャンは、自分の利益を、他者と共同体の利益のために自制する必要があるのです。同じように、クリスチャンはみな、お互いに仕え合い、譲り合うべきことを語っている聖書箇所は多くあります。ガラテヤ5・13では、パウロは大胆にもすべてのクリスチャンは互いのドゥーロイ、つまり奴隷になりなさいと命じています。この隠喩を展開させ、私たちは互いを愛することを、ある種の「借り〔負債、負い目〕」としていると言います（ローマ13・8）。こうした教えを手がかりとすると、エペソ5・22〜32では、妻に夫を愛するように、夫に妻に仕え譲るようにとは言われていないからといって、何らかのかたちで相互の愛や奉仕が含まれていないとするのは、間違いです。最終的には、夫も妻も、自分を「手放し」、お互いのために犠牲を払うのです。

（2）　厳密に言えば、ここでイエスが言及した、聖霊の働きをまず受けたのは使徒たち自身でした。ヨハネ13〜17章の「二階の大広間の説教」〔ルカ22・12〕で、イエスは、その死と復活後、自分を証しする者たちとして宣教する準備を使徒たちにさせようとしていました。使徒たちはイエスの宣教の初期から一緒にいたので（ヨハネ15・27）、イエスと共に過ごした時間、働き、教えられたことを思い出せるように、イエスが目の前にいなくても聖霊が働くのだと保証したのです（ヨハネ14・26）。使徒たちの目撃証言と教えが新約聖書の土台になりました。しかしながら「そこから派生して、私たちはイエスの弟子たちの中で今日も御霊が働き続けていると言うことが出来る」のです（D. A. Carson, *The Gospel According to John*

[Leicester, England: Inter-Varsity Press], 541)。聖書の他のテキストも、すべてのクリスチャンにおける聖霊のわざは、ヨハネ14～17章で描かれているように、彼らの思いと心とにイエスを栄光で輝かせることにあるということを強調しています。参照、エペソ1・17、18～20、3・14～19、Ⅰテサロニケ1・5。

ともかく忘れてはならないのは、ヨハネ14～17章で、イエスがこの聖霊の働きをまず使徒たちに約束したことです。聖霊の働きの主な手段は、つまり聖書を通してであるという視点を失わないためです。具体的には、新約聖書を通して語られる、また旧約聖書に光を当てる福音を、私たちが使徒から伝えられた言葉を読み、学び、聴くとき、イエスという存在が明るく照らし出されます。聖霊が私たちに聖書の言葉の意味をわかるようにすること、それが要するに聖霊が働くということなのです。

(3) 夫が「かしら」であるということについては、第6章で取り上げ、さらに深く掘り下げます。

(4) 自己中心性を鋭く扱った説明は、C・S・ルイス『キリスト教の精髄』「最大の罪」(柳生直行訳、新教出版社、一九七七年)一九一頁に見られます。

(5) ところで、そうは言っても、クリスチャンでない人たちが幸せな結婚を望めない、という意味ではありません。というより、誰でも自己中心的ではない生き方で、夫婦関係で徐々に満たされていくなら、本人が意識する、しないにかかわらず、何らかの助けを神から得ているのです(ヤコブ1・17)。神学用語でいうと「一般恩恵」です。これは、神があわれみをもって、人間生活における罪や自己中心性の影響を抑制し、やわらげるために、神を認めようとしない人をも含めたあらゆる人々に真理、道徳、知恵、美などを与えているという理解です。一般恩恵を示す聖書箇所は、ヤコブ1・17やローマ2・14～15などがあります。聖書は繰り返し、クリスチャンではない人の行動や働きも善で正しいと表現しますが(Ⅱ列王10・

29〜30、ルカ6・33)、そうした正しさは、いつも神からもたらされるものだということを強調しています。

(6) C. S. Lewis, *The Problem of Pain* (HarperOne, 2001), 157.〔邦訳、C・S・ルイス『痛みの問題』(中村妙子訳、新教出版社、一九七六年)一九九頁〕。ルイスは、ジョージ・マクドナルドを引用しています。

(7) C. S. Lewis, *Mere Christianity*, 190.〔邦訳、『キリスト教の精髄』第四部第十一章より。引用は、中村妙子訳(『影の国に別れを告げて』(新教出版社、一九九〇年、四九六頁)〕

(8) これは、離婚が許されない、勧められないという状況が場合によってはあるということを意味しています。第3章と脚注(3)を読んでください。

(9) Derek Kidner, *Psalm 73-150: An Introduction and Commentary* (Leicester, UK: IVP, 1973), 446.

(10) この引用と記事は、Laura Hillenbrand, *Unbroken: A World War II Story of Survival, Resilience, and Redemption* (Random House, 2010) の最後の三章から取りました。それぞれの章は、三七章「ねじれたロープ Twisted Ropes」、三八章「招きの警鐘 A Beckoning Whistle」、三九章「夜明け Daybreak」です。

(11) 「主への恐れ」は、旧約聖書が霊的な体験について使う主な表現方法です。(しかし、新約聖書ではほとんど用いられません)。一方で、「聖霊に満たされる」、とは新約で広範囲に使われる表現ですが、旧約ではめったに見られません。前者については、John Murray's chapter "The Fear of God" in *Principles of Conduct: Aspects of Biblical Ethics* (Grand Rapids, MI: Eerdmans, 1957) が参考になります。マーレイは、旧約聖書に従って、心におけるこの霊的な体験と動機を欠いた、単なる表面的な信心や服従は、間違った宗教だと考えられる、と言っています。聖霊の働きについてはそれ以上のことが書かれていて、聖霊はキリストを通してひときわ深められた存在なので、旧約聖書における神への恐れが新約における聖霊の満たしと同等に考えられてしまうなら、かなり大雑把だと言わざるを得ません。とはいっても、根本的に両者は基本的に同じ現実を描写しています。

第3章

（1）申命記10・20、11・22、ヨシュア記22・5、23・8。特に申命記10・20参照。「あなたの神、主を恐れ、主に仕え、主にすがり、御名によって誓わなければならない」

（2）ラッセルによる "Marriage and Morals" (1957), "Sex and Politics: Bertrand Russell and 'Human Sexuality'", Stanley Hauerwas, *Christian Century*, 4/19/1978, 417-22 より引用。

（3）私が見聞きする範囲では、これはますます一般的になりつつあるようです。二〇一一年二月三日ウィキペディアの "Wedding Vows" の項目では「現在カップルの多くが誓約を自分たちで書くのを選ぶ。多くは詩、映画、音楽などからインスピレーションを得る。誓約はそれぞれが互いによって引き出される特徴、人生に何を期待するか、出会って何が変わったかなどが含まれる。長さは二、三分で、愛を公に表現する目的でなされる」とあります。将来の愛への約束ではなく、現在の愛の宣言に強調点がある所に注目してください。

（4）Linda Waite, et al., *Does Divorce Make People Happy? Findings from a Study of Unhappy Marriages*, (American Values Institute, 2002). www.americanvalues.org/UnhappyMarriages.pdf. で閲覧。

（5）結婚、離婚、再婚は大きな問題なので、聖書的ガイドラインを求める者は綿密な釈義を重ねる必要があります。本著の範囲を超えるものではありますが、以下に長年の思索と調査による私の個人的な結論の概要を記しておきます。

クリスチャンにとっての離婚は、二つの聖書的な土台があるものと見る。(1)配偶者が不貞を犯したとき、信者は離婚を求める告訴ができる。マタイ10・3～9が示すとおり。(2)配偶者が結婚関係を遺棄し、戻ることを拒否する場合、信者は離婚を消極的ながら承諾する（Ⅰコリント7・15）。この場合、遺棄した側は「未信者」と見なされる（このような行為を遂行する者は男性であれ女性であれ、未信者であることを表明する、あるいは、教会戒規により表明される。彼、ないし彼女がクリスチャンとして振る舞わない、そして悔い改めるつもりがないなら、教会はマタイ18・15～17に沿って当該者を譴責する）。遺棄され、離婚された配偶者は、パウロによると、「縛られることはない」（Ⅰコリント7・15）。もちろん離婚された配偶者は再婚する自由があるというのでなければ、これは意味のない議論になる。

ここで気になるのが「遺棄」とは何を意味するかです。聖書は配偶者が「一緒にいることを承知している」場合とあるが、それならＤＶ（家庭内暴力）は「遺棄」と呼べないのか、妻を殴るような夫はすでに彼女を遺棄しており、妻とともにいる意思を破棄していると言っていいのではないか、私は個人的にはこれに同意しますが、この質問自体が非常に重要な結論を生み出すと言えるでしょう。離婚というものを重大に受け止めるクリスチャンは、その良心と神とともに残りの人生を歩む上で、このような決断を自分だけで下してしまうべきではないのです。マタイ18・15からは誰かがあなたに罪を犯したなら、不倫、遺棄、虐待などの重大な過失も含めて最終的には「教会に告げなさい」とあります。ほとんどの注解者はここを少なくとも教会のリーダーに相談することと解釈します。

もう一つの疑問は、聖書的な土台による離婚を経なかった者は、再婚できるのかというものです。牧師、学者の間には意見の相違があり、疑問自体が複雑ではありますが、簡潔に答えるなら、場合によっては再婚できると言えるでしょう。それは内面的な悔い改めと、公的な罪の告白がなされた場合においてです。また「なぜ離婚だけが赦されない罪だと言えるだろうか」（Jay E. Adams, *Marriage, divorce, and Remarriage*, Grand Rapids, MI: Zondervan, 1980, 92ff.）というジェイ・アダムスの言葉を借りて言うなら、究極的な答えは「再婚できる」、でしょう。

（6）この箇所はイスラエルが偶像に心移りしたのを悲しみ怒る神の嘆きを表しています。いわば霊的な不倫だからです。イスラエルは新しい契約のパートナー、新しい恋人に夢中になっていました。これに対し神はこう言います。「背信の女イスラエルは、姦通したというその理由で、私が離婚状を渡してこれを追い出したのに……」。ここからわかるように、神は、裏切られること、離婚の痛みを知っています。同じような経験を持つ多くの者にとって慰めになってきた箇所です。

（7）Gary Thomas, *Sacred Marriage* (Grand Rapids, MI: Zondervan, 2000), 11より引用。

（8）*Christianity Today*, January 21,1983より

（9）Peter Baeher, *The Portable Hannah Arendt* (New York:Penguin Classics, 2003), 181より。Smedesの記事からも引用。

（10）Wendy Plump, “A Roomful of Yearning and Regret,” *New York Times*, December 9, 2010.

（11）J・R・R・トールキン『指輪物語8　王の帰還　上』（瀬田貞二、田中明子訳、評論社、一九九二年）三〇三頁。

(12) キルケゴールは結婚におけるロマンチックな愛、恋愛感情を多くその著作に記しています。"The Aesthetic Validity of Marriage" (*Either/Or, Concluding Scientific Postscript* より)、"On the Occasion of a Wedding" (*Three Discourses on Imagined Occasions* より) を参照。本著においては、Diogenes Allen, *Love: Christian Romance*, p. 68 からキルケゴールの思想のエッセンスをまとめたものを参考にしています。

(13) Allen, 69.

(14) Ibid., 15.

(15) C・S・ルイス『目覚めている精神の輝き』(中村妙子訳、新教出版社、一九八二年)〔一一五〜一一六頁と、『キリスト教の精髄』二〇六〜二〇七頁も参考にしました〕

(16) 同上。〔二〇七頁を下敷きに、です・ます調としました〕

(17) 「見合い結婚」という伝統的な習慣は聖書のあり方に近い、あるいは沿っていると言えます。私の祖母は十九世紀末、イタリア系移民の子として生まれましたが、祖父との結婚は両親によってすすめられた見合い結婚でした。自分で夫を選ばなかった彼女はよくこう言っていました。「いい人だということは何となくわかったけれど、最初から彼に対して恋愛感情があったわけではなくて、だんだんと愛しいと思うようになったの。昔はみんなそんなものだったよ」。愛の行動が、愛する感情を導きだしたいい例と言えるでしょう。

(18) 『目覚めている精神の輝き』二九三頁。

(19) 『キリスト教の精髄』一七六〜一七七頁。

(20) 同上、一七七頁。

第4章

（1）　創世記1章にくり返される「よしとされた」という表現は、物質的世界・肉体的現実が本質的に良いという事実を示しています。ギリシャ人は、物質世界の創造は、不測の事態、もしくは何らかの低級な神々による反抗的な行動でさえある、と信じていました。彼らは、物質は、魂の牢獄だと教えていたのです。物質は、本質的に魂や霊にとって、悪、汚れ、無意味でした。この見方では、肉体は、霊的な高みに到達するために超越しなければならないものでした。結果、ギリシャ・ローマ社会の多くは、性的な喜びは、品位を損なうものと重要視しませんでした。これとは対照的に、創世記1～2章は、わざわざ自らの手を汚し、世界を創造し肉体にたましいを吹き込んだ神を示しています。さらに、キリストの受肉と体のよみがえりは、キリスト教信仰を、最も「肉体支持的」にしたと言えるでしょう。私たちの将来は肉体が伴うものなのです。物質と霊が永遠に完全無欠に共生するなどと予想する宗教は、他には一切ありません。ユダヤ教徒とキリスト教徒は性道徳に関して異教社会よりも厳格であったと主張することもできるのは、両者ともに肉体を重要視するゆえにセックスを崇高なものとして考えたからです。

（2）　組織神学における標準的な取り扱いについては以下を参照。Louis Berkhof, *Systematic Theology* (Grand Rapids, MI: Eerdmans, 1949)〔邦訳、ルイス・ベルコフ『組織神学序論』（聖恵・神学シリーズ三五、森田勝美、今井正共訳、聖恵授産所出版部、一九九七年）※序論のみ〕, Part Two, chapter III, Man: The Image of God; Herman Bavink, *Reformed Dogmatics: God and Creation*, Volume 2 (Grand Rapids, MI: Baker, 2004), Part V, The Image of God; Michael Horton, *The Christian Faith: A Systematic Theology for Pilgrims on the Way* (Grand

Rapids, MI: Zondervan, 2011), Part Three, chapter 12, Being Human; G. C. Berkouwer, *Man: The Image of God* (Grand Rapids, MI: Eerdmans, 1962).〔以上、いずれも邦訳なし〕

（３） 名詞「エゼル」は「取り囲んで保護する」という動詞から来ています。この言葉の意味に関する議論の大半は、性差の概念、および性差の役割に対しての意義を扱います。このことについては、本書でまたもっと詳しく論じるつもりですが、ここでは、最初の結婚相手がただ恋人だっただけではなく、友人であった事実を指摘するにとどめます。

（４） Dinah Maria Mulock Craik, *A Life for a Life* (New York: Harper and Brothers, 1877, p. 169)

（５） ラルフ・ウォルドー・エマーソンは、友情について書いた文の中で、似た者同士でもそうでなくても最高の友人が生まれるが、どちらにしろ、彼らは共通のビジョンをもち、その目的地に向かって共に旅する者同士であると述べています。「友情は、似ていることと似ていないことの間にあるあの稀な方法を必要とする。……友のこだまになるよりも、傍らでいらくさのようになるほうがいい。……一つになるにはまず完成された二人が必要だ。まず、互いに支え、互いに恐れをなす、二つの大きな手強い性質が同盟を結ぶ。その底辺にある不均衡こそが、二人を深く結びつけるアイデンティティーだと知るよりも前に」(www.emersoncentral.com/friendship.htm 参照)

（６） C. S. Lewis, *The Four Loves*, first paperback ed. (New York: Mariner Books, 1971), chapter 4.〔邦訳引用は、『影の国に別れを告げて』二四五～二四六頁、および、『目覚めている精神の輝き』二八一頁、『四つの愛』九五頁を合わせた〕

（７） ピーター・オブライエンは、イエスが教会で果たす「きよめ」は、徐々に聖化されていく長いプロセスではなく、神学的に「最終的聖化」と呼ばれている一度きりのわざだと論じています。聖書では、「聖化」という言葉は、人が栄光とキリストの似姿に徐々に刷新されていく前進するプロセスに言及している場合もありますが、一般的には、人がキリストへの信仰を表したときに起きる「取り置く・区別する」という一度きりのことを指して用いられます。オブライエンは、パウロが「きよめる」にあてている言葉が、長い手続きではなく、過去の一度きりの行為を意味する、不定過去であることを論じています（P. T. O'Brien, *Letter to the Ephesians* [Grand Rapids, MI: Eerdmans], 1999, 42）。とはいえ、オブライエン自身がピリピ1・6の注解で述べているとおり、実際には、イエスが私たちのうちに働く、ゆっくりとした聖化のプロセスがあり、エペソ書で言う私たちの霊的な夫としてのイエスの目的は、私たちを「栄光ある」ものとすることなのです（27節。ギリシャ語「エンドクソン」）。これは明らかに将来の「霊的で倫理的な完成」に言及しています（O'Brien, Ephesians, 425）。ピリピ1・6、及び以下を参照。Peter T. O'Brien, *The Epistle to the Philippians: The New International Greek Testament Commentary* [Grand Rapids, MI: Eerdmans , 1991], 64-5.

（8）エペソ5・22以下でパウロは夫にだけ、妻の霊的成長に献身的にかかわり、将来の栄光に輝く姿を見るようにと述べていることを再度確認しましょう。この義務を妻には与えていないので、読者の中には混乱する人もいるでしょう。しかしすでに明らかにしたように、すべてのクリスチャンが互いに罪を言い表し、成長する姿を認め合い、仕え合い、勧め合うのです。またエペソ5章では、妻が夫以外のすべてのクリスチャンにそうできる、と言っているわけでもありません。推測ではありますが、パウロがここで夫にのみ言及したのは、⑴妻より夫のほうがこの義務をしない傾向にあるから、⑵結婚において相互の霊的成長を促すことができないとしたら、夫にその責任がよりあるとしたから、の二点が挙げられると思います。

（9）『目覚めている精神の輝き』、二四四頁。

（10）「教会に向けられたキリストの愛は、その目的とゴールにおいて、その自己犠牲において（25節）と同様、夫たちにとっての模範です。キリストが教会を聖とし、きよくするためにご自身を完ぺきに与えてくださったことに照らすと、夫たちは自分の妻たちの幸福全体、特に霊的成熟のために、完全に献身すべきなのです」（O'Brien, *Ephesians*, 423）。

（11）この真理は、一九九六年の映画「好きと言えなくて」（原題 *The Truth about Cats & Dogs*、出演はユマ・サーマン、ジャニーン・ガロファロー、ジェイミー・フォックス、ベン・チャップリン）によく描写されています。ベン・チャップリン演じる男性が（電話越しに）ガロファローの知性と（外見は）サーマンの容姿に恋に落ちるという設定です。

（12）C. S. Lewis, *The Problem of Pain* (New York: HarperOne, 2001), 47.〔邦訳引用は、『影の国に別れを告げて』三六二頁〕

第5章

（1）Stanley Hauerwas, "Sex and Politics: Bertrand Russell and 'Human Sexuality'" in the *Christian Century*, April 19, 1978, 417-22.

（2）Gary Chapman, *The Five Love Language: The Secret to Love that Lasts* (Chicago: Northfield Publishing, 2010), from chapter 3, Falling in Love.〔邦訳、ゲーリー・チャップマン『愛を伝える5つの方法』（ディフォーレ

スト千恵訳、いのちのことば社、二〇一二年）〕

（3）引用元の本文は次のとおり。「だれもがみな自分の仮面を投げ捨てなければならない夜中の十二時が来ることをあなたは知っているか。人生など高をくくっていればいいのだと思い込んでいるだろうか。真夜中が来る直前に逃げ出せばそんな目に会わずに済ませられると思っているのか。それとも、怖いとさえ思わないのか」(Søren Kierkegaard, *Either/Or*, II [Princeton: Princeton University Press, 1988], p. 160)

（4）これは、「この人と結婚すべきかどうか、どうしたらわかるのか」という質問に対する答えとしては不十分なので、第7章でもっと詳しく扱います。

（5）この皿割り事件は機知に富んだアイディアでしたが、夫婦が対立したときや、言いにくいことを伝え合うときの対応としては、かなり特殊です。キャシーは自分のこの作戦についてよく言っています。「あんな方法、一度しか使えないわ」

（6）本章のこの部分のアイディアは、アーヴィン・エンジェルソンの "Marriage as a vehicle for sanctification" (From his unpublished paper, Gordon-Conwell Theological Seminary) に大きく依っています。「結婚関係において、人は、個人の生い立ちをさかのぼって癒されるという、実際に可能な贖いというものに出会う。その人の三度目の新生は、地上の生涯において始まる神のみわざであり、どうやら神は結婚関係というものに、十二分な情緒的な力を備えられたらしい。その力は、今までにその人に様々な評価を下し続けてきた権威を一変させる。だからこそ、過去は贖われるのである」

（7）読者はこの具体例が、単に「愛の通貨」や「愛の言葉」の重要性を示しているだけではないとお気づきでしょう。第4章で扱った「離れることと結ばれること」の重要性をも示しているからです。それぞれの結婚関係は新しい共同体であって、自分が育った家族のやり方を相手に強制してはならないのです。キャシーも私も、それぞれの実家の生活習慣がどれほど私たち自身に影響しているかに十分注意を払っていませんでした。新しい結婚生活も、実家でやっていたのと同じ前提で機能していくものだと、それぞれ勝手に無意識に思っていたからです。しかし私たちは、どのように新しい生活を築いていくか、慎重に話し合いを重ねて決めていかなければならなかったのです。それは、私たちが自分の家族を「離れ」、お互いによりよく「結ばれる」上で非常に重要なのです。

（8）この記事は、チャップマンの、*The Five Love Languages: Secrets to Love That Lasts* (Chicago: Northfield Publishing, 2010) の第十章、Love Is a Choice (p. 134-138)〔邦訳、ゲーリー・チャップマン『愛を伝える5つの方法』（ディフォーレスト千恵訳、いのちのことば社、二〇一二年）〕から引用しました。

（9）同上、邦訳版一八六頁。

（10）この部分では、愛情表現を、愛情、友情、奉仕の三つのカテゴリーに分類してみました。恋愛やセックスを通して表現される愛のカテゴリーについては、第8章を参照してください。

第6章

（1）ここでは、ジェンダーロールが結婚関係内でどのように働くのかについてのみ言及します。教会や社会で男女関係にどのように影響するかについてを含め、一般的なジェンダー論から完全に切り離して語れない問題ではありますが、現時点では結婚内における議論にとどめることにします。

（2）「神は人をご自身のかたちとして創造された。神のかたちとして彼を創造し、男と女とに彼らを創造された。神は彼らを祝福された。神は彼らに仰せられた。『生めよ。ふえよ。地を満たせ。地を従えよ。海の魚、空の鳥、地をはうすべての生き物を支配せよ』」（創世記１・26～28）

（３）「われわれのかたちとして、われわれに似せて」（創世記１・26）という神の表現に、言語学的な関心を覚える読者がいても不思議ではありません。神が自身を「われわれ」と呼ぶのは、創世記の中で、男女を創造しようとするこの箇所しかありません。これは、男女の関係が三位一体の神の関係性を反映している、と言える箇所です。ジェンダーという関係性は、どこか父、子、聖霊の神の関係性を、思い起こさせるものなのです。父、子、聖霊という三人格（位格）があれば、少なくとも二者間の関係（愛する、仕える、敬う、互いの栄光を表す）から神の似姿を思い浮かべることができます。創造と贖いのわざの達成に、父、子、聖霊それぞれが、違う役割を担っているという関係性は、さらに深遠です。キリスト教史初期のニカイア信条は、創造と贖いにおける、父、子、聖霊それぞれ違う役割と同時に、三位格同一の本質も肯定しています。男性も女性も、すべての人が神の似姿に似せて創造され、神の栄光を表し、自然を管理する代理として立てられていますが、三位一体の神にある愛の関係性を反映させるためには、一つのからだになる結婚関係の中での、男性と女性の独特な一致が必要とされるのです。

（４）「神である主は仰せられた。『人が、ひとりでいるのは良くない。わたしは彼のために、彼にふさわしい助け手を造ろう。』……神である主は深い眠りをその人に下されたので、彼は眠った。そして、彼のあばら骨の一つを取り、そのところの肉をふさがれた」（創世記２・18、21）。この箇所で注目すべき点は、この時点まで神が創造してきたすべてのものが「よい」とされていたことです。そしてここで初めて、よくない、とされたのです。しかもこれはエデンの園での堕落以前に起きたことなのに、です。なぜなら、この「よくない」とは、人は、ひとりでいるのではなく、他の人との関係、つまり共同体の中に生きるよう創造されたことを表しているからです。同時に、男性らしさは、女性らしさ無しでは成立しないということも表しています。ここに男女間の相互補完性という意味が強く含まれているのです。

（5）　創世記2・20、3・20「人は、その妻の名をエバと呼んだ。それは、彼女がすべて生きている者の母であったからである」。ここで名付けという行為の意義は無視できません。「かしら」と「権威」を象徴するからです。名付け親になるとは、相手への責任と権威を負うということです。アダムが動物たちの名前を決めたことも、神が、その両親に代わってバプテスマのヨハネやイエスを名付け、あるいはアブラム、サライ、ヤコブなどを改名したのと比較してみてください。この名付けについての伝統的な理解については、Bruce Waltke, *Genesis:A Commentary* (Grand Rapids, MI: Zondervan, 2001), 89 参照。しかし、アダムの名付けという行為には、彼の権威ではなく、識別力のみが認められる、と主張する人もいます。Victor Hamilton, *The book of Genesis: Chapters 1-17* (Grand Rapids, MI: Erdmans, 1990), 176 参照。以上の二つの立場を、名付け行為は「私用のための秩序を定める行為」だとして、うまく両立させたのがゲルハルト・フォン・ラートです。つまり、アダムは、それまで、ただ存在していただけの生物を識別し、彼との適切な関係を築くために、それぞれに名前をつけたという説明です。ただし、あくまでも秩序を定めるのは、名前を付けられるほうではなく付けるほうなのです。（Philadelphia Westminster, 1961）81.

（6）　Gordon J. Wenham, *Genesis 1-15* (Waco, TX: Word, 1987) 68 参照。「他にエゼル（ʿezer）は神の助けとしても用いられるが、三つの預言的な箇所では、軍事的支援を意味する語として使われている（イザヤ30・5、エゼキエル12・14、ホセア13・9）。誰かを助けるとは、助けるほう、助けられるほう、どちらかが強い、あるいは弱いという意味ではなく、単純に助けられるほうの力だけでは不十分なことを意味する」いう言葉は、 相互補完的概念」を表す、として

います。Wenham, *Genesis*, 68.

（7）ゴードン・ウェナムは、この言葉は「アイデンティティーではなく、相互補完的概念」を表す、としています。Wenham, *Genesis*, 68.

（8）ここで、明白にすべき部分とそうではない部分があります。明白にすべき点は、この箇所全体が、後々、聖書がなぜ同性愛を禁ずるかについて説明している点です。またそれほど明白ではない部分は、結婚という枠から離れても、私たちは皆、なお「異性間の」訓練が必要だという点です。兄弟、親戚、友人、信徒、あるいは夫婦間でさえ、異性としての友情や交わりが必要だという点です。そういう異性間との交わりの中で与えられる新鮮で、はっとするような経験が、私たちにはいつも必要で、異性から（助言や模範を通して）しか学べないことがあるのです。しかし、そのような豊かな経験をするためには結婚しなければならない、と考えるべきではありません。

（9）「そよ風の吹くころ、彼らは園を歩き回られる神である主の声を聞いた。それで人とその妻は、神である主の御顔を避けて園の木の間に身を隠した。神である主は、人に呼びかけ、彼に仰せられた。『あなたは、どこにいるのか。』彼は答えた。『私は園で、あなたの声を聞きました。それで私は裸なので、恐れて、隠れました。』すると、仰せになった。『あなたが裸であるのを、だれがあなたに教えたのか。あなたは、食べてはならない、と命じておいた木から食べたのか。』人は言った。『あなたが私のそばに置かれたこの女が、あの木から取って私にくれたので、私は食べたのです。』そこで、神である主は女に仰せられた。『あなたは、いったいなんということをしたのか。』女は答えた。『蛇が私を惑わしたのです。それで私は食べたのです』」（創世記３・８〜13）

（10）福音書を通して、イエスは出会う女性すべてに肯定的な姿勢を示しています。女性たちは、男性たちよりも先にイエスを理解しました。男性と一緒に座ってイエスから学ぶために、家事の義務から解放されました。（ルカ10・38以下）女性たちは、男性の弟子たちがほとんど逃げかくれていたとき、十字架にかかるイエスと共にいました。復活後、初めてイエスが姿を表したのも女性で、そのマグダラのマリヤは、ほんのしばらく、たった一人のクリスチャンだったと言えるでしょう。最初のクリスチャン、伝道者として、イエスの弟子たちに、復活とイエスの命令を伝える任務を与えられます。（ヨハネ20・1）イエスの女性たちとの交流は、彼女たちを二流階級と決めつけていた社会において、その立場を高く認めるものでした。ペンテコステで、男性だけでなく女性にも聖霊が下ったのを見た原始教会が、女性たちの立場を男性と同様に、当時としては革新的に受け入れたため、男女共通の宣教方法を取り入れないよう、パウロが女性たちに思い起こさせなければならないほどでした。男性と同じような宣教にかかわっているとしても、女性の役割を否定するのではなく、肯定するような方法でかかわるべきだとしたのです。Ｉコリント11、14章を参照。

（11）「あなたがたの間では、そのような心構えでいなさい。それはキリスト・イエスのうちにも見られるものです。キリストは神の御姿である方なのに、神のあり方を捨てられないとは考えず、ご自分を無にして、仕える者の姿をとり、人間と同じようになられました。人としての性質をもって現れ、自分を卑しくし、死にまで従い、実に十字架の死にまでも従われました。それゆえ神は、この方を高く上げて、すべての名にまさる名をお与えになりました。それは、イエスの御名によって、天にあるもの、地にあるもの、地の下にあるもののすべてが、ひざをかがめ、すべての口が、『イエス・キリストは主である』と告白して、

父なる神がほめたたえられるためです」（ピリピ2・5～11）

（12）Ｉコリント11・3、「すべての男のかしらはキリストであり、女のかしらは男であり、キリストのかしらは神です」ジェンダーに関するすべての箇所の例にもれず、ここも長く議論されてきた箇所です。この節では三種類の「かしら」について触れられ、その性質は明らかに同様ではありません。しかし、ピリピ2章の、子が父に従うことが、ここでは男女間の関係になぞらえられています。

（13）"Notes on the Way," *Time and Tide*, Volume XXIX (august 14, 1948).

（14）神学生時代、私は（牧師として）按手を受けるプロセスから身を引く決意をし、「聖書がそう教えていると信じるので」、あえて按手を受けない立場を貫くことを、ピッツバーグ中会で発表しました。その際、その場にいた三百五十名ほどの牧師、長老たちの大部分から、大変なブーイングを受けたのです！

（15）マルコ10・32～45、マタイ20・17～28も参照。「あなたがたの間で偉くなりたいと思う者は、みなに仕える者になりなさい。あなたがたの間で人の先に立ちたいと思う者は、みなのしもべになりなさい。人の子が来たのも、仕えられるためではなく、かえって仕えるためであり、また、多くの人のための、贖いの代価として、自分のいのちを与えるためなのです」

（16）Marietta Cheng, "When Women Make Music", *New York Times*, April 19, 1997.

（17）Carol Gilligan, *In a Different Voice: Psychological Theory and Women's Development* (Cambridge, MA: Harvard University Press, 1993). ギリガンの著書は、「倫理観の発達段階」を示したローレンス・コールバーグ（Laurence Kohlberg）から多大な影響を受けています。コールバーグの結論は、女性より男性のほうが一般的に正か悪かについて、より高い倫理的レベルに到達する、というものです。しかし、ギリガンはコールバーグの説明は、女性より男性によって理解される倫理という観点においてのみ言及できる、としました。コールバーグにとって、倫理的発達の最も高いレベルとは、「抽象的原理を基礎とした個人的倫理システム」でした。ギリガンは、男性は、確かにその正悪の判断を、抽象的原則から推論し、女性は、むしろ個人的関係、同情や共感を基礎として判断する傾向があると論じました。この考えは一部から「差異派フェミニズム」と呼ばれています。

(18) ギリガンは、成人の発達過程に新しい定義を提唱し、「相互依存の成熟」と呼びました。(p. 155) マリエッタ・チェン (Marietta Cheng) のように、ギリガンは女性の成熟過程がすぐれているとし、多くの批判を受けました。これをクリスチャンとして適用すると、女性は「男性と比べそれほど堕落していない」と考えられ、聖書の教えには当てはまらないことになります。しかしながら、女性は男性と心理的にも心理社会的構造や発達に関しても、大いに異なるとした点については認められると言えるでしょう。

(19) 「生まれつき良い夫になれる男性はいない。また夫という役割を、相手と取り替えれば解決するというわけでもない。単に、男性のパートナーとして、初めは非常に下手な踊り手なだけである。ではどうすればいいか。さらにレッスンを忠実に受け続け、研鑽を積むことだ。間違っても、今後性差を無視し、男女同じダンスができるダンス会場を設置する、といったものではない。もちろん後者は、おおいに思慮深く、文明的で、啓蒙されたものではあるが、ただし、『舞踏会』と呼ぶにはほど遠い」。C.S. Lewis, "Notes on the Way," in *Time and Tide*, Volume XXIX (August 14, 1948).

(20) 哲学者ジャック・ラカンとエマニュエル・レヴィナスは「同質」に対する、「他者」「異質」という用語を定着させました。これに関するクリスチャンの反応および見方は、Miroslav Volf, *Exclusion and*

Embrace: A Theological Exploration of Identity, Otherness, and Reconciliation (Nashville: Abingdon, 1996) 参照。

(21)「この特殊な特権を、被造物はみな王に捧げよう」(Isaac Watts, Jesus Shall Reign, 1719)

(22) 同性愛については、プロローグで簡単に取り扱っています。

(23) Volf, *Exclusion and Embrace*, 23.Jurgen Moltmann からの引用。

(24)「キリストの教会に対する関係にのみなぞらえるなら、夫は妻のかしらである。キリストが教会を愛したように、そして、その命をささげたように(エペソ5・25)、夫は妻を愛する。だから、かしらであるということは、私たちが皆こうなりたいと思う夫にではなく、その結婚が、まるで十字架刑のようである夫にこそ、完全に表現される――最も受け、与えない、……(そして)本質的に、最も愛しにくい妻をもつ夫に」(C.S.Lewis, *The Four Loves*, p.148)。邦訳は「四つの愛」(C・S・ルイス、蛭沼寿男訳、新教出版社一九七八年、一四六頁)参照。

(25) アダムとエバが罪を犯したとき、神はその結果として、エバにこう言いました。「あなたは夫を恋い慕うが、彼は、あなたを支配することになる」(創世記3・16)。デレク・キドナーが「『愛することと大事にすること』が『求めることと支配すること』になってしまう」と書いているとおりです。「ティンデル聖書注解、創世記」デレク・キドナー著、遠藤嘉信/鈴木英昭共訳、いのちのことば社、二〇〇八年、七一頁)

(26) スーパーマンのマネをして、ポーチや屋根、木の上から飛び降りようとする赤いタオルを体に巻き付けた子どもがどこにでもいることを考えると、こういった警告は必要でしょう。

(27) Iテモテ3・15で、パウロは教会を「神の家」と位置づけています。しかし、教会生活におけるジェンダーロールの位置づけについては、前述したように、本著では触れません。本著では、神によって、いかにジェンダーロールが築かれ、結婚関係に反映されるかに限定して議論します。

(28) 神の贖いのわざが結婚関係に示される、というこの考えに、あまりにも入れ込んだ私は、自分の結婚式で、それを具体化させようと計画しました。ブライズメイドには、それぞれ教会暦を表す色のドレスを着せ、キリストと教会として、ティムと私は、それを身振りで表現しようとしたのです。こういうシンボリズムを理解できる招待客はほとんどいないだろう、と周囲に反対され、また私が伝えたかったそういう真理は、むしろ日常の結婚関係において最もよく表されるということもあり、母に説き伏せられた私は、お揃いのブライズメイドドレス、ティムと付き添いの男性陣も、お揃いの茶色のタキシードを着せる、という案に落ち着きました。とはいえ、私のもともとのアイディアは、それほど悪くはなかったのではないかと、今でも思っています。

(29) 様々な文化的経験を背景にもつエリザベス・エリオットの説明で、私は初めてジェンダーロールが、呪いや恥ではなく、むしろ賜物だと理解できました。エクアドルのアウカインディアンの中で暮らした彼女は、夫が四人の宣教師仲間と殺害された後に、アウカ文化での「男性らしさ」には、詩を書く、装飾的な芸術活動にいそしむことなどが含まれると記述しています。家族を養う責任があるのは女性で、木の根や実を収集し、簡単な農業に従事し監督する役割を担っていました。

第7章

(1) 本章では、クリスチャンの結婚と独身に関する議論、Iコリント7章を主に参考にしますが、同時に聖書の釈義上の様々な疑問が浮上します。私は Roy Ciampa and Brian Rosner, *The First Letter to the Corinthians* (Grand Rapids, MI: Erdmans, 2010)、そして Anthony Thistelton, *The First Epistle to the Corinthians* (Grand Rapids, MI: Eerdmans, 2000) の二つの注解書を参考にしています。25節から38節で、パウロは「複雑な都市背景（complex urban settings）」（Ciampa and Rosner, 328）に住む独身者に、基本的には以下のような助言を与えています。パウロは独身を良い状態だと言っており、ある状況においてはより好ましい状態であるとも言っています。ある状況とは、

⑴　25節から28節でパウロは、一時的な危機的状況において独身であることは好ましいと言います。「苦痛の時（present distress）」（26節）に、結婚を控えるのは多くの人にとって賢明なことだと述べます。シスルトン、チャンバ、ロズナーすべてが、この聖書箇所は一時的な危機、例えば飢餓、戦争、社会的大変動などのことを指すと主張しています。他の書簡よりもパウロはコリント人に対してそれほど結婚を奨励しなかったのはそういう背景からだったのでしょう。

⑵　29節から31節で、パウロは「時は縮まっている」、「世は過ぎ去る」ので、独身を良いと述べています。ここで彼が言っているのは、現在の世界はいつか神によって新天新地に変えられるので、お金、家族、相続権などのこの世が与える保証にしがみつく必要はない、ということです。あまりにも安定や保証が欲しくて結婚する人が多くいますが、それらは神しか満たすことができません。過ぎ去っていく世の中で、そんな不安に駆られて結婚するべきではありません。ですから、独身だということは、かえってお金や投資、家、社会的地位など世俗的なものに希望を見出す危険性を回避することができると、パウロは示しているのです。

（3）32節から35節では、福音を伝える、神の働きというミニストリーに専念できる独身者の利点について述べられています。家庭生活では、多くの時間を家族のために割き、家族という少人数に注意を向けなければなりません。独身者は、もっと多くの人のためのミニストリーをする機会を持つ自由が与えられています。パウロはこの点も、できれば独身であるべき一つの理由としています。

（2）この聖書的教えに関しては膨大な意見があるため、一つか二つにしぼって文献を挙げられません。最も著名なものをいくつか挙げるなら、以下の文献です。Oscar Cullman, *Christ and Time: The Primitive Christian Conception of Time and History* (Philadelphia: Westminster, 1962)、Herman Riddermos, *The Coming of the Kingdom* (Philadelphia: Presbyterian and Reformed, 1962)、*Paul: An Outline of His Theology* (Grand Rapids, MI: Eerdmans, 1997).

（3）関連聖句――コロサイ人への手紙3・1～3「こういうわけで、もしあなたがたが、キリストとともによみがえらされたのなら、上にあるものを求めなさい。そこにはキリストが、神の右に座を占めておられます。あなたがたは、地上のものを思わず、天にあるものを思いなさい。あなたがたはすでに死んでおり、あなたがたのいのちは、キリストとともに、神のうちに隠されてあるからです」。ここでパウロは、この地上の何物も「あなたのいのち」ではないと言っています。富や成功、家族があっても、あなたにとっての保証や希望、アイデンティティーは、今や「キリストのうちに隠されている」のです。信仰により、キリストと繋がれているからです。それゆえ、私達の心は「地上のものを思」うべきではないのです。貯金、家庭生活、結婚、普段の食生活、遊び、仕事のことを全く考えないという意味ではありません。むしろそれらに私達の心と思いが究極的な休息や希望を見出すべきではないということです。

（4）Stanley Hauerwas, *A Coommunity of Character* (South Bend, IN: University of Notre Dame Press, 1991), 174.

（5）Rodney Stark, *The Rise of Christianity: A Sociologist Reconsiders History* (Princeton, NJ: Princeton University Press, 1996), 104.

（6）「独身者による『犠牲』とは〔ただ〕セックスを諦めるというだけでなく、相続を諦めることでもあったということを忘れてはいけません。当時それほど斬新なことはありませんでした。人の未来は家族によってではなく、〔神の御国と〕教会により保障されると明白に示されたのです」（Hauerwas, *A Community of Character*, 190）。「〔今や〕独身であることも、結婚していることも、その両方が、教会が神の国を証しする象徴的制度として教会を構成しているのです。どちらが欠けても、互いに成立しません。教会、結婚、子孫繁栄のために、神の力は人々を根本から変える、という教会の確信を象徴するのが独身ならば、独身はまた、世界全体のための教会の希望の象徴でもあるのです」（Hauerwas, 191）

（7）Paige Benton Brown, "Singled Out by God for Good." www.pcpc.org/ministries/singles/singleout.php. などインターネットで閲覧することができます。

（8）（6章で説明したように）クリスチャンの結婚において男性の「かしら」としての役割を原則とするなら、当然、教会内での男女関係は、どのようにしてその原則が実現されるのか、という疑問が出てくるでしょう。それに対して補完的な二つの答えが考えられます。第一に、教会の長老、牧師が男性のみなら、「かしら」である男性の原則が示されているので、男女共に協力してコミュニティーの中で仕えるリーダーシップを実現していきます。しかしながら第二に、教会内ですべての男性が、すべての女性に「かしら」の役割を果たさなければいけないという断定的な主張に対しては、注意するべきだと私は思います。

C・S・ルイスは、"Equality"という短いエッセーの中で、一般的に社会においてすべての男性にすべての女性が従う（任せる）ように勧められない重要な理由を述べています。なぜなら、私たちは堕落という現実を考慮しなければならないからです。罪深く、壊れた世界において、権威は常に間違って使われているのです。特に創世記3章から、男性は罪のゆえに女性を圧制する傾向があるのが分かります（3・16参照）。それゆえルイスは権威乱用が猛威をふるわないための防御策として、性別にかかわらず平等な権利、一市民、一個人の構成の概念を支持するべきだと主張しています（C.S. Lewis, "Equality" in *Present Concerns* [London: Fount, 1986]）。これは、創世記3章の堕落を考慮に入れた、とても聖書的でキリスト教的視点です。クリスチャンの男性が、公的、私的、どのような状況においても「かしら」の役割を与えられるべきだと主張したり期待したりするのを、私たちは奨励してはならないのです。それがたとえ、会議の場であっても、または、友達と次にどこに行こうかと決めるような場面であっても、です。

（9）すべてのクリスチャンが互いにもつべき相互的関係における宣教について、新約聖書から多数引用できます。そのカテゴリーを以下のようにまとめます。お互いの強み、能力、賜物を認めること（ローマ12・10、ヤコブ、5・9、ローマ12・3～6）、キリストにあるお互いが等しく大切だと認めること（ローマ15・7。Ⅰコリント12・25、Ⅰペテロ5・5）、目に見える愛でお互いを認め合うこと（ローマ16・16、ヤコブ1・19、Ⅰテサロニケ3・12）、お互いの場所、所有物、時間を共有すること（ローマ12・10、Ⅰテサロニケ5・15、Ⅰペテロ4・9）、お互いの必要と問題を共有すること（ガラテヤ6・2、Ⅰテサロニケ5・11）です。

そして、お互いの信仰、考え、霊性を共有すること（ローマ12・16、コロサイ3・16、Ⅰコリント11・

33、エペソ5・19)、説明責任を持ちお互いに仕え合うこと（ヤコブ5・16、ローマ15・14、ヘブル3・13、エペソ4・25)、赦しと和解を通してお互いに仕え合うこと（エペソ4・2、32、ガラテヤ5・26、ローマ14・19、ヤコブ4・11、マタイ5・23以下、18・15以下)、自分の利益のためではなく、お互いの利益のために仕え合うこと（ローマ14・9、ヘブル10・24、ガラテヤ5・13、ローマ15・1〜2）です。

(10) 私は、独身者ばかりの教会が多くあるのにもかかわらず、なぜ都市では結婚を願い、実際に結婚するケースがあまり多くないのか、たびたび質問されます。少なくとも三つの答えがあると思います。第一に、文化の影響力です。軽い付き合い、デートする、という現代のアプローチは、(1)交際はただの楽しみ、セックス、社会的地位のためである、一方で、(2)結婚は選択の一つにしか過ぎない。勇気を出して結婚を決意したとしても、その目的はリスクを伴わない自己実現、セックス、仕事のためである。

クリスチャンは、男女交際はもっと違うものであるはずだとわかっていても、そのライフスタイルはすでに社会文化の影響力を大きく受けているので、この文化背景が影響し結婚しない人が増えると、教会もその影響を受けるのです。

第二に、個人の自由と自主性に特に価値を置く傾向の人たちがいることです。彼らのほとんどが大都市に惹かれます。大都市では地方で感じるような束縛や期待からは解放され、自分の好きなライフスタイルで生活できます。彼らにとって結婚は、自由が奪われる息苦しいものなのです。

第三に、交際と結婚は、どの世代においても、多くの人にとって不安に満ちた将来への選択だということです。

より伝統的な環境では、多くのサポートと助言（結婚へのプレッシャーも含めて）が、周囲のコミュニティーや文化から独身者に与えられます。そのコミュニティーは主に既婚者から構成されています。しかし、そういった文化的、共同体的サポートが、大都市には欠けているのです。

（11） Paige Benton Brown, *op. cit.*

（12） Lauren Winner, “The Countercultural Path” in *Five Paths to the Love of Your Life*, ed. A. Vhediak (Colorado Springs, CO:NavPress, 2005). ウィナーは、交際の社会的歴史について多くを Beth L. Bailey 著 *From Front Porch to Back Seat: Courtship in Twentieth Century America* (Baltimore: Johns Hopkins University Press, 1989) を基に短く説明しています。

（13） Bailey, *Front Porch*, 15-20, ウィナー引用 “Countercultural Path,” 22.

（14） Bailey, *Front Porch*, 16.

（15） Benoit Denizet-Lewis, “Friends, Friends with Benefits and the Benefits of the Local Mall,” *New York Times Magazine*, May 30 2004. この記事は変更を少し加えられて以下の章に再録されています。“Whatever Happened to Teen Romance?,” *American Voyeur: Dispatches from the Far Reaches of Modern Life*, ed. Denizet-Lewis (New York: Simon and Schuster, 2010).

（16） Lauren Winner の現代のシドゥク交際に関する興味深い説明は (“Countercultural Path,” 17-9)、また、その習慣の一般的な説明は以下のウェブサイトを参考にしてください。http://en.wikipedia.org/wiki/Shidduch.

（17） Winner, “Countercultural Path,” 25.

（18） 同書 17ff. ウィナーは、Tova Mirvis 著 *The Outside World* (New York: Knopf, 2004) という小説に登場する架空のカップルについて述べています。

（19）「問題は、独身を好む賜物を持っているかどうかではなくて、性欲に邪魔されることなく福音から神の栄光に値する人生を歩むことに専念できるかどうかです」(Ciampa and Rosner, *Corinthians*, 285)

（20）Winner, "Counterculture Path," 45.

（21）Ciampa and Rosner, *Corinthians*, 289.

（22）Winner, "Counterculture Path," 38.

（23）結婚前に性行為をしない、これは若い世代にはほとんど考えられないことでしょう。しかし、クリスチャンの性に関する考え（8章参照）を理解し受け入れるとすると、当然「性行為なしで身体的親密さを表現できるのか。どのような愛情表現なら適切なのか」といった疑問がわくでしょう。ウィナーは学生時代、当時交際していた今の夫と一緒にその質問を大学の牧師に投げかけると、意味深にこう返されました。「ロチュアンダ棟（ヴァージニア大学のキャンパス中央にある建物）の階段でできないようなことはするなよ」。この具体的なアドバイスに納得したカップルは、実際そこへ行って気がすむまで情熱的にキスしましたが、服を脱ぐことは到底できず、それが彼らにとっての答えになりました（Winner, "Counterculture Path," 30）。

（24）Winner, "Counterculture Path," 32-3.

第8章

（1）一九四〇年代にC・S・ルイスは、イギリスやヨーロッパの学界では、セックスについてはこう考えられていると記しています。「性欲は他の自然的欲求と同じ状態にあるものであり、それを秘密にしようとするあの愚劣なヴィクトリア朝的観念を捨てさえすれば、すべては花ざかりの庭のように美しいものとなる、と」(*Mere Christianity*, 97-98、『キリスト教の精髄』柳生直行訳、新教出版社、一九九六年、一五八頁)。しかし、ルイスは「これは嘘だ」と反論します。彼は、セックスは欲求かもしれないが、食欲と同じ傾向はない、と論じるのです。

「ストリップ・ティーズ——つまり、女がステージで着衣を脱ぐのを見るために——大勢の客が集まってくる。ところで、仮にあなたがたがこんな国に行ったとしたら——そこでは、布で蔽《おお》った皿をステージに運んできて、その蔽いを少しずつ上げて行き、照明の消える寸前に、その中身である羊肉のチョップ、あるいは少しばかりのベーコンをみんなにちらっと見せる、そして、ただそれだけのことを見るために、劇場にいっぱいの人が集まってくる——そんな国へ行ったとしたら、あなたがたは、この国では人々の食欲がどこか狂っている、とお考えにならないだろうか。——皿に食べ物をのせたストリップが人気を呼ぶような国があるとしたら、それはその国の人々が飢えているからだ、と自分は判断する、とある評論家が言った」(*Mere Christianity*, 96)〔『キリスト教の精髄』一五六〜一五七頁〕

(2) Dan B. Allender and Tremper Longman, *Intimate Allies: Rediscovering God's Design for Marriage and Becoming Soulmates for Life* (Wheaton, IL: Tyndale, 1999), 254.

(3) エッセイストで批評家のウェンデル・ベリーは、著書 *Sex, Economy, Freedom, and Community* (New York: Pantheon, 1994) で、キリスト教倫理に対して反感を抱く現代社会の見方のほとんどに、「セックスは個人的なもので、成人同士、合意の上で何をしようと他者には何の関係もない」という前提があることを指摘します。ベリーのような思想家たちは、こうした主張が一見して寛容に見えても、実は非常に独断的であると攻撃します。つまり、そういう主張は、全く中立的で無いどころか、半ば宗教的でさえあって、政治的意味合いを大きくもち、哲学的前提を土台としており、極めて個人主義的で具体的な人間理解に基づいていると言うのです。ベリーはこう書いています。「セックスは、誰にとっても決して『自分だけのこと』ではないし、それぞれのカップルの『プライベートな関心』でもない。それは、人間に共通して見られる、必要不可欠で、しかも、移ろいやすい他の力と同様、『すべての人にかかわること』なのだ」(p.119)

個人が愛し合い、自発的に互いにコミットし、自分の自由に制限をかける場合だけ、コミュニティーが生まれます。過去には、男女間の性的親密さが、二人の間の絆を生み、家庭を築かせる強力な鍵だと理解されていました。ベリーは、セックスは究極の「養育的な訓練」だと主張します。それは、深い一体性を、またそれゆえに、人間関係における安定性――子どもが安心して成長するだけでなく、ひいては地域の共同体の繁栄にも欠かせない――を生み出す、いわば「人間関係の接着剤」なのです。婚外セックスがもたらす最も明らかな社会的損失は、すさまじい勢いでの病気の蔓延と、親から十分な世話を受けられない子どもたちの存在です。それほど目立たないものの、しかし一層大きな損失は、その人生の大半を、安定した家庭環境の中で育つことができない子どもに見られる、児童発達心理学的な問題の爆発的な増加です。しかし、何よりも表面化しない問題は、人目を忍んでしていることそのものが、私たちの人格を形成し、社会での人間関係に大きく影響するという社会学的な事実です。個人的な娯楽や達成感のためにセックスを利用しようとすると、社会全体の、「他者のために生きる能力」を脆くします。私たちは知らぬ間に、人を商品化し、自分の束の間の楽しみを満たすための手段として考えるようになっていくのです。セックスは、単なる個人の問題ではなく、すべての人にかかわる問題なのです。

（4）パウロの声明をこう意訳してもいいでしょう。「あなたがたは知らないのですか。セックスの目的はいつも『一つの肉』になること、つまり、人生のあらゆる領域で、もう一人の人と結び合わされることだと。そうしたいから遊女と交わるのですか？　そうでなければ、遊女と交わってはなりません」

（5）D. S. Bailey, *The Man-Woman Relation in Christian Thought* (London: Longmans, Green, 1959), 9-10.

（6）Mark Regnerus and Jeremy Uecker, *Premarital Sex in America: How Young Americans Meet, Mate, and Think about Marriage* (Oxford, 2011) という注目すべき新刊は、セックスと結婚に関する若年層の間違った信念について、ここまで私たちが論じてきた主張（特に、第1章、7章、8章）の多くを支持する実験調査結果を多く提供しています。この本の最終章は、「セックスと人間関係についての十の神話」というリストを挙げています。「支持する証拠はない」という事実にもかかわらず、アメリカの若年層が普通に信じている神話の数々です（p.240）。その一部を紹介すると、(1)「始まったばかりの関係や、難しい関係を維持するには、セックスを取り入れることが必要」（p. 242）。それに対して著者が指し示す実験調査結果は、肉体的な関係をもった途端、カップルは別れる可能性が高くなることを示しています。(2)「ポルノは恋愛関係に影響しない」（p. 246）。著者は、ポルノが「今や事実上あらゆる人の関係に影響を及ぼしている」と論じます。ポルノを利用する人は、セックスする人の身体的特徴とプレイに、全く非現実な期待を抱くようになりますが、著者はまたさらに踏み込み、個人が利用するかどうかにかかわらず、ポルノが今やどれほど社会の人間関係に影響を及ぼしているかを示します。ポルノを利用する男性の相当数に、現実の人間関係や結婚関係の問題に直面する意欲がわかず、女性側が結婚したくても相手が見つからない、という状況が起こります。そして著者によると、すべての女性がポルノのイメージに合わせた外見やプレイをますます強制させられるようになっているというのです。(3)「セックスには何の意味もいらない」(p. 247)。「とやかく言わずに、ただすればいい」という見方をもち、たいして愛情も責任も無いままセックスできる男性がかなりの割合でいると、著者は指摘しています。平等の名の下に、同じような考えでセックスする女性も増えてはいますが、第5章では、この境地に至りたいと思う女性はほとんどいないという事実が立証されています。(4)「同棲は、間違いなく結婚への第一歩」(p. 249)。一般的には、結婚前に同棲する人たちは離婚しやすく、同著では同棲が結婚に至るケースは珍しいことが示されています。こうした統計にもかかわらず、若い人たちは、一緒に住むことで関係がさらに発展する、とかたくなに信じています。「同棲して結婚に至る実例があるから信憑性があるかのように見えるが、そうでないケースは、単に無視されるか忘れられているのだ」

（7）「けれども、パウロの解説する（夫は自分の妻の体に対する権威をもち、妻は夫の体に対する権威をもっている、という）著しい相互関係は、父権制度が基本の古代において革命的で……取り分けその時代の標準に対して、夫の性的な自由に対する徹底的で前代未聞の制限を指し示したのである。我々の知る限り、同様の考えがパウロに先立って記録されている唯一の場所とは、雅歌にある互いに互いのものとすることを歌った詩文だけである（雅歌2・16a、6・3a、7・10a）。『私の愛する方は私のもの。私はあの方のもの』」（Ciampa and Rosner, *Corinthians*, 280-1）

（8）この段落における引用は、Ciampa and Rosner, *Corinthians*, 278-9から。

エピローグ

（1）多くの人が、この文章は、腰に手ぬぐいをたらし、弟子たちに仕え、彼らの足を洗ったイエスを想起させると指摘します（ヨハネ13章）が、歴史の終わりの盛大な祝宴において、私たちに給仕するために身を整え、私たちの心の底の願いを自身の無限の力によって満たすという、イエスの驚くべき約束により近い関係があるように思われます（ルカ12・37）。

（2）Simone Weil, *Waiting for God* (New York: Harper, 2009), 27.〔邦訳　シモーヌ・ヴェイユ『神を待ち望む』（田辺保、杉山毅訳、勁草書房、一九八七年）、四一頁〕

（3）同上。この主観的な体験はヴェイユの世界理解を一変させました。彼女の「霊的自叙伝」では（『神を待ち望む』所収）、若い頃、神の存在など答えのない哲学的な問題だと考えていたいきさつが詳述されています。彼女は、神がいるともいないとも、決定的な証拠や議論を見つけることはできなかったのです。しかし、彼女はこう書いています。「神の問題は解決不可能であるという私の推論におきましては、この世で人間と神との間に現実的な人と人とが触れ合うような接触がおこりうると予見したことはありませんでした」（p. 27.〔同上、二七頁〕）

付　録

（1）Ⅰコリント11・3。

訳　注

序　文

〔1〕ウィリアム・シェイクスピア『ヘンリー五世』（シェイクスピア全集一九、小田島雄志訳、白水Uブックス）二一〇頁。

〔2〕未邦訳、Laura Kipnis, *Against Love: A Polemic* (Pantheon, 2003).

〔3〕未邦訳、Pamela Haag, *Marriage Confidential: The Post-Romantic Age of Workhorse Wives, Royal Children, Undersexed Spouses, and Rebel Couples Who Are Rewriting the Rules* (Harper, 2011).

第2章

〔1〕弟と比べて自分のささげ物が神に受け入れられず、怒ったカインは顔を伏せていた。

〔2〕新改訳は「キリストの愛が私たちを取り囲んでいるからです」。

〔3〕『ブレイク詩集』（土居光知訳、平凡社、一九九五年）八五〜八六頁。

第3章

〔1〕原文はcovenant、神との約束も含まれるので「誓約」「聖約」とも。ビジネスにおける契約contractと

は意味合いが異なることに注意。

〔2〕ユダヤ人の婚礼儀式の一種。

〔3〕古代から続く婚礼儀式の一種。

〔4〕『花咲くチェリー――ロバート・ボルト戯曲集』（小田島雄志訳、劇書房、一九八一年）二五八～二五九頁。

第5章

〔1〕『指輪物語7　二つの塔　下』（瀬田貞二、田中明子訳、評論社、一九九二年）二百頁。

第6章

〔1〕男女の地位は平等だが、その役割は互いを補い合うために違うという考え。

〔2〕父なる神と子なる神。

第7章

〔1〕J・R・トールキン「シルマリルの物語」に見られる中つ国の一時代。

〔2〕「ただ主に属する人でなければいけません」はNIV。新改訳は「ただ主にあってのみ、そうなのです」。

第8章

〔1〕「一つの肉」は新改訳では「一体」。
〔2〕C・ブロンテ『ジェーン・エア』（大久保康雄訳、新潮社、一九九一年）一六一頁。
〔3〕同一六二頁。

謝辞

いつものように、デーヴィッド・マコーミック、ブライアン・タートに感謝、その編集と文筆のスキルが私の執筆を支えました。私とキャシーが執筆に専念できるようにしてくれたジャニス・ウォース、ティム&メアリー・コートニー・ブルックスと、原稿を読んで感想をくれた、ジェニファー・チャン、マイケル・ケラー、マーティン・ベイシアー、スコット・カウフマン、ジョン&サラ・ニコラスにも感謝します。

特に最初にテープ起こしをしてくれたローリー・コリンズ、二回目のテープ起こしを担当したマーティン・ゲングラー・メルトン、そして、いつか本になってほしいと、テープ起こしをしてくれた人たちすべてに心から感謝します。

ローリーのテープ起こしのための経費を募り、手伝ってくれたスージー・ケースとダイアン・ガルダにも感謝します。私のとりとめの無い説明文的なスタイルに白旗を揚げながらも、見事な戦いぶりでした。

これまで何年にもわたって、当時ただ単に「結婚テープ」と呼ばれていた、一九九一年の説教を聞いてくれた多くの人からの励ましを受けてきました。その音源の内容を本にするよう手紙やメールや電話で実に多くの人が、時にはしつこいくらいあきらめずに勧めてくれました。こうして本になるまで、愛をもって粘り強く働きかけてくださったことに感謝したいと思います。

最後に本著の献辞に挙げられている人たちとの友情と、互いに結婚関係が花開き豊かな実がなるよう助け合ってくれたことに感謝します。彼らとの関係から与えられた得難い知恵の数々が、様々な形となって本著に現れています。友よ、君たちがキャシーと私のためにしてくれたすべてに感謝。

訳者あとがき

本書の共著者、ケラー夫妻が始めたニューヨークのリディーマー長老教会は、昨年二十五周年記念ビデオを制作しました。「この教会の成長の鍵は、ティム・ケラーじゃない。ゴスペル（福音）だ」と断言する妻と、隣で強く頷く夫は、まさに本書の内容を体現しているかのようでした。

(http://www.redeemer.com/visit/25th_anniversary)

今回も多くの方々に助けられながらの翻訳作業を通して、私自身の二十年弱の結婚生活も、同様に数えきれないほど多くの方々に助けられてきたことを思わされました。また、既婚者も独身者も、まず福音を、またそれを共有するコミュニティーを必要とするという指摘は、今もまだ個人主義という現代の「偶像」の影響を少なからず受けている自分を再認識させてくれました。

ケラー先生の著作がいつもそうであるように、本書も「結婚」というテーマを扱いつつ、実は「私たちは何のために生きるのか」という普遍的な疑問を投げかけています。キリスト教信仰をもつ、もたないにかかわらず、本書が、多くの読者にとって、人生のこの深い疑問に向き合うきつかけになるなら幸いです。

二〇一五年五月

廣橋　麻子

［著者］

ティモシー・ケラー（Timothy Keller）

ペンシルバニア州生まれ、バックネル大学、ゴードン・コンウェル神学校、ウェストミンスター神学校で学んだのち、バージニア州ホープウェルの教会で牧会。1989年にニューヨークシティーで、妻キャシー、3人の息子たちとリディーマー長老教会を開拓。現在同教会は毎日曜礼拝の出席者が5000人を超え、世界中で200近い教会を開拓する支援をしている。著書に「『放蕩』する神――キリスト教信仰の回復を目指して」「偽りの神々――かなわない夢と唯一の希望」、未邦訳に *Generous Justice, Jesus the King, The Reason for God* などがある。家族とともに現在もニューヨークシティーに在住。

キャシー・ケラー（Kathy Keller）

ペンシルバニア州ピッツバーグで育ち、アルゲニー大学に進学、クリスチャンフェローシップのリーダーを務めた後、ゴードン・コンウェル神学校で学ぶ。在学中、ティモシー・ケラーに出会い、最後の学期初めに結婚。1975年卒業。神学修士。ウェストホープウェル長老教会でのティムの牧会に伴い、バージニア州に転居し、9年間を過ごし、そこで3人の息子が生まれる。ペンシルバニアでの数年を経て、リディーマー長老教会開拓のためニューヨークシティーに家族とともに転居、現在に至る。

［訳者］

廣橋麻子（ひろはし・あさこ）

国際基督教大学教養学部卒業、同大学院修了（行政学修士）
訳書　『ジーザスバイブルストーリー――旧新約聖書のお話』『「放蕩」する神――キリスト教信仰の回復をめざして』『偽りの神々――かなわない夢と唯一の希望』（以上いのちのことば社）『二人が一つへ』（ファミリーライフジャパン）他

結婚の意味
——わかりあえない 2 人のために

2015年 7 月 1 日発行
2024年 9 月10日 8 刷

著　者　ティモシー・ケラー
　　　　キャシー・ケラー
訳　者　廣橋麻子
印刷製本　モリモト印刷株式会社
発　行　いのちのことば社
〒164-0001 東京都中野区中野2-1-5
電話 03-5341-6923（編集）
03-5341-6920（営業）
FAX03-5341-6921
e-mail:support@wlpm.or.jp
http://www.wlpm.or.jp/

ISBN 978-4-264-03352-3